Bill and Pam Farrel

Die 10 besten Entscheidungen, die ein Single treffen kann

Gottes Geschenke in meinem Leben entdecken

BILL & PAM FARREL

DIE 10 BESTEN ENTSCHEIDUNGEN

die ein Single treffen kann

Gottes Geschenke in meinem Leben entdecken

Nicht nur für Singles!

cap-books

Bestell-Nr.: 52 50461
ISBN 978-3-86773-186-7

Oberer Garten 8
D-72221 Haiterbach-Beihingen
07456-9393-0
info@cap-music.de
www.cap-music.de

Übersetzung: Esther Middeler
Lektorat: Nadine Weihe
Umschlaggestaltung: Henri Oetjen, Designbüro Oetjen

Originaltitel: THE 10 BEST DECISION A SINGLE CAN MAKE

Published by Harvest House Publisher
Eugene, Oregon 97402
www.harvesthousepublisher.com

Bibelzitate sind, falls nicht anders gekennzeichnet, entnommen aus:

Neues Leben. Die Bibel, © der deutschen Ausgabe 2002 und 2006 SCM R. Brockhaus im SCM-Verlag GmbH & Co. KG, Witten. Alle Hervorhebungen erfolgten durch die Autoren.

Weitere Bibelübersetzungen:
ELB: Elberfelder Bibel.
© 1985/1991/2008 SCM R.Brockhaus im SCM-Verlag GmbH & Co. KG, Witten.

HFA: Hoffnung für alle®
Copyright © 1983, 1996, 2002 by Biblica Inc.™. Übersetzung, Herausgeber und Verlag: Brunnen Verlag, Basel und Gießen.

LUT: Lutherbibel, revidierter Text 1984, durchgesehene Ausgabe.
© 1999 Deutsche Bibelgesellschaft, Stuttgart.

NeÜ: Neue evangelistische Übersetzung.
© 2013 Karl-Heinz Vanheiden, www.kh-vanheiden.de

NGÜ: Bibeltext der Neuen Genfer Übersetzung – Neues Testament und Psalmen.
© 2011 Genfer Bibelgesellschaft, CH-1032 Romanel-sur-Lausanne.

SLT: Schlachter 2000.
© 2000 Genfer Bibelgesellschaft, CH-1032 Romanel-sur-Lausanne.

Inhaltsverzeichnis

Einer
Ein Single
Ein selbstloses, aufopferndes, allein geführtes Leben
Ein gewaltiges, tief greifendes, kostbares Geschenk
Für Millionen, Tausende, Hunderte
Für dich
Ewiges Leben
Jesus
Der
Eine

Der Eine, dem es sich lohnt, nachzufolgen …

Für alle, die nach Hoffnung, Hilfe und Glück suchen – wir wünschen euch, dass ihr all das und noch viel mehr durch dieses Buch findet.

Wir sind von ganzem Herzen dankbar für all die Dinge, die wir von unseren Single-Freunden gelernt haben, und hoffen, dass dieses Buch wirklich etwas von den Einsichten vermittelt, die wir durch Menschen gewonnen haben, die solo, mit einer gesunden Lebenseinstellung und zielbewusst unterwegs sind.

Für Zach und Caleb, unsere Söhne
und alle unsere Nichten und Neffen:
„Gott plus eins ist eine Mehrheit."
Möge Gott durch euch und über euch hinaus wirken.

„Darum hat Gott ihn auch hoch erhoben und ihm den Namen verliehen, der über jeden Namen ist, damit in dem Namen Jesu jedes Knie sich beuge, der Himmlischen und Irdischen und Unterirdischen, und jede Zunge bekenne, dass Jesus Christus Herr ist, zur Ehre Gottes, des Vaters."
Philipper 2,9-11; ELB

Danksagungen

Eins. Die erste ganze Zahl. Vollständig, nicht nur ein Bruchstück, nicht nur ein Teil, sondern ein Ganzes.

So denken wir über all die Singles, die zu diesem Buch etwas beigetragen haben.

Ihr seid authentisch. Um die richtigen Worte für dieses Buch zu finden, sind wir ein Stück des Weges mit euch gegangen, manchmal sogar buchstäblich, als wir mit euch Berge erklommen haben oder neben euch am Strand oder See entlanggliefen, um gemeinsam über die Bedürfnisse, Wünsche und Sehnsüchte eines Singles nachzudenken und zu beten. Danke, dass ihr uns erlaubt habt, neben euch herzugehen und all das zu hören, was ihr mutig und ehrlich mit uns geteilt habt. Durch euer Vertrauen können wir Gottes Wort zu den Singles dieser Welt bringen, damit sie wissen, dass sie nicht allein sind, dass Gott sie sieht, sie versteht und sie ihm am Herzen liegen.

Ihr seid mutig. Wir haben Hunderte von euch interviewt – manche von euch haben an unseren Seminaren teilgenommen oder unsere Bücher gelesen, manche von euch sind sogar unsere Freunde. Ihr habt uns gebeten, die schwierigen Fragen anzusprechen: die Fragen zu Einsamkeit, Sexualität, finanziellem Druck und nach eurem Platz in der Gemeinde und der Welt. Wir haben unser Bestes gegeben, um dieser Aufforderung nachzukommen. Danke, dass ihr mit uns über eure Kämpfe gesprochen habt – manchmal unter Tränen –, sodass andere aus eurem Verlust, euren Verletzungen und euren Schmerzen lernen können.

Ihr seid inspirierend. Euer Glaube, euer Gottvertrauen, eure Überzeugung, dass er euch eine „Zukunft und Hoffnung" verspricht, haben uns sehr berührt und uns ermutigt, anderen von eurem Weg mit Gott zu erzählen, damit auch sie die gleiche Kraftquelle für ihr Leben entdecken können. Danke, dass ihr uns nicht nur von euren Erfolgen erzählt habt, sondern auch von den Schritten auf dem Weg dorthin und manchmal von den Fehltritten, die euch zu Überwindern und triumphierenden Kämpfern gemacht haben. Wir waren begeistert, als wir in euch die Anzeichen dafür sahen, dass ihr für Höheres berufen seid. Eure ausgewogene Haltung zu eurem Single-Dasein ist von Liebe und Hingabe geprägt; sie hält Gemeinden, Organisationen, Unternehmen und das Leben anderer Menschen zusammen. Dafür sind wir sehr dankbar.

Mit euch hat man Spaß. Wir haben mit euch gefeiert, gegessen, Sport gemacht und Spiele gespielt, um einen besseren Einblick in euer Leben zu erhalten. In Hauskreisen haben wir miteinander gelacht und voneinander gelernt. Gern haben wir euch bei gemeinsamen Abendessen zugehört, wenn ihr von eurem erfüllten, reichen, wunderbaren Leben berichtet habt. Manchmal habt ihr auch von den harten Zeiten erzählt, in denen ihr euch einsam oder ausgegrenzt fühltet oder frustriert wart. Doch immer schienen die Hoffnung und die Erwartung durch, dass Gott einen Plan für euch hat. Wir freuen uns auf noch mehr Partys, Feiern, Konferenzen und Lachen mit euch. Ihr bildet eine großartige Gemeinschaft untereinander und wir danken euch sehr, dass wir ein Teil dieser Gemeinschaft werden durften!

Ihr habt Tiefgang. Eine der Single-Frauen, die wir sehr respektieren und schätzen, wagte zu fragen, was viele wissen wollen, aber sich nicht zu fragen trauen: „Kann ich als Single Gott tatsächlich in der Tiefe kennenlernen? Er gebraucht doch die Ehe als ein Bild für Christus und die Beziehung der Gemeinde zu ihm. Aber ich war nie eine Braut. Ist das Einssein im Glauben so sehr mit dem physischen Einssein verbunden, dass ich nicht daran teilhaben kann?"

In den vielen Stunden und Jahren, die wir im Dienst an und mit unseren christlichen Single-Freunden verbracht haben, lernten wir Folgendes: Es gibt eine Vertrautheit, eine Nähe, eine tief gehende Zwiesprache mit unserem Schöpfer, die auch Singles erleben können. Ihr seid mit der Fähigkeit geschaffen worden, euch ganz und gar auf den Gott zu verlassen, der euch liebt und geschaffen hat. Immer wieder habt ihr uns auf unterschiedliche Weise gesagt: „Manchmal kommt es mir vor, als würde ich allein mit Gott gegen den Rest der Welt kämpfen." Da habt ihr völlig recht, und genau deshalb könnt ihr eine besondere emotionale und echte Vertrautheit mit Gott erleben. Verheiratete Menschen verlassen sich manchmal zu sehr darauf, dass ein anderer Mensch ihnen hilft, Stress abzubauen, und ihre Last leichter macht, indem er einen Teil davon auf sich nimmt. Wir haben erlebt, wie mutig Singles ganz selbstverständlich auf das tiefe, kostbare, einzigartige Vertrauen auf Gott und die Beziehung zu ihm zurückgreifen, nach der wir alle streben sollten. Danke, dass ihr euch nach mehr Leben und mehr von Gott ausstreckt.

Ihr seid unglaublich. Besonders dankbar sind wir für die Singles, die für unseren Verlag Harvest House arbeiten und mit der Idee auf uns zukamen, dieses Buch zu schreiben. Danke für euer Vertrauen, dass wir über euren Weg schreiben können. So seid ihr ein Teil des Teams geworden, das zur Entstehung dieses Buches beigetragen hat. Und habt vielen Dank, dass ihr solch ausgewogene, im Herzen gesunde, positiv eingestellte, gütige, hingebungsvolle und visionäre Menschen seid, die für andere ein Vorbild sein können. Möge Gott durch euch und über euch hinaus wirken, damit andere Menschen entdecken, was es heißt, sein Leben mutig und voll Glauben zu führen.

Euch zu kennen und zu lieben ist eine unserer besten Entscheidungen.

Kapitel 1

Entscheide dich, entscheidungsfreudig zu sein

Wir prägen unser Leben durch Entscheidungen und unsere Entscheidungen prägen uns. In deinem Leben gibt es viele Fragen, die nur du beantworten kannst, z. B.:

- Wirst du zufrieden oder unglücklich mit deinem Single-Dasein sein?
- In welchem Beruf wirst du arbeiten?
- Wirst du andere Menschen prägen? Wodurch?
- Wie wirst du gute Freundschaften aufbauen?
- Wirst du die Führung übernehmen oder dich führen lassen?
- Wie wirst du Verantwortung für die Entwicklung deiner Persönlichkeit übernehmen?
- Wie wirst du mit deinem Liebesleben umgehen?

Für die meisten dieser Fragen gibt es keine richtigen oder falschen Antworten. Die Antwort wird also von deiner Entscheidung bestimmt. Und wie du dich entscheidest, wird dein weiteres Leben prägen. Deshalb ist es wichtig, dass du gut Entscheidungen fällen kannst. Überraschend ist, dass der Prozess der Entscheidungsfindung für die meisten Menschen ein Buch mit sieben Siegeln ist. Wenn du jemanden fragst: „Wie kann man sicher sein, gute Entscheidungen zu treffen?“, wirst du höchstwahrscheinlich vage und unsichere Antworten erhalten.

„Ich weiß es nicht.“

„Ich mache das, was sich am besten anfühlt, und hoffe, dass es funktioniert.“

„Ist das überhaupt möglich?“

„Ich mache das, was bereits meine Eltern getan haben.“

„Darüber denke ich nicht so nach.“

Wir sind überzeugt, dass die meisten Menschen heutzutage ziemlich durcheinander sind und nicht wissen, wo es langgeht. Deshalb gibt es unter Singles auch so viel emotionales Chaos. Unsere Gefühle werden in direkter Weise von unseren Entscheidungen beeinflusst. Wenn du gute Entscheidungen triffst, wirst du dich und dein Leben viel positiver sehen. Du empfindest dann Frieden, Begeisterung, Zufriedenheit oder Ähnliches, da dein Herz positiv auf die Entscheidung reagiert, die du getroffen hast. Wenn du schlechte Entscheidungen triffst, bist du unruhig, enttäuscht, wütend, fühlst dich gestresst oder empfindest ein anderes von Hunderten negativer Gefühle.

Die wenigsten Menschen nehmen sich vor, unentschlossen zu sein oder schlechte Entscheidungen zu treffen. Aber beides verbreitet sich wie eine Seuche. Die Beratungspraxen sind voll von Menschen, die mit Verletzungen und Enttäuschungen klarkommen wollen. Die Unterhaltungsbranche überflutet uns förmlich mit Geschichten, die sich um Scham, Selbstsucht und selbstzerstörerisches Verhalten drehen. Freundeskreise werden von Menschen geprägt, die unzufrieden damit sind, dass sie ihr Potenzial nicht ausnutzen. Tief in unserem Herzen wollen wir Entscheidungen treffen, hinter denen wir stehen und die wir wirklich beherzigen. Doch die wenigsten von uns wissen, wie man diese Fähigkeit entwickelt.

Vor einiger Zeit entdeckten wir eine Website, auf die eine junge Frau namens Michelle einige Zitate gestellt hat. Ihre Liste der „Zitate über das Bereuen und Treffen von Fehlentscheidungen" ist ein faszinierendes Beispiel dafür, wie unsere Gedanken miteinander um unsere Aufmerksamkeit kämpfen. Ihre Liste enthält auch eine Reihe von Zitaten, die uns inspirieren können, damit wir ausgewogene Entscheidungen treffen:

- Durch meine Entscheidungen von gestern bin ich der Mensch, der ich heute bin.

- Glauben bedeutet: Wenn du alles bisher Gekannte hinter dir lässt und kurz davor stehst, einen Schritt ins Unbekannte zu wagen, dann weißt du, dass es nun zwei Möglichkeiten gibt: Entweder du landest auf sicherem Boden oder du lernst zu fliegen.

- Es würden mehr Menschen aus ihren Fehlern lernen, wenn sie nicht so sehr damit beschäftigt wären, sie zu leugnen.

- Ein Mensch, der noch nie einen Fehler gemacht hat, hat noch nie etwas Neues ausprobiert.

- Habe keine Angst davor, nach dem zu streben, was du tun willst und wer du sein willst. Aber habe auch keine Angst davor, den Preis dafür zu bezahlen.

- Nur weil man einmal versagt hat, heißt das nicht, dass man im Laufe der Zeit nicht einen Weg finden könnte, sich zu bessern.

- Die Zeiten im Leben, die einem am schlimmsten erscheinen, entpuppen sich im Nachhinein immer als die besten!

- Setze keinen Punkt, wo Gott nur ein Komma setzt.

Neben diesen aufschlussreichen Zitaten findet sich eine Reihe weiterer, die auf oberflächliche Weise zu waghalsigen Entscheidungen ermutigen:

- Einige Fehler machen zu viel Spaß, als dass man sie nur einmal machen möchte.

- Manchmal wissen wir, dass wir etwas nicht tun sollten, und das ist genau der Grund, warum wir es tun.

- Man wird geboren, man stirbt und dazwischen macht man eine Menge Fehler.

- Du bist mein liebster Fehler.

- Wenn ich beim ersten Versuch nicht sterbe, mache ich es sehr wahrscheinlich noch einmal.

- Ich glaube fest daran, dass es manchmal richtig ist, das Falsche zu tun.

- Ich werde mich nicht dafür entschuldigen, denn in Wahrheit würde ich es noch einmal tun.

- Kümmere dich nicht darum, was richtig und was falsch ist, sondern nur darum, was wichtig ist.

- Wenn ich die Zeit zurückdrehen und alle meine Fehler bereinigen könnte, würde ich es nicht tun, denn sie haben mich zu der Person gemacht, die ich heute bin.

- Wie kommt es, dass etwas Dummes so klug erscheint, während man es tut?

Zugegeben, Entscheidungen zu treffen ist wie ein Weg, der manchmal sehr klar und gerade verläuft, manchmal aber auch im Nebel liegt und verwirrend ist. Jede Entscheidung fordert unser Denken heraus und testet unsere Fähigkeit, das zu tun, was das Beste ist. Jede Entscheidung ist ein Wettkampf: Lasse ich mich gehen oder beherrsche ich mich? Es stimmt: Entscheidungen zu fällen ist ein Lernprozess ist, in dem man immer besser, aber nie perfekt werden wird. Doch es lohnt sich, wenn du dich auf den Weg machst. Je besser du darin wirst, umso klarer verläuft dein Weg und umso größer wird dein Selbstvertrauen.

Die Vorteile guter Entscheidungen

Wer sich dafür entscheidet, entscheidungsfreudig zu sein, auf den warten viele Vorteile. In meinem Buch *Die 10 besten Entscheidungen, die ein Mann treffen kann*[1] gebe ich (Bill) einen kurzen Überblick über einige dieser Vorteile:

- Wir haben mehr Energie für die Ziele, die uns am Herzen liegen.

1 Erschienen 2013 bei cap-books, Haiterbach-Beihingen

- Entscheidungen machen uns viel effektiver.

- Entscheidungen vereinfachen unser Leben.

- Gute Entscheidungen machen uns zuversichtlicher.

Es gibt noch weitere Vorteile, die sich auf dein Leben auswirken werden, wenn du lernst, entscheidungsfreudig zu sein.

Du wirst bessere Beziehungen führen. Die Menschen, mit denen du zu tun hast, lassen sich grob in zwei Kategorien einteilen: Manche von ihnen bereichern dein Leben, andere nehmen dir etwas von deinem Leben. Menschen, die von anderen etwas nehmen, tun dir offensichtlich weniger gut als die Leute, die das Leben der Menschen in ihrem Umfeld aufwerten. Sei weise bei der Wahl deiner Freunde, denn Menschen mit einer ungesunden Lebenseinstellung mögen kein Umfeld, das eine andere Einstellung als sie selbst hat. Eine Zeit lang kommen sie damit klar, aber schlussendlich geraten sie im Kontakt mit Menschen, die eine gesunde Einstellung zum Leben haben, unter Druck und verschwinden wieder aus deren Leben.

Indem du gute Entscheidungen triffst, kannst du dir selbst ein gesundes Umfeld schaffen. Dadurch kommt es zu weniger Konflikten, Unruhe und Problemen. Gleichzeitig haben deine Unterhaltungen mehr Tiefgang. Menschen mit einer gesunden Lebenseinstellung werden das sehr genießen und mehr Zeit mit dir verbringen wollen. Menschen mit einer ungesunden Lebenseinstellung wird es hingegen schwerfallen, sich mit dir zu treffen, und so werden sie sich andere Freunde suchen. Wenn du gut Entscheidungen treffen kannst, musst du den Leuten nicht sagen, dass du nicht weiter mit ihnen befreundet sein möchtest, weil sie gar nicht lang genug mit dir etwas zu tun haben, als dass du es ihnen sagen müsstest.

Du wirst mehr Spaß haben. Wenn du in deiner Entscheidungsfähigkeit wächst, wirst du dich selbst besser kennenlernen. Du wirst entdecken, was du magst und was nicht. Du wirst erkennen, was dir am meisten Freude bereitet. Wenn du die Gelegenheit bekommst, etwas zu tun, das dir Spaß macht, wirst du intuitiv wissen, wie du es am besten in dein Leben integrieren kannst.

Andere Menschen werden dich als Leiter ansehen. Die Bibel sagt klar und deutlich, dass wir Menschen wie Schafe sind, die instinktiv einem Hirten folgen. Jesus sagte: „Meine Schafe hören auf meine Stimme; ich kenne sie, und sie folgen mir" (Johannes 10,27). Und Markus beschreibt in seinem Evangelium die große Menschenmenge, die sich um Jesus sammelte, mit folgenden Worten: „Als Jesus aus dem Boot stieg, erwartete ihn eine riesige Menschenmenge. Er hatte Mitleid mit ihnen, denn sie waren wie Schafe ohne Hirten. Deshalb nahm er sich Zeit, sie vieles zu lehren" (Markus 6,34).

Jesus ist der Oberhirte, aber er gebraucht „Unterhirten", um sein Volk zu leiten. Als Jesus Petrus nach dessen Verrat wieder in sein Amt einsetzte, sagte er zu ihm:

> „Simon, Sohn des Johannes, liebst du mich?" „Ja, Herr", antwortete Petrus, „du weißt, dass ich dich lieb habe." „Dann hüte meine Schafe", sagte Jesus. (Johannes 21,16)

Petrus wiederum forderte die Ältesten der Gemeinden dazu auf: „Sorgt gut für die Herde Gottes, die euch anvertraut ist" (1. Petrus 5,2). Schafe wollen einem Hirten folgen, und das, was die Schafe von den Hirten unterscheidet, sind Entscheidungen. Die Hirten treffen die Entscheidung, wo das beste Futter zu finden ist, welchen Weg ihre Herde einschlägt und wo der sicherste Ort ist, um die Nacht zu verbringen. Sobald du entscheidungsfreudiger wirst, werden Menschen sich ganz selbstverständlich deiner Leitung anvertrauen wollen.

Du wirst dich schneller von Verletzungen erholen. Leider sind wir alle schon verletzt worden und werden es in Zukunft sehr wahrscheinlich auch wieder werden. Einige dieser Verletzungen sind tief sitzende Wunden, die uns während unserer Kindheit zugefügt wurden und unser Leben als Erwachsene prägen. Andere wiederum resultieren aus den Fehlern, die wir als Erwachsene gemacht haben. Sie alle verfolgen uns und werden uns in unserem Wachstum behindern, wenn wir uns nicht um sie kümmern. Wenn sie sich in Bitterkeit verwandeln, schlagen sie Wurzeln, die unser ganzes Leben in Mitleidenschaft ziehen können. „Achtet aufeinander, damit niemand die Gnade Gottes versäumt. Seht zu, dass keine bittere Wurzel unter euch Fuß fassen kann, denn sonst wird sie euch zur Last werden und viele durch ihr Gift verderben" (Hebräer 12,15).

Da diese Verletzungen in erster Linie unsere Gefühle betreffen, ist es hilfreich, ihnen mit Entscheidungen zu begegnen. Logischerweise ist es nicht gut, wenn wir mit einer Wunde leben. Negative Erfahrungen haben so viel Macht, weil sie uns in unserer Identität treffen und unsere Reaktionen entsprechend heftig ausfallen. Wenn wir nur über Verletzungen nachdenken, verändert sich nichts, aber wenn wir ihnen mit Entscheidungen begegnen, verändert sich sehr wohl etwas.

Vorsicht, Falle!

Menschen geraten in eine Reihe von Fallen, die ihre persönliche Entwicklung verlangsamen und sie davon abhalten, ausgewogene Entscheidungen zu treffen:

- Sie lassen zu, dass andere Menschen Entscheidungen für sie treffen, die sie selbst treffen sollten.

- Sie schieben die Schuld für schlechte Entscheidungen auf andere.

- Sie kommen zu dem Entschluss, dass sie sich nicht ändern müssen, denn „so sind sie schon immer gewesen".

- Sie finden Ausreden dafür, warum sie keine Entscheidungen treffen.

- Sie weigern sich, Prioritäten zu setzen, die sie bei ihrer Entscheidungsfindung leiten könnten.

- Sie haben einfach keine Lust, sich die Mühe zu machen.

- Sie geben dem Gruppenzwang nach, anstatt selbst zu entscheiden, was das Beste ist.

- Sie geben nicht zu, dass sich etwas ändern muss, obwohl sie es eigentlich besser wissen.

Für welche dieser Fallen bist du am anfälligsten?

Auf unserem Lebensweg müssen wir viele Entscheidungen treffen. Das ist das Privileg von Gottes Gnade, die durch Jesus Christus uns gilt. Im Alten Testament gibt es lange Listen darüber, was wir alles tun sollten, aber aus eigener Kraft nicht tun konnten. Seit der Zeit des Neuen Testaments wird uns Gnade geschenkt und mit ihr die Kraft des Heiligen Geistes. Dank ihm können wir uns entscheiden, was vorher unmöglich war. Der Apostel Paulus ist der Hauptverfechter dieser Botschaft. Er hat die Angewohnheit, seine Schreiben in zwei Abschnitte einzuteilen. Im ersten Abschnitt findet sich eine theologische Erläuterung über Gottes Gnade. Im zweiten Abschnitt erklärt er, welche Wahlmöglichkeiten wir aufgrund der Gnade haben. Hier einige Beispiele dazu:

Im Römerbrief erklärt Paulus in den Kapiteln 1 bis 11 die Wahrheit des Evangeliums und die Überlegenheit der Gnade gegenüber dem Gesetz. In Kapitel 12 fordert er seine Leser auf, Entscheidungen zu treffen, die auf der Gnade beruhen. In diesem einen Kapitel werden uns 24 Entscheidungen vorgestellt, die unser Leben besser machen, unseren Einflussbereich vergrößern und unsere ganzen Beziehungen leiten werden. Viele dieser Entscheidungen bereiten Freude und bieten Erfüllung, wie zum Beispiel „Lasst euch [in eurem Wesen] verwandeln durch die Erneuerung eures Sinnes" oder „Freut euch mit den Fröhlichen" (SLT). Diese Entscheidungen treffen wir sicherlich gern. Andere wiederum sind bemerkenswerte Auswirkungen von Gottes Gnade in unserem Leben, wie zum Beispiel „Segnet, die euch verfolgen" und „In Bedrängnis haltet stand" (SLT).

Ein weiteres tolles Beispiel ist der Galaterbrief. In den ersten vier Kapiteln schreibt Paulus über die Kraft der Gnade, die uns von unseren Sünden errettet. Die Gemeinde, an die dieses Schreiben gerichtet ist, war mit Lehrern konfrontiert, die sie dazu aufforderten, parallel zum Glauben an das Evangelium ihre jüdischen Traditionen beizubehalten. Paulus sagt hier klar, dass die Gnade das Gesetz erfüllt und ein neues Werk in uns begonnen hat. Voller Zuversicht verkündet er: „Ich aber bin mit Christus gekreuzigt, sodass ich jetzt nicht mehr unter dem Gesetz stehe, sondern für Gott lebe. Ich lebe, aber nicht mehr ich selbst, sondern Christus lebt in mir. Ich lebe also mein Leben in diesem irdischen Körper im Glauben an den Sohn Gottes, der mich geliebt und sich selbst für mich geopfert hat" (Galater 2,19b-20). In den Kapiteln 5 und 6 stellt er 17 weitere Entscheidungen vor. Diese können Christen nun durch die Kraft von Jesus treffen, die in ihnen wohnt. Die wichtigste dieser Entscheidungen lautet: „Lasst den Geist Gottes euer Verhalten bestimmen, dann werdet ihr nicht mehr den Begierden eurer eigenen Natur nachgeben"

(5,16; NGÜ). Dies war unmöglich, bevor Jesus starb, wieder auferstand und seinen Heiligen Geist sandte, damit dieser in uns lebt. Doch nun ist es nicht nur möglich – es ist die vernünftigste Art, als Christ zu leben. Paulus sagt hier im Kern, dass wir die Wahl haben. Gott verurteilt uns nicht mehr und wir gehören jetzt zu seiner Familie. Wir haben nun das Privileg, ein effektives, zielgerichtetes und im Glauben vollmächtiges Leben zu führen.

Werde ein guter Entscheidungsträger

Wie wird man also ein guter Entscheidungsträger? Zuallererst musst du anerkennen, dass Entscheidungen fällen eine Fähigkeit ist. Es ist keine geistliche Gabe und auch kein einzigartiges Talent, das ein paar Auserwählten gegeben wurde. Es ist nicht das Ergebnis besonderer Erkenntnisse oder intellektueller Begabung. Es ist ebenso eine Fähigkeit wie Autofahren, Schminken, einen Computer benutzen oder Kochen. Du solltest ein paar Dinge beachten, wenn du deine Fähigkeit, zuverlässige Entscheidungen zu treffen, ausbauen möchtest:

- Du wirst dich dabei zunächst unwohl fühlen. Jede neue Fähigkeit fühlt sich unbehaglich und komisch an, wenn man sie zum ersten Mal ausübt. Es ist eine „neue" Fähigkeit, weil man sie eben noch nicht meisterhaft beherrscht.

- Mit jedem Mal wirst du besser. Neue Fähigkeiten bleiben nicht immer etwas Neues. Jedes Mal, wenn du sie einsetzt, wirst du dich wohler dabei fühlen. Was dir einmal schwer erschien, wird dir schon bald leicht fallen, wenn du es übst.

- Wenn du dranbleibst, wirst du Fortschritte machen. Bei jeder Fähigkeit kommt man an den Punkt, wo man durch genug Übung nicht mehr unsicher ist, sondern sie sicher beherrscht. Der Unterschied zwischen den Menschen, die gute Entscheidungen treffen, und denen, die das Gegenteil tun, hat wenig mit Talent zu tun. Der legendär gewordene Verkaufstrainer Zig Ziglar sagte einmal: „Die beste und am leichtesten umsetzbare Philosophie der Welt wird nicht funktionieren – wenn du es nicht tust." Das trifft auf nichts so sehr zu wie auf Entscheidungen. Wenn du dich darin übst, wird es dir in Fleisch und Blut übergehen.

- Du wirst mit jedem Mal besser werden, aber du wirst niemals perfekt darin sein. Das Geheimnis des Lebens besteht in Wachstum, nicht in Perfektion. Sportler geben nicht auf, weil sie Fehler machen. Unternehmer geben ihr Unternehmen nicht auf, weil sie Fehler machen. Pastoren geben ihre Gemeinde nicht auf, weil sie selbst immer noch an Dingen arbeiten müssen. Genauso solltest du nicht aufgeben, nur weil du ein paar schlechte Entscheidungen hintereinander triffst oder ratlos vor einer bestimmten Entscheidung stehst. Nimm einfach die nächste Entscheidung in Angriff.

- Du wirst in der Entscheidungsfindung schneller besser werden, wenn du von einem Team unterstützt wirst. Nimm dieses Buch zu Hilfe und bitte jemanden, der dir ein Stück voraus ist, dein Mentor zu werden. Oder frage mal in deinem Freundes- oder Hauskreis, ob jemand dieses Buch mit dir gemeinsam durcharbeiten möchte. Gute Entscheidungen zu fällen ist leichter, wenn du dich mit Menschen umgibst, die auch gute, weise, ausgewogene Entscheidungen treffen.

- Du wirst schneller besser werden, wenn du einer anderen Person beibringst, wie man Entscheidungen fällt. Wir alle kämpfen damit, dass wir nur uns selbst im Blick haben. Wir beurteilen uns nach unserem eigenen Maßstab und fragen uns, warum wir nie mit uns selbst zufrieden sind. Da keiner von uns vollkommen ist, kommt unsere Entwicklung zum Stillstand, wenn wir unseren Blick nur nach innen richten. Das ist einer der Gründe, warum die Bibel so stark betont, dass wir einander dienen sollen. Wenn du anderen helfen willst, siehst du dich selbst in einem besseren Licht. Du erkennst dann, dass du nicht der Einzige bist, der mit einem Problem zu kämpfen hat, was wiederum ziemlich viel Druck von dir nehmen kann. Du siehst, dass du in einigen Bereichen schneller vorangekommen bist als deine Freunde, was dich wiederum ermutigt und dir dabei hilft, nicht so hart zu dir selbst zu sein. Du merkst, dass es dir leichter fällt, ein Konzept zu verstehen, wenn du es einer anderen Person erklärst. Wir können in unserem Denken blockiert werden, wenn wir es versäumen, unser Gelerntes in Worte zu fassen. Geben wir es aber weiter, wird diese Blockade oft gelöst.

Nie zuvor war es so wichtig war, diese Fähigkeit zu entwickeln, wie heute. Wir leben in einer Welt der Reiz- und Informationsüberflutung. Jeden Tag werden wir ständig durch die Medien, das Internet, die Werbung und Small Talk mit Informationen bombardiert. Jeden Tag werden neue Wahrheiten entdeckt, die unsere Art zu leben grundlegend verändern.

Vor Kurzem habe ich (Bill) einen Film gesehen, in dem eine der Hauptfiguren einen Pager hervorholte. Wow! Als ich am Anfang meiner beruflichen Karriere stand, war ein Pager das angesagteste Kommunikationsmittel auf dem Markt.

Wenn man einen Pager hatte, war man ganz vorn dabei. Heute ist ein Pager nur noch lächerlich, und das Gleiche wird mit Smartphones, I-Pads und Laptops passieren. Sie werden mit etwas so Fortschrittlichem und Leistungsfähigerem ersetzt werden, dass die derzeitige Technik überflüssig wird. Das Ergebnis dieses unermüdlichen Fortschritts ist ein niemals endender Fluss von Informationen, der es permanent erforderlich macht, dass wir Entscheidungen treffen. Wenn du zielgerichtet Entscheidungen triffst, wird das Leben wirkungsvoller. Auf diese Weise kannst du mit dem wahnsinnigen Tempo des Fortschritts zurechtkommen und du bekommst Schwung für dein Streben nach Gottes Willen. Wenn du nicht in der Lage bist, gute Entscheidungen zu treffen, wird dein Leben kompliziert und du hast weniger Energie.

Es ist daher sinnvoll, wenn du einen Plan entwickelst, wie du deine Entscheidungsfähigkeit verbessern kannst. Die verbreitetste Methode für Entscheidungsfindung besteht jedoch darin, auf seinen Instinkt zu vertrauen. Stell dir vor: Du stehst vor einer Entscheidung. Deine Instinkte richten sich nach deinen Lebenserfahrungen und deiner emotionalen Verfassung. Dir kommt eine Entscheidungsmöglichkeit in den Sinn, die sich gut für dich anfühlt. Da du keine bessere Möglichkeit siehst, nimmst du diesen Weg.

Wir verhalten uns, als wäre Entscheidungsfindung eine magische Gabe, die automatisch einsetzt, wenn wir sie brauchen. In den Momenten, in denen es wirklich darauf ankommt, sehnen wir uns nach Inspiration und sind enttäuscht, wenn das Leben nicht so verläuft, wie wir es uns erhofft hatten.

Doch es gibt einen besseren Weg! Uns wurde die Fähigkeit gegeben, für jede Entscheidung unseres Lebens zu erkennen, welche Option die weiseste ist. Uns wurde der Sinn Christi gegeben (vgl. 1. Korinther 2,16), und wir können diese Fähigkeit nutzen, um gute Entscheidungen zu treffen.

Für mich (Bill) schien es immer so, als wären manche Leute damit geboren worden, ausgewogene Entscheidungen zu treffen, während anderen scheinbar nichts anderes übrig blieb, als wichtige Entscheidungen zu verpassen oder nur kurzsichtige Entscheidungen zu fällen. Sollte das tatsächlich der Fall sein, so war ich sicher, dass ich nicht zu der „guten" Gruppe gehörte. Doch ich habe inzwischen entdeckt, dass wir jedes Mal, wenn wir vor einer Entscheidung stehen, eine Reihe von Tests durchführen können. Sie bieten uns in diesem Prozess Klarheit, Zuversicht und Orientierungshilfe.

Auf diesen Tests basiert die Entscheidungsfindung. Die Fähigkeit selbst besteht aus mehr als den Tests, aber man kann die Fähigkeit nicht entwickeln, bevor man nicht die Grundkenntnisse erworben hat. Ich weiß noch, wie ich dieses Prinzip beim Basketball lernte. Bevor ich Angriffstaktiken lernen konnte, musste ich lernen, wie man dribbelt, Pässe spielt und wirft. Als ich die Grundlagen draufhatte, konnte ich improvisieren und sie miteinander kombinieren, um kreative Spielzüge auszuführen. Im weiteren Verlauf meines Lebens entdeckte ich, dass es mit meinem Computer genauso ist. Bevor ich mit spezieller Software arbeiten konnte, musste ich erst lernen, wie man den PC einschaltet, die Tastatur und die Maus bedient und sich in den Menüs zurechtfindet. Als ich darin geübt war, konnte ich kreativ werden und mich in Sachen Textverarbeitung, Tabellenkalkulation und Videoerstellung austoben.

Entscheidungen zu treffen funktioniert auf dieselbe Art. Wenn man erst einmal die Grundlagen begriffen hat, kann man kreativ werden und sich bis zu dem Punkt weiterentwickeln, an dem komplexe Entscheidungen leicht fallen.

Entscheidungstest 1: Was ist eindeutig?

Wenn du vor einer Entscheidung stehst, solltest du dich fragen, ob es sich um eine einfache oder komplizierte Entscheidung handelt. Bevor du dir also einen großen Kopf darum machst, stelle dir die Frage: „Liegt diese Entscheidung so deutlich auf der Hand, dass ich nur Zeit verschwende, wenn ich mir Gedanken darum mache?" Diese schlichte Frage schont deine Kräfte, wenn du vor eindeutigen Entscheidungen stehst. Sie sind so eindeutig, weil Gott für diese Bereiche klar seinen Willen dargelegt hat oder es eine allgemein anerkannte Art gibt, wie man am besten damit umgeht. Wenn du diesen Entscheidungen zu viel Aufmerksamkeit widmest, wirst du nur unnötig abgelenkt und verschwendest Zeit, obwohl du eigentlich den nächsten Schritt tun solltest. Betrachte diese eindeutigen Entscheidungen einfach wie selbstverständliche Routinen:

- Putze dir jeden Tag die Zähne.
- Kleide dich angemessen für die Arbeit.
- Fahre rechts ran, wenn hinter dir ein Polizeiwagen mit Blaulicht erscheint.
- Sorge dafür, dass du genug Schlaf bekommst.
- Wenn ein Freund im Krankenhaus liegt, besuche ihn.
- Wenn dir ein Freund oder jemand aus deiner Familie ein Geschenk gibt, sage Danke.

Wir haben bereits erwähnt, dass in Römer 12 und Galater 5 bis 6 viele Entscheidungsmöglichkeiten vorkommen, die auf

Gottes Gnade beruhen. Hier eine Auswahl der eindeutigsten Entscheidungen, die darin genannt werden:

- Erneuere täglich dein Denken durch Gottes Wort (vgl. Römer 12,2).
- Hasse das Böse (vgl. Römer 12,9).
- Sei anderen in aufrichtiger Liebe zugewandt (vgl. Römer 12,10).
- Sei nicht stolz, sondern dazu bereit, dich mit Menschen zusammenzutun, die nicht so angesehen sind (vgl. Römer 12,16).
- Missbrauche deine Freiheit nicht, um deiner sündigen Natur nachzugeben, sondern diene anderen in Liebe (vgl. Galater 5,13).
- Jeder, der von einem anderen gelehrt wird, soll das Gute, was er besitzt, mit seinem Lehrer teilen (vgl. Galater 6,6).
- Nutze jede Gelegenheit, anderen Menschen Gutes zu tun (vgl. Galater 6,10).

Wenn du dich selbst darin übst, das Naheliegendste zu tun, entwickelst du gute Gewohnheiten, die du später ganz automatisch machst. Durch diese Gewohnheiten wirst du effizienter, da du deine Kraft für schwierigere Entscheidungen aufsparst. Du wirst dadurch auch sicherer und zuversichtlicher, weil du so in kleinen Dingen Erfolg hast. Nicht so eindeutige Entscheidungen fallen dir leichter.

Das klingt sehr einfach, aber für viele Menschen ist das ein großes Problem, besonders im Hinblick auf Beziehungen. Die Bibel sagt sehr deutlich: „Zieht nicht in einem fremden Joch mit Ungläubigen! Denn was haben Gerechtigkeit und Gesetzlosigkeit miteinander zu schaffen? Und was hat das Licht für Gemeinschaft mit der Finsternis?" (2. Korinther 6,14; SLT).

Auch wenn sich dieser Vers nicht nur auf Liebesbeziehungen bezieht, wird darin doch auf jeden Fall klar gesagt, dass Christen keine Partnerschaft mit jemandem eingehen sollen, der Jesus nicht nachfolgt. Das klingt einfach, aber wir alle kennen Menschen, die sich emotional auf jemanden eingelassen haben, der nicht gut für sie ist. Wir alle haben uns schon mal selbst an der Nase herumgeführt, weil wir dachten, wir wären ja die Ausnahme.

Wenn du dich darauf festgelegt hast, das Naheliegendste zu tun, weil es eben am naheliegendsten ist, wirst du diese Falle umgehen. Wenn du jedoch daran gewöhnt bist, deinen Gefühlen mehr zu folgen als dem, was am eindeutigsten ist, kannst du leicht zu einer Beziehung verführt werden, die nicht deinen Glaubensüberzeugungen entspricht.

Entscheidungstest 2: Was ist weise?

Schreibe in die nächste freien Zeilen deine Antwort auf folgende Frage: „Was ist der Unterschied zwischen Klugheit und Weisheit?"

____

____

____

____

Nicht alle Entscheidungen sind eindeutig oder naheliegend. In der Tat erfordern die meisten Entscheidungen, die wir treffen müssen, ein gewisses Maß an Erkenntnis, Beratung und Urteilskraft. Daher legt die Bibel so einen Wert auf die Weisheit, denn sie ist die Fähigkeit, auf geschickte und hilfreiche Weise eine allgemeingültige Wahrheit auf unsere spezielle Lebenssituation anzuwenden. Die meisten Menschen sind intelligent und können gewaltige Mengen an Informationen verarbeiten. In unserem heutigen Informationszeitalter sind sich die meisten Menschen nicht einmal bewusst, mit wie vielen Informationen sie sich täglich auseinandersetzen.

Doch Wissen unterscheidet sich stark von Weisheit.

Der Weg, um Weisheit zu entwickeln, ist gepflastert mit Fragen. Weise Menschen stellen Fragen, weil sie ein ernsthaftes Verlangen haben, Antworten zu finden, die sich im alltäglichen Leben umsetzen lassen. Sie wissen, dass sie nicht auf jede Frage eine Antwort erhalten werden, und ihnen ist bewusst, dass ihre Fragen sich durch neue Erkenntnisse verändern und der Wahrheit anpassen werden, die sie im Leben erkannt haben. Wie das Fällen von Entscheidungen ist Weisheit eine Fähigkeit, die man entwickeln kann. Das biblische Buch der Sprüche dreht sich um den Begriff der Weisheit. Achte einmal darauf, wie oft gesagt wird, dass man nach Weisheit streben soll:

> Werdet weise, ihr Unerfahrenen!
> Gewinnt an Einsicht, ihr Narren! (8,5)

> Die Weisheit ruft laut auf den Straßen,
> und auf den Plätzen erhebt sie ihre Stimme. (1,20)

> Mein Sohn, achte auf meine Worte und behalte meine Gebote im Gedächtnis. Höre auf die Weisheit und versuche, sie mit dem Herzen zu verstehen. Bitte um Verstand

> und Einsicht, und suche sie, wie du nach Silber suchen oder nach verborgenen Schätzen forschen würdest. Dann wirst du verstehen, was es heißt, den Herrn zu achten, und wirst die Erkenntnis Gottes gewinnen. (2,1-5)
>
> Glücklich ist der Mensch,
> der Weisheit findet und Einsicht gewinnt! (3,13)
>
> Erwirb dir Weisheit, erwirb Verstand (...). (4,5; ELB)
>
> Weisheit zu erwerben ist das Wichtigste im Leben!
> Und alles, was du hast, setze dafür ein,
> Verstand zu erwerben. (4,7)
>
> Wie viel besser ist es,
> Weisheit zu erwerben als Gold (...)! (16,16)

Die naheliegendste Frage lautet also: „Wie bekommt man Weisheit?" Jakobus 1,5 (ELB) gibt darauf eine Antwort: „Wenn aber jemand von euch Weisheit mangelt, so bitte er Gott, der allen willig gibt und keine Vorwürfe macht, und sie wird ihm gegeben werden." An dem Tag, wo du aufhörst, um Weisheit zu bitten, wirst du aufhören, an Weisheit zuzunehmen.

Salomo ist ein gutes Vorbild für jeden, der sich nach Weisheit sehnt, um wichtige Entscheidungen zu treffen. Er erlangte bereits als junger Mann eine hohe Position mit immenser Autorität. „In dieser Nacht in Gibeon erschien der Herr Salomo im Traum. Gott sprach: ‚Was willst du haben? Bitte, und ich werde es dir geben!'" (1. Könige 3,5). Demütig sagte er: „Ich bin im Grunde noch ein Kind, das nicht weiß, was es tun soll. (...) Schenk deinem Diener ein gehorsames Herz, damit ich dein Volk gut regiere und den Unterschied zwischen Gut und Böse erkenne" (V. 7-9). Gern antwortete

Gott ihm: „Ich werde deinen Wunsch erfüllen. Pass auf! Ich gebe dir ein weises und verständiges Herz" (V. 12; NeÜ).

Daniel ist ein weiteres Beispiel für jemanden, dem sich Möglichkeiten eröffnen, weil er bereit ist, um Weisheit zu beten. König Nebukadnezar war entschlossen, alle seine Ratgeber umbringen zu lassen, auch Daniel und seine Freunde, weil keiner von ihnen ihm seinen beunruhigenden Traum auslegen konnte. Daniel und seine Freunde baten daraufhin Gott um Weisheit, die er ihnen gern schenkte. Dies führte zu einem spontanen Ausbruch von Dankbarkeit: „Ich danke dir, Gott meiner Vorfahren, und preise dich, weil du mir Weisheit und Kraft geschenkt hast. Du hast unsere Gebete erhört und hast mich wissen lassen, was wir uns von dir erbaten: Du hast uns das Geheimnis des Königs enthüllt" (Daniel 2,23).

Dieser zweite Entscheidungsfindungstest besteht aus einer Reihe von Fragen, die du dir selbst stellst, um zu sehen, ob eine Entscheidung weise ist. Wenn du auf alle Fragen mit Ja antwortest, liegt es auf der Hand, dass deine Entscheidung auf Weisheit gründet und du ihr höchstwahrscheinlich folgen solltest. Wenn du jedoch auf einige oder die meisten dieser Fragen mit Nein antwortest, solltest du noch intensiver erforschen, wie du am besten vorgehen kannst. Das Ziel dabei ist immer: Betreibe so wenig Aufwand wie möglich, damit du zu einer guten Entscheidung kommst. Mit diesem Test kannst du deine Kräfte bei solchen Entscheidungen schonen, für die du bereits die nötige Weisheit besitzt.

Wenn der erste Test die richtige Entscheidung nicht klarer macht, beantworte folgende Fragen:

- Entspricht diese Entscheidung meinen grundlegenden Überzeugungen?

- Würden die Menschen, die ich am meisten respektiere, mit dieser Entscheidung übereinstimmen? Habe ich sie danach gefragt?
- Orientiert sich diese Entscheidung an guten Grenzen, die meine Selbstachtung fördern?
- Werde ich durch diese Entscheidung persönlich wachsen?
- Würde ich meinen Freunden raten, dieselbe Entscheidung zu treffen?

Entscheidungstest 3: Was hat Priorität?

Manchmal muss man sich noch intensiver mit Entscheidungen auseinandersetzen, um zu einer richtigen Lösung zu kommen. Du hast den ersten und den zweiten Entscheidungsfindungstest durchlaufen, aber brauchst noch eine weitere Bestätigung, dass du die richtige Entscheidung triffst? In so eine Situation gerätst du, wenn …

- die Bibel nicht explizit auf die vor dir liegende Entscheidung eingeht.
- es mehrere Möglichkeiten gibt.
- die beiden besten Möglichkeiten dir gleichermaßen gut erscheinen.
- die Entscheidung für einen langen Zeitraum dein weiteres Leben bestimmen wird.

- Menschen, die du schätzt, unterschiedliche Meinungen dazu haben, wie du dich entscheiden solltest.

In so einem Fall gibt es einige einfache und praktische Dinge, die du tun kannst:

Schritt 1: Formuliere deine Entscheidung positiv. Beschreibe, was vor dir liegt, wenn du Ja sagst. Zum Beispiel ist es besser, eine Entscheidung so zu formulieren: „Ich denke darüber nach, in ein eigenes Haus zu ziehen, und suche daher noch ein paar Mitbewohner", statt zu sagen: „Ich muss unbedingt von zu Hause ausziehen; meine Eltern machen mich sonst noch verrückt!" Auf diese Weise kommt Schwung in deine Zukunftspläne und negatives Denken hat keinen Raum (mehr).

Schritt 2: Erstelle eine Pro-/Kontra-Liste. Nimm dir ein Blatt Papier und zeichne darauf eine Tabelle. Halte auf der einen Seite die Gründe fest, warum du diesen Weg einschlagen *solltest*. Schreibe dann auf die andere Seite, warum du diesen Weg besser *nicht* nehmen solltest.

Schritt 3: Ordne die Gründe nach Prioritäten. Auf beiden Seiten der Tabelle kannst du die Gründe nun nach Priorität ordnen. Dadurch kommst du weisen Entscheidungen auf die Spur.

Eine Methode, die wir für das Setzen von Prioritäten sehr hilfreich finden, ist das ABC-System. Dabei markierst du alle zentralen Gründe auf deiner Liste mit einem A. Die Gründe, die an zweiter Stelle stehen, werden alle mit einem B gekennzeichnet. Und ein C bekommen alle Gründe, die zwar gut klingen, aber keinen wirklichen Einfluss auf deine Entscheidung haben. Es gibt auch Leute, die ihre Gründe lieber nach Wichtigkeit durchnummerieren (1, 2, 3 usw.). Benutze die Methode, die dir am meisten liegt. Für den nächsten Schritt nehmen wir einfach mal an, dass du das ABC-System anwenden würdest.

Schritt 4: Vergleiche die wichtigsten Gründe auf beiden Listen. Vergleiche die A-Gründe für ein Ja mit den A-Gründen für ein Nein. Stehen auf beiden Seiten gleich viele A-Gründe und es steht „unentschieden", schaue dir die B-Gründe an, um zu sehen, ob die Entscheidung nun klarer wird. Lass dich nicht von der Menge der Gründe hinters Licht führen. Es kann gut sein, dass auf der einen Seite mehr Gründe stehen als auf der anderen, aber Quantität ist nicht gleich Qualität. Die Seite mit den meisten Gründen ist vielleicht die bessere Wahl – aber manchmal auch nicht. Um dir darüber klar zu werden, solltest du bewusst Prioritäten setzen und dich auf die A-Gründe konzentrieren.

Nun bist du an der Reihe!

Bei welchen deiner aktuell zu treffenden Entscheidungen ist es sinnvoll, den dritten Entscheidungstest zu verwenden? Formuliere die Entscheidung positiv und schreibe sie hier auf. Nimm dir danach ein leeres Blatt und teste, was Priorität hat.

Entscheidungstest 4: Was ergibt ein Brainstorming?

Die meisten Entscheidungen deines Lebens können durch den ersten, zweiten oder dritten Entscheidungsfindungstest gelöst werden. Doch ab und zu wirst du vor Entscheidungen stehen, die sich wirklich von anderen Entscheidungen *abheben*. Du weißt dann nicht, wie du vorgehen sollst, weil du dich auf einem ganz neuen Gebiet befindest und es ganz andere Dinge zu bedenken gibt. Du kannst kaum auf Erfahrungen zurückgreifen, bei denen du erfolgreich eine Entscheidung getroffen hast. Um mit diesen Entscheidungen richtig umzugehen, musst du dich für neue Möglichkeiten öffnen.

Dieser Test ist ziemlich anstrengend, daher wirst du nicht oft darauf zurückgreifen wollen. Aber es gibt Situationen, in denen man sich die Frage stellen muss: „Habe ich wirklich jede mögliche Lösung bedacht?" Damit wir diese Frage mit Ja beantworten können, müssen wir kreativ werden.

Jeder von uns hat das kreative Potenzial, um völlig neue Möglichkeiten zu erkennen und zu entdecken, weil wir nach dem Bild eines kreativen Gottes geschaffen wurden (vgl. 1. Mose 1,1+27). Dieses kreative Potenzial können wir einsetzen, wenn wir in unserem Denken für neue Wege offen werden. Die meisten Menschen sind entweder sehr diszipliniert oder sehr zurückhaltend in ihrem Denken. Wir disziplinieren unser Denken, damit wir uns auf die wichtigen Dinge im Leben konzentrieren. Wir halten uns in unserem Denken zurück, weil wir in der Vergangenheit Fehler gemacht oder Angst davor haben, dass wir von unseren falschen Begierden getrieben werden. Doch wir müssen diese Hindernisse überwinden, wenn wir zu völlig neuen Lösungen gelangen wollen. Mit den folgenden Schritten kannst du das kreative Potenzial in dir wecken.

Schritt 1: Das Brainstorming. Schreibe jede mögliche Lösung auf, die dir in den Sinn kommt, auch Dinge, die dir lächerlich, absurd oder unmöglich erscheinen. Es ist sehr wichtig, dass du bei diesem Schritt nicht das analysierst, was du aufschreibst. Ein Brainstorming ist dazu da, die emotionalen, intellektuellen und auf Erfahrungen beruhenden Barrieren in dir zu überwinden. Wenn du währenddessen deine Ideen analysierst oder bewertest, schließt du Ideen aus, die zu neuen Lösungen führen können. Das Ziel besteht deshalb darin, so viele Ideen wie möglich aufzuschreiben, in der Hoffnung, dass dabei eine neue Möglichkeit auftaucht. Wenn es dir schwerfällt, auf genügend Ideen zu kommen, bitte enge Freunde, dass sie ihre Ideen ergänzen. Lass dir bei diesem Schritt Zeit! Wenn es dir hilft, gönne dir zwischendurch ein paar Pausen, und setze dich dann wieder an deine Liste, damit du auf möglichst viele Ideen kommst.

Sobald diese Brainstorming-Liste abgeschlossen ist, lege sie eine Zeit lang beiseite – für ein paar Minuten oder auch für ein paar Tage. Während dieser Zeit soll sich dein Brainstorming-Denken hin zum Bewertungs-Denken bewegen.

Schritt 2: Schließe die albernen Ideen aus. Streiche die Ideen, die wirklich lächerlich sind. Pass dabei jedoch auf, dass du keine Ideen streichst, die sich zwar lächerlich *anfühlen*, aber in Wirklichkeit gute Möglichkeiten sind. Du kannst auch hierbei Freunde um Hilfe bitten. Diese Ideen stehen auf deiner Liste, weil du dein kreatives Potenzial ausgeschöpft hast. Jetzt ist die Zeit gekommen, sie gegebenenfalls zu streichen, damit sie auf deinem weiteren Weg kein Chaos verursachen.

Schritt 3: Streiche die Ideen, die für dich überhaupt nicht infrage kommen. Einige Ideen auf deiner Liste klingen vielleicht wie eine gute Möglichkeit, aber eigentlich weißt du, dass du sie niemals umsetzen würdest. Sie passen einfach nicht zu deiner Persönlichkeit oder deiner persönlichen Reife. Achte gleichzeitig darauf, dass du diese Ideen nicht nur streichst, weil sie dir Unbehagen bereiten. Echte Veränderung ist schwer und bewirkt, dass du dich unwohl fühlst. Lass daher Ideen, die dich herausfordern, auf deiner Liste stehen. Fühl dich aber frei genug, Ideen zu streichen, von denen du weißt, dass sie dir überhaupt keinen Spaß machen würden. Wenn du zum Beispiel ein sehr kreativer Mensch bist und Spontanität liebst, wäre eine Arbeit am Fließband keine gute Idee für dich. Du hast vielleicht die notwendigen Fähigkeiten für diese Arbeit, aber es ist schon jetzt klar, dass dir bald sterbenslangweilig sein würde. Ebenso ist es wahrscheinlich kein gutes Berufsziel, Chef einer Firma zu werden, wenn du eine aufgabenorientierte Person bist, die sehr gern anderen Menschen hilft. Du hast vielleicht das Fachwissen und auch die Motivation, um über einen kurzen Zeitraum erfolgreich eine Leitungsposition auszuüben, aber es ist sehr unwahrscheinlich, dass du das auf lange Sicht genießen wirst.

Bei diesem Schritt solltest du solche Ideen streichen, bei denen du im Grunde weißt, dass du dich niemals genügend auf sie konzentrieren würdest, um Erfolg zu haben. Du möchtest ja bestimmt keinen Kurs wählen, bei dem du zwangsläufig scheitern wirst! Lass dir deshalb bei diesem Schritt von jemandem helfen, sodass du nicht die Ideen streichst, vor denen du vielleicht Angst hast, aber sehr wahrscheinlich erfolgreich wärst, wenn du ihnen nachgehen würdest. Oft haben unsere engen Verwandten und Freunde einen besseren Blick dafür, was für neue Möglichkeiten sich uns bieten.

Schritt 4: Mache mit den besten Ideen deiner Brainstorming-Liste den Entscheidungsfindungstest 3 – was hat Priorität? Sobald du deine Brainstorming-Liste gekürzt hast, bieten sich dir noch eine oder mehrere neue Möglichkeiten. Diese neuen Ideen musst du nun bewerten. Bearbeite diese

Aufgabe aufmerksam und nimm dir dafür viel Zeit, schließlich ist diese Entscheidung lebensverändernd für dich. Wenn mehr als zwei Ideen auf dem Zettel übrig geblieben sind, mache den Test so lange, bis du nur noch zwei Optionen hast. Erstelle dann nicht eine Pro- bzw. Kontra-Liste, sondern mache dir eine Idee-1- und Idee-2-Liste. Halte für beide Ideen die Gründe fest, bestimme die Prioritäten und bewerte sie dann nach dem, was dir am wichtigsten ist.

Brads Umzug

Ein Freund von uns namens Brad wuchs in einem liebevollen, christlichen Elternhaus auf, doch plötzlich änderte sich etwas Entscheidendes für die Familie. Als Brad im Teenageralter war, sagte sein Vater seiner Frau und den Kindern, dass er sie liebte, aber Gott ihn dazu gebracht habe, eine neue Beziehung einzugehen. Sein Vater gab zu, dass die meisten Leute das nicht verstehen würden, und er selbst habe lange genug versucht, es zu verdrängen.

Es war gelinde gesagt eine traumatische Erfahrung. Lauter Fragen stürmten auf Brad ein. Seine Fundament für Entscheidungen wurde stark beschädigt. Wie konnte sein Vater – ein Mann, der von sich behauptete, Gott nachzufolgen – etwas so Falsches tun und seine Frau und seine Kinder im Stich lassen? Die schlechten Entscheidungen seines Vaters hinterließen tiefe Narben bei Brad. Viele Jahre lang glaubte er, dass Gott sich von ihm abgewandt hätte und er selbst es niemals wert sein würde, Jesus als Erlöser für sich in Anspruch zu nehmen. Doch Gott ist treu, und durch eine Reihe von Ereignissen kam Brad zu der Überzeugung, dass Gott ihn liebte und einen Plan für sein Leben hatte. Dennoch blieben bei ihm viele Fragen offen, insbesondere, wie er selbst seinen Lebensweg umsichtig gestalten sollte.

Auf jeden Fall wusste er, dass er seine Heimatstadt verlassen musste. Es gab dort einfach zu viele Erinnerungen an die schmerzhaften Enttäuschungen, die er erlebt hatte, als dass er hier hätte glücklich werden können. Doch ihm war völlig schleierhaft, wo er hinziehen sollte. Zu jener Zeit war ihm noch nicht bewusst, dass er logische Schritte unternahm, um die Entscheidung zu fällen, wo er leben sollte.

Als Erstes überlegte er, ob es eine naheliegende Lösung gab. „Ich weiß, ich muss umziehen. Ist es eindeutig, wo ich wohnen sollte?"

Die Antwort war: „Nein, ich kann überall leben." Gott hatte Brad gezeigt, dass er mithilfe einer internationalen Gruppe christlicher Singles überall leben und Freunde finden konnte. All diese jungen Männer und Frauen kamen aus unterschiedlichen Nationen, aber sie hatten Beziehungen zueinander aufgebaut, durch die sie sich so nahestanden wie Brüder und Schwestern.

Dann kam der Test, was weise ist. „Sagen mir alle Leute, denen ich vertraue, dass ich an den gleichen Ort ziehen soll? Gibt es einen Ort, der mir besser erscheint als andere? Gibt es eine Möglichkeit, die mir Gott ganz deutlich gezeigt hat?" Wieder war die Antwort auf all diese Fragen Nein, sodass Brad seine Entscheidung noch reiflicher durchdenken musste.

Während er über seine Entscheidung nachdachte, las er in der Bibel die folgenden Worte: „Dann befahl der Herr Abram: ‚Verlass deine Heimat, deine Verwandten und die Familie deines Vaters und geh in das Land, das ich dir zeigen werde!'" (1. Mose 12,1). Dieser Vers ließ ihn nicht los, also betete er: „Herr, ist es das, was ich tun soll?" Ihm fiel kein Grund ein, warum er das nicht wenigstens in Erwägung ziehen sollte, also fastete und betete er.

Er schrieb in sein Tagebuch: „Soll ich alles, was ich habe, in mein Auto packen, meine Heimatstadt verlassen und an den Ort ziehen, den Gott mir zeigt?" Folgende Gründe fielen ihm ein, warum er Ja zu dieser Gelegenheit sagen sollte:

- Ich habe die besten Chancen, ein großartiges Leben zu führen, wenn ich nicht in meiner Heimatstadt lebe.
- Ich bin Single.
- Ich glaube, dass Gott mich diesen Weg führt.
- Ich besitze ein Auto.
- Ich bin geübt darin, Freunde zu finden.
- Ich habe einen starken Glauben.

Folgende Gründe fielen ihm ein, warum er Nein zu dieser Gelegenheit sagen sollte:

- Ich werde keine Arbeit haben, wenn ich in meinem zukünftigen Wohnort ankomme.
- Die Leute werden denken, ich sei verrückt.
- Es könnte mir schwerfallen, eine neue Arbeitsstelle zu finden.
- Ich kenne in meinem zukünftigen Wohnort wahrscheinlich niemanden.

Als er sich die einzelnen Gründe ansah, kam er zu dem Ergebnis, dass die A-Gründe der Ja-Seite folgende waren:

- Ich habe die besten Chancen, ein großartiges Leben zu führen, wenn ich nicht in meiner Heimatstadt lebe.

- Ich glaube, dass Gott mich diesen Weg führt.

Der einzige Grund von der Nein-Seite mit einem A war: „Ich werde keine Arbeit haben, wenn ich in meinem zukünftigen Wohnort ankomme." Für Brad war dieser Grund eher von untergeordneter Bedeutung, da er Single war. Er wusste, dass er in der Lage war, sparsam zu leben und Aushilfsjobs zu erledigen, bis er eine bessere Anstellung gefunden hätte. Ein zweiter Gedanke bereitete ihm Sorgen: Würden andere Leute von ihm denken, er sei verrückt, wenn er so einen scheinbar leichtsinnigen Weg wählte?

Sein Verstand sagte ihm, dass die Meinungen anderer Leute längst nicht so wichtig waren wie das, was Gott dachte, aber nach diesem Standpunkt hatte er zuvor noch nie gehandelt. Der Gedanke, dass Gott ihn leitete, begeisterte Brad – mutig wollte er im Glauben vorangehen. Dies im Zusammenhang mit der Überzeugung, dass er seine Heimatstadt hinter sich lassen musste, machte seine Entscheidung überraschend einfach.

Er war bereit, sich an jedem Ort niederzulassen, der ein stabiles Umfeld versprach, auch wenn das bedeutete, dass er ein kälteres Klima in Kauf nehmen musste, als er es gewohnt war. Zu Beginn konzentrierte er sich auf den Mittleren Westen der Vereinigten Staaten, wo es viele Arbeitsmöglichkeiten gab. Solange er dort seinen Lebensunterhalt verdienen konnte, wusste er, dass er auch die harten Winter vor Ort ertragen würde. In der Zwischenzeit hatte Brads Tante gehört, dass er seine Heimatstadt verlassen wollte, also lud sie ihn ein, ans andere Ende des Landes zu ziehen und dort bei ihr und ihrem Mann zu leben, bis er eine neue Arbeit gefunden hatte.

Brad nahm das großzügige Angebot seiner Tante gern an. Er lud seinen kleinen Toyota voll und fuhr los. „Okay, Gott, ich weiß, wo ich hinfahre, aber ich bin völlig davon abhängig, dass du mir eine Arbeit und Freunde schenkst."

Auch wenn Brad bereit gewesen war, das Klima im Mittleren Westen auszuhalten, schickte Gott ihn nach Südflorida, wo ein milderes Klima herrschte. Er freute sich auf die fünftägige Fahrt, die vor ihm lag, und entschloss sich, die ganze Zeit schweigend zu verbringen und nur mit Jesus zu reden, während er quer durchs Land fuhr.

Im Nachhinein ist Brad zu dem Schluss gekommen, dass dies eine der besten Entscheidungen war, die er je getroffen hat. Er spricht immer noch gern von diesen fünf Tagen, die er im Gebet verbrachte, und bezeichnet sie als einen der Höhepunkte auf seinem Weg mit Jesus. Seine Tante und sein Onkel hießen ihn herzlich willkommen, und kurz nach seiner Ankunft in Florida fand er eine neue Arbeitsstelle. Innerhalb von zwei Monaten hatte er eine eigene Wohnung gefunden und sich einer Gemeinde angeschlossen. Seitdem hat er Kleingruppen geleitet, tolle Freunde gefunden und immer eine Arbeit gehabt. Darüber hinaus ist sein Glaube stark geworden und er lebt nun ein Leben, das von Freiheit und Zielstrebigkeit geprägt ist.

Da er aus der Stadt wegzog, die für ihn nur schmerzliche Erinnerungen bereithielt, bekam er die Freiheit, Gottes Plan für sein Leben zu genießen. In der neuen Umgebung war es viel einfacher für ihn, sich die Frage zu stellen: „Wie möchte ich leben?" Er weiß, dass sein Weg nicht der einzige ist, um mit Wunden aus der Kindheit umzugehen, aber es war Gottes Weg für ihn.

Nur so zum Spaß

> Arzt: „Ich habe gute und schlechte Nachrichten für Sie."
> Patient: „Ich würde gern erst die gute Nachricht hören."
> Arzt: „Sie haben noch 24 Stunden zu leben."
> Patient: „Was?! Was soll denn dann bitte die schlechte Nachricht sein?"
> Arzt: „Nun, ich habe vergessen, Ihnen das gestern mitzuteilen."

Du hast mehr als 24 Stunden zu leben und du kannst Entscheidungen treffen. Vor dir liegt eine großartige Reise und du bist für sie gewappnet. Mach dich auf den Weg!

Kapitel 2

Entscheide dich, deinen Weg mit Jesus zu gehen

„Die Frucht des Geistes aber ist Liebe."
Galater 5,22 (ELB)

Wir haben schon oft den Satz gehört: „Es kommt nicht darauf an, was du weißt, sondern wen du kennst." Da ist etwas Wahres dran. Die besten Aufstiegsmöglichkeiten im Beruf hat man durch persönliche Verbindungen zu bestimmten Leuten. Man kann auch in der Zeitung oder auf einer Jobmesse eine Arbeitsstelle finden, aber die Positionen, die man durch Empfehlungen erreicht, sind oft besser und erfüllender. Seine besten Freunde lernt man dadurch kennen, dass Menschen aus dem Umfeld sie einem vorstellen. Die Menschen in deiner Umgebung bestimmen, wie dein Leben aussieht.

Jim Burns, ein Radiomoderator, erzählte einmal folgende Geschichte:

> Kurz nach dem Ende des Zweiten Weltkriegs bemühte Europa sich darum, die Situation wieder zu normalisieren. Viele Teile des Kontinents waren vom Krieg verwüstet und lagen in Trümmern. Den traurigsten Anblick bildeten die kleinen Waisenkinder, die auf den Straßen der vom Krieg gezeichneten Städte verhungerten.
>
> Früh an einem kühlen Morgen war ein amerikanischer Soldat auf dem Weg zu den Baracken in London.

Als er in seinem Jeep um eine Ecke bog, sah er, wie ein kleiner Junge seine Nase an dem Schaufenster einer Konditorei platt drückte. Darin knetete der Bäcker gerade einen Teig für ein weiteres Blech Donuts. Der hungrige Junge sah ihm schweigend zu und beobachtete jede seiner Bewegungen. Der Soldat hielt am Bordstein, stieg aus und ging leise zu dem kleinen Burschen hinüber. Durch das beschlagene Fenster konnte er die Teilchen sehen, die gerade frisch aus dem Ofen geholt wurden, noch ganz heiß und so lecker, dass sie einem das Wasser im Munde zusammenlaufen ließen. Der Junge schluckte und ließ einen leisen Seufzer hören, als er den Bäcker dabei beobachtete, wie er sie vorsichtig auf dem gläsernen Tresen platzierte.

Der Soldat hatte Mitleid mit dem namenlosen Waisenjungen. „Na, mein Kleiner, hättest du gern ein paar davon?"

Der Junge schreckte aus seinen Gedanken auf. „Oh ja … sehr gerne!"

Der Amerikaner ging hinein und kaufte ein Dutzend Teilchen. Er ließ sie in eine Tüte packen und ging zurück zu dem Jungen, der immer noch im kalten Nebel Londons stand. Mit einem Lächeln streckte er dem Jungen die Tüte hin und sagte schlicht: „Bitteschön." Als er sich umdrehte und weggehen wollte, spürte er, wie jemand an seinem Mantel zog. Er schaute sich um und hörte das Kind leise fragen: „Entschuldigen Sie … sind Sie Gott?"

Die wichtigste Person, der du in deinem Leben begegnen kannst, ist Jesus. Doch manchmal können wir gar nicht genau sagen, wer er eigentlich ist.

Ein Mann, der sonst als Missionar arbeitete, war mit seiner Familie im Heimaturlaub und meldete seinen Sohn in der Vorschule an. Der Lehrer lud den Vater ein, bei einer

Schulstunde dabei zu sein und den Vorschülern die wahre Bedeutung von Ostern zu erklären. Da der Vater herausfinden wollte, was die Kinder bereits über Ostern wussten, fragte er sie: „Wer von euch weiß, was Ostern bedeutet?“

Ein kleines Mädchen hob seine Hand: „Ist das der Tag, an dem wir uns verkleiden und die Leute uns Süßigkeiten geben?“

„Nein, das ist nicht Ostern. Ich glaube, du meinst Halloween.“

Ein Junge streckte seine Hand mit Nachdruck in die Höhe. „Ist das der Tag, an dem meine Mama den ganzen Tag kocht und mein Papa den ganzen Tag Football guckt?“

„Nein, das klingt eher wie Thanksgiving.“

„Ich weiß es“, schaltete sich ein kleines Mädchen ein, „Ostern ist der Tag, an dem wir zu Hause einen großen Baum haben und darunter viele Geschenke für mich liegen.“

„Nein, das ist Weihnachten.“

Schließlich sagte der Sohn des Missionars, der keine Lust mehr auf dieses Spielchen hatte: „Ostern ist der Tag, an dem Jesus am Kreuz für unsere Sünden gestorben ist – ihr wisst schon, die schlechten Dinge, die wir sagen und tun. Dann haben sie ihn vom Kreuz heruntergenommen und in ein Grab gelegt.“

Der Vater war stolz, dass sein Sohn die wahre Bedeutung von Ostern kannte. Doch dann sagte der Junge: „Und am dritten Tag ist er von den Toten auferstanden. Seitdem wissen wir, dass der Winter nach Ostern nicht mehr lange anhält und bald der Frühling kommt.“

Wie siehst du Jesus?

Wir sind zu der Überzeugung gelangt, dass man Menschen und ihre Beziehung zu Jesus in fünf Kategorien einteilen kann: 1) Sie schenken ihm keine Beachtung. 2) Sie machen sich Gedanken über ihn. 3) Sie winken ihm zu. 4) Sie setzen ihn als Joker ein. 5) Sie gehen ihren Weg mit ihm.

Gruppe 1) Sie schenken Jesus keine Beachtung.
Manche Menschen schenken Jesus einfach keine Beachtung. Das menschliche Herz ist von Natur aus stolz und egoistisch. Seit dem Sündenfall sind die Menschen der Ansicht, sie wüssten besser Bescheid als Gott. Sie entwickeln ihre eigenen Maßstäbe und verhalten sich so, als wären sie das Zentrum des Universums. Lieber halten sie störrisch an ihren Überzeugungen fest, als ihr Leben in die Hand ihres Schöpfer zu geben. Sie verhärten Gott gegenüber ihr Herz, weil sie niemandem Rechenschaft schuldig sein wollen. Sie verlassen sich auf sich selbst und ziehen lieber nicht in Betracht, dass die Leere in ihrer Seele ein Hinweis auf das Fehlen von Jesus sein könnte. Wenn man mit ihnen über Gott, Erlösung, den Himmel oder die Wahrheit spricht, reagieren sie entweder gleichgültig oder fühlen sich angegriffen.

In der Bibel heißt es: „Der Satan, der Gott dieser Welt, hat die Gedanken der Ungläubigen so verblendet, dass sie das herrliche Licht der Botschaft nicht wahrnehmen können. Damit bleibt ihnen unsere Botschaft über die Herrlichkeit von Christus, der das Ebenbild Gottes ist, unverständlich" (2. Korinther 4,4). Traurigerweise leiden die Menschen, die nicht an Gott glauben wollen, in der Tat unter geistlicher Blindheit. Sie erkennen Jesu Tod und Auferstehung nicht als wahr an und halten ihn schlicht für einen Menschen, der vor langer Zeit gelebt hat.

Viele Menschen, die Jesus nicht kennenlernen möchten, scheinen ein gutes Leben zu führen. Sie machen Karriere, haben viele Freunde und glückliche Familien. Sie sind oft auch ehrenamtlich tätig und setzen sich für gute Zwecke ein. Vielleicht haben sie einige unangenehme Angewohnheiten, aber ihr Erfolg im Leben lässt sich nicht leugnen. Da sie so gut allein zurechtkommen, fällt es ihnen schwer zu verstehen, dass sie einen Retter brauchen.

Andere Menschen wiederum, die Jesus nicht kennenlernen möchten, sind kreuzunglücklich. Sie beschweren sich ständig, holen nicht das Beste aus sich heraus, treffen schlechte Entscheidungen und werden in Beziehungen immer wieder verletzt. Sie sind unruhig und ihnen geht es schlecht; sie erleben ständig Schmerz und Enttäuschung. Doch selbst in ihrer verzweifelten Lage sind sie nicht bereit zuzugeben, dass sie einen Retter brauchen. Stattdessen leben sie lieber weiter ihr unerfülltes Leben.

Gruppe 2) Sie machen sich Gedanken über Jesus.

Die zweite Gruppe von Menschen macht sich Gedanken über Jesus. Sie haben gesehen, dass andere ihn von ganzem Herzen lieben und Frieden und Sinn in ihrem Leben haben. Daher bewundern sie diese Menschen, die so eine ungewöhnliche Ausstrahlung haben. Doch ihnen fällt es schwer zu glauben, dass auch sie selbst das erleben können.

Einige von ihnen werden von Kindheitserinnerungen geplagt und leiden deshalb an Selbstzweifeln. Als sie noch klein waren, haben sie viel Kritik von den Menschen einstecken müssen, die ihnen am nächsten standen. Oft haben sie sich gefragt, ob ihre Eltern sie wirklich liebten. Sie sind sich zwar recht sicher, dass sie es taten, aber gleichzeitig fragen sie sich, wie jemand, der sie liebte, solche Dinge sagen konnte: „Du bist hässlich", „Du bist dumm", „Nie kannst du was richtig machen".

Kinder können solche Aussagen nicht richtig verarbeiten. Für sie ist es völlig natürlich, ihren Eltern zu glauben. Daher nimmt ihr Herz dieses herablassende Urteil an. Zu Beginn unseres Leben glauben wir, dass solche Sätze wahr sein müssen, sonst hätten unsere Eltern sie schließlich nicht gesagt. Irgendwann jedoch beginnen wir, diese Aussagen neu zu bewerten. Wir kommen zu dem Ergebnis, dass unsere Eltern uns belogen haben, aber es fällt uns schwer, ihr Urteil über uns loszuwerden, da es fest in unseren Gefühlen verankert ist. Wir denken, wenn unsere Eltern uns das so oft gesagt haben, könnte vielleicht doch etwas an diesen Aussagen dran sein, auch wenn wir wissen, dass die wahre Ursache ihr eigener Schmerz oder ihre Unsicherheit war.

Wenn das auf dich zutrifft, gibt es einen Weg, wie du diese Gedanken bekämpfen kannst. Als Erstes solltest du die Aussagen benennen, die so einen starken Einfluss auf dein Selbstbild genommen haben. Du musst dich nicht an alles erinnern, aber es ist wichtig, dass du zumindest die Aussagen identifizierst, die dir nachgegangen sind und dein Wesen geprägt haben. Einige dieser Aussagen über dich sind positiv – sie solltest du bejahen. Im Laufe des nächsten Monats empfehlen wir dir, alle Aussagen aufzuschreiben, die deinen Selbstwert gestärkt haben, und sie dir täglich laut vorzulesen. Du wirst ihnen leicht Glauben schenken können, da deine Gefühle mit ihnen übereinstimmen. Nutze sie für deine persönliche Entwicklung.

Die negativen Aussagen können wir nicht so leicht ins rechte Licht rücken. Eigentlich ist es relativ einfach, sich mit ihnen auseinanderzusetzen, aber es fällt uns nicht leicht. Einfach ist es deshalb, weil Gott unser Leben so geschaffen hat, dass wir es leicht leben können. Er will nicht, dass das Leben ein großes Mysterium ist, das besondere Fähigkeiten erfordert, um es zu ergründen.

Die Herausforderung liegt in der Vielschichtigkeit unserer wichtigsten Beziehungen. Wir lernen durch eine Mischung aus Gedanken, Entscheidungen und Gefühlen. Unsere Entwicklung beginnt mit unseren Gedanken. Unser ganzes Leben lang werden wir mit Informationen darüber überflutet, wer wir sind, und anhand ihrer bewerten wir unser Leben. Sie sind verantwortlich für unsere Entscheidung, was wir über uns selbst glauben. Und jede Entscheidung, die wir treffen, wirkt sich auch auf unsere Gefühle aus. Wenn wir die Botschaften, die wir hören, für wahr halten, entwickeln wir eine emotionale Verbindung zu diesen Informationen. Wenn wir glauben, dass die Botschaften falsch sind, filtern wir sie automatisch aus und beziehen sie nicht auf uns und unseren Wert.

Als Kind bleibt dir keine andere Wahl, als das zu glauben, was deine Familie dir sagt. Wenn du von ihnen positive Botschaften empfangen hast, danke Gott dafür und nutze sie als Ansporn in deinem Leben. Wenn die Botschaften jedoch negativ waren, musst du einige Entscheidungen treffen, um ihnen die Macht über deine Gefühle und dein Leben zu nehmen. Wir möchten dir dafür einige hilfreiche Schritte für diesen Prozess an die Hand geben.

Schritt 1: Mache dir eine Liste mit den Gedanken, die den größten Einfluss auf dich haben. Schreibe sie dir am besten auf, sodass du dich nicht auf dein Gedächtnis oder deine mit ihnen verbunden Gefühle verlassen musst, um sie zu identifizieren.

Schritt 2: Benenne die positiven Aussagen. Wir alle neigen dazu, die einzelnen Botschaften in einen Topf zu werfen, sodass sie eine große Gesamtbotschaft ergeben. Dann können wir aber nicht mehr die einzelnen Gedanken erkennen, jeden für sich bewerten und verändern. Benenne also die Botschaften einzeln und danke Gott für diese positiven Aussagen. Sie sind ein Geschenk, da sie uns anspornen und wir sie leicht glauben können.

Schritt 3: Streiche die negativen Aussagen aus deinem Leben. Wenn du dir die Botschaften, mit denen du aufgewachsen bist, genauer ansiehst, wirst du feststellen, dass einige von ihnen einfach nicht der Wahrheit entsprechen. Deine Eltern haben sie gesagt, weil sie vermutlich verbittert waren. Da sie auch nur Menschen sind und mit den gleichen Problemen zu kämpfen haben wie alle anderen Menschen auch, ist es naheliegend, dass sie bei deiner Erziehung Fehler gemacht und sich widersprüchlich verhalten haben. Am besten ist es, wenn du dich entscheidest, es besser zu machen. Es ist sehr wahrscheinlich, dass sie dich sehr liebten und versucht haben, das Beste aus dem zu machen, was ihnen selbst zu schaffen machte. Du ehrst deine Eltern, wenn du ihren Schwächen so wenig wie möglich die Chance gibst, dich zu beeinflussen. Dafür musst du mutig und immer wieder anerkennen, dass diese falschen Aussagen über dich genau das sind – falsche Aussagen. Sprich es am besten laut aus, denn es setzt sich besser in dir fest, wenn du dich selbst die Wahrheit sagen hörst.

Schritt 4: Ersetze die negativen Botschaften durch positive. Unsere Gedanken sind kein luftleerer Raum. Deshalb brauchen wir für eine echte Veränderung unseres Selbstbildes neue Wahrheiten über uns selbst, die wir glauben können. Der Apostel Paulus sagt uns: „Deshalb orientiert euch nicht am Verhalten und an den Gewohnheiten dieser Welt, sondern lasst euch von Gott durch Veränderung eurer Denkweise in neue Menschen verwandeln. Dann werdet ihr wissen, was Gott von euch will: Es ist das, was gut ist und ihn freut und seinem Willen vollkommen entspricht" (Römer 12,2).

Dieser Vers spricht nicht davon, einfach nur neue Informationen in sich aufzunehmen. Das Ziel ist vielmehr eine völlige Umwandlung, indem du deine Denkweise erneuerst. Es geht um eine wirkliche Veränderung und nicht darum, dass du Dinge versteckst, die du nicht magst. Hierfür müssen wir unsere Gedanken darin üben, Gottes Willen zu erfassen. Konkret bedeutet das, dass wir unsere falschen Gedanken durch Gottes Gedanken ersetzen. Wir sind mit dem aufgewachsen, was Menschen über uns dachten, doch das ist nicht die einzige Information, die uns zur Verfügung steht. Gott hat einiges darüber zu sagen, wer wir in Jesus Christus sind. Die Bibel sagt zum Beispiel Folgendes über uns: Wir sind …

- das Salz der Erde (Matthäus 5,13).
- das Licht der Welt (Matthäus 5,14).
- viel mehr wert als die Vögel (Lukas 12,24).
- bereits rein (Johannes 15,3).
- Gottes Partner [die Reben, durch die andere in den Genuss der Früchte kommen] (Johannes 15,5).
- Freunde von Jesus (Johannes 15,14).
- Diener des höchsten Gottes (Apostelgeschichte 16,17).
- berufen, zu Jesus zu gehören (Römer 1,6).
- schwach von unserer menschlichen Natur aus (Römer 6,19).
- frei von einer Verurteilung vor Gottes Gericht (Römer 8,1-4).
- Kinder Gottes [du darfst ihn „Papa" nennen] (Römer 8,14-16).
- Erben von allem, was Jesus gehört (Römer 8,17).
- mehr als Überwinder (Römer 8,37).
- Gottes Schöpfung (Epheser 2,10).

- Gottes Tempel [der Ort, an dem der Heilige Geist wohnen möchte] (1. Korinther 3,16-17).
- ein wichtiger Teil des Leibes Christi (1. Korinther 12,21-27).
- Botschafter Christi (2. Korinther 5,20).
- Kinder Gottes und Erben von allem, was Jesus gehört (Galater 3,26; 4,6-10).
- Gottes Hausgenossen (Epheser 2,19).
- Kinder des Lichts (Epheser 5,8).
- lebendige Steine (1. Petrus 2,5).
- ein auserwähltes Volk, das in Gottes Augen aus Königen besteht (1. Petrus 2,9-10).

Das alles sagt Gott über dich. Er verlangt nicht, dass du dir das verdienst, und er macht es auch nicht von deiner Leistung abhängig. So sieht er dich, sobald du Jesus als deinen Retter in dein Leben eingeladen hast. Es ist ein All-inclusive-Angebot, und zwar von dem, der die Wahrheit in Person ist.

Wenn du negative Aussagen über dich durch positive ersetzen möchtest, ist dieses Angebot optimal, denn du brauchst intellektuelle und emotionale Unterstützung, um gegen die Gedanken zu kämpfen, die sich so entscheidend auf deine Entwicklung ausgewirkt haben. Du kannst dir gute Gedanken jahrelang vor Augen halten, ohne dass sich in deinem Leben dadurch wirklich etwas verändert. Echte Veränderung wird durch Entscheidungen bewirkt. Du kannst sie auf der Basis guter Gedanken treffen, die dich emotional berühren. Wenn das geschieht, stellst du eine emotionale Verbindung zu diesen neuen Gedanken her.

Gottes Gedanken sind ein starker Antrieb für Veränderung, denn durch sie kannst du sagen: „Das haben andere über mich gesagt und das hat Gott über mich gesagt. Wer ist wohl schlauer – Gott oder diese Menschen?“ Wenn entscheidend für dich wird, wie Gott dich sieht, beeinflusst es dein Herz. Da er allwissend ist, sind seine Aussagen absolut zuverlässig. Weil er die Liebe in Person ist, begegnet er dir mit Zuneigung. Da er heilig ist, kann er niemals lügen, und da er allmächtig ist, kann er alles möglich machen, was er verspricht. Wir können uns an den Worten von Menschen orientieren, um unser Selbstwertgefühl aufzubauen, aber es gibt keinen besseren Experten, der dir sagen kann, wer du bist, als Gott selbst. Und er hat bereits gesagt, wie und wer du bist.

Es kommt nun auf die Lautstärke an. Die Botschaften, die dich ausbremsen, wurden dir wieder und wieder vermittelt, und zwar inmitten sehr belastender Situationen. Jedes Mal, wenn du diese negativen Botschaften gehört hast, war das so, als würde die Hintergrundmusik deines Lebens lauter gestellt. Du hast dich an ihren Klang gewöhnt und sie ist laut genug, um die anderen Botschaften zu übertönen, die die Kraft hätten, dein Leben grundlegend zu verändern.

Wenn du einen neuen Gedanken über dich wiederholst, wird so die neue Botschaft lauter gestellt. Allerdings musst du die neue Botschaft immer wieder hören, bis die Lautstärke der Wahrheit ungefähr so laut ist wie die der alten Botschaften. Genau das ist der Grund, warum so viele Leute es zwar damit versuchen, aber dann doch denken, dass es bei ihnen nicht funktioniert. Sie haben gelesen, was Gott sagt, aber weil sich die Veränderung nicht schnell genug einstellt, kommen sie zu dem Schluss, dass es nicht wirkt. Sie erkennen nicht, dass die Lautstärke nicht hoch genug war, und denken deshalb, dass mit ihnen etwas nicht stimmt. Doch hier ist Wiederholung entscheidend. Wir haben die negativen Aussagen durch Wiederholung verinnerlicht, und auch Veränderung kann nur durch Wiederholung geschehen.

Genau das meinen wir damit, wenn wir sagen, dass es zwar einfach, aber nicht leicht ist. Die Wahrheit über dich herauszufinden ist einfach, weil Gott sie in der Bibel festgehalten hat. Die Wahrheit über dich auszusprechen ist einfach, weil Gott sie in schlichte Worte gefasst hat. Sie ein Mal zu sagen, ohne echte Veränderungen zu bemerken, ist schwierig. Sie zehn Mal zu sagen und nur minimale Veränderungen wahrzunehmen, ist schwierig. Dranzubleiben, bis dein Herz den neuen Botschaften glaubt, erfordert Hingabe, Disziplin und mutigen Glauben, der an der Wahrheit festhält, selbst wenn du sie nicht fühlen kannst.

Du musst dir keine Sorgen mehr machen. Gott liebt dich wirklich. Er hat tatsächlich einen wunderbaren Plan für dein Leben und möchte dir helfen, die besten Entscheidungen für dein Leben zu treffen.

Gruppe 3) Sie winken Jesus zu.

Die dritte Gruppe von Menschen besteht aus denen, die Jesus zuwinken. Wir leben in Südkalifornien und diese Haltung nennen wir hier „auf die Wellen warten".

Kent und drei seiner Surfkumpels gingen fast 30 Jahre lang jeden Samstag gemeinsam surfen. An einem Samstag surften die Jungs nahe einer Straße, als ein Trauerzug vorbeifuhr. Als er das sah, stellte Kent sich auf sein Surfbrett und legte sich die Hand aufs Herz. Der Trauerzug war sehr lang und es dauerte fast fünf Minuten, bis er vorbeigefahren war. Sobald die Trauernden nicht mehr zu sehen waren, setzte Kent sich wieder auf sein Surfbrett und wartete auf die nächste Welle. Natürlich hatten seine Freunde ihm sprachlos dabei zugesehen.

Schließlich sagte einer von ihnen: „Das war echt eine schöne Geste von dir."

Kent erwiderte: „Ach, es war das Wenigste, was ich tun konnte. Schließlich war ich mehr als dreißig Jahre mit der Frau verheiratet!"

Hoppla, hier sind wohl die Prioritäten etwas durcheinandergeraten!

Wir leben direkt am Meer und die Surferhaltung durchdringt unsere Kultur. Manchmal sagen wir zu jemandem: „Hey, ich fände es schön, dich am Sonntag im Gottesdienst zu sehen." Normalerweise erhalten wir dann die Antwort: „Ja, ich werde da sein" oder „Na klar!". Und mit einem Zwinkern und einem Winken ist die Person verschwunden. Wir wissen, dass das heißt: „Ich komme, wenn ich nichts Besseres zu tun habe."

Ich werde mir einen Job suchen, arbeiten, Freundschaften pflegen, zur Gemeinde gehen, mich ehrenamtlich engagieren – es sei denn, die Wellen warten auf mich. Dann bin ich draußen auf dem Meer. Hey, man muss Prioritäten setzen, und Surfen ist definitiv ganz oben auf der Liste.

Und nicht nur die Surfer oder die Südkalifornier haben diese Haltung. Sie durchdringt unsere westliche Kultur. Es ist normal für viele Leute, dass sie Jesus von der gegenüberliegenden Straßenseite aus zuwinken oder aus dem Fenster ihres Autos, während sie ihren täglichen Aufgaben nachgehen. Es besteht keine richtige Beziehung zwischen ihnen und Jesus, sie winken nur, zwinkern ihm zu und nicken.

Diese Leute lieben Gott und haben ihn als ihren Retter in ihr Leben eingeladen, aber sind sehr nachlässig, wenn es darum geht, dass ihr Glaube tiefer wird. Sie gehen vielleicht regelmäßig zur Gemeinde, aber es ist ihnen eigentlich nicht wichtig. Man findet sie kaum bei Treffen, in denen es darum geht, im Glauben zu wachsen, wie in Bibelstunden oder Hauskreisen. Sie lesen vielleicht sogar die Bibel, aber sie geben sich keine besondere Mühe, sie auf ihr Leben anzuwenden. Die Zeit, die sie mit Gott verbringen, ist kurz und ihre persönliche Gebetszeit sehr oberflächlich.

Diese Beschreibung trifft auf viele Menschen zu. Sie lehnen Jesus nicht ab, sondern glauben wirklich daran, dass er der Retter der Welt ist. Sie denken gern an ihn und möchten ihn mit ihren Taten nicht betrüben. Ihnen fehlt einfach die Tiefe, um sich nach einer lebendigen Beziehung zu ihm auszustrecken. Sie gehen mit ihm um wie Bekannte, die einander in der Schule, auf der Arbeit oder beim Einkaufen begegnen. Sie lächeln sich an und winken sich zu und halten vielleicht sogar kurz an, damit sie ein paar Worte miteinander wechseln können. Doch sie würden niemals einen ganzen Tag miteinander verbringen, geschweige denn ihren Urlaub.

Sie sind recht zufrieden damit, denn sie haben gar kein Verlangen danach, mehr als nur Bekannte zu sein. Sie reagieren etwas gereizt, wenn sie den Eindruck haben, dass Jesus ihnen sagt, was sie tun sollen. Ihnen ist bewusst, dass er die Autorität dazu hat, aber sie haben ihm gegenüber nicht genug Vertrauen, um ihm sich selbst und ihr Leben ganz in seine Hand zu geben.

Warum nur winken, wenn du eine Beziehung haben kannst, die dein Leben wirklich segnen, stärken, bereichern und erfüllen kann?

Gruppe 4) Sie setzen Jesus als Joker ein.

Bei Kartenspielen ist der Joker die Karte, die man für jeden beliebigen Wert einsetzen kann. Menschen, die Jesus als Joker verwenden, machen Gott Vorschriften, was er zu tun und wie er zu sein hat. Sie denken scheinbar, dass sie darüber entscheiden können, welche Rolle Gott in ihrem Leben spielt. Viele Leute basteln sich ihre eigene Religion oder ihre eigene Version des christlichen Glaubens. Wenn ihnen ein

Bibelvers nicht gefällt, ignorieren sie ihn einfach. Wenn ein Gebot Gottes sie daran hindert, etwas in seinen Augen Falsches zu genießen, stellen sie den Heiligen Geist einfach auf stumm. Sie sind überzeugt, dass es nicht nur einen Weg in den Himmel gibt, sondern viele.

Wir haben schon Leute gesehen, die ein Kruzifix, einen Davidsstern, einen muslimischen Halbmond, einen New-Age-Kristall und einen Buddha zusammen an einer Kette um den Hals hängen hatten. Das Einzige, was ihnen zu ihrem Glück noch fehlte, waren eine Hasenpfote und ein vierblättriges Kleeblatt. Manche Menschen sind wirklich gläubig, aber von ihrer persönlichen Beziehung zu Jesus ist nicht mehr viel übrig. Zur Gemeinde zu gehen ist für sie zu einer Show geworden, einem Spiel, einem Weg, neue geschäftliche Kontakte zu knüpfen, einem Ort, um Frauen kennenzulernen, einem Ort, wo sie ihre Talente in den Vordergrund stellen oder Menschen herumkommandieren können.

Jesus als Joker einzusetzen ist gefährlich. Die Bibel warnt deutlich davor, Gottes Wort zu verändern, falsche Lehren zu verbreiten oder zu verschleiern, was wahre Anbetung bedeutet:

> Schlimm wird es denen ergehen,
> die das Böse gut und das Gute böse,
> die das Dunkle hell und das Helle dunkel,
> das Bittere süß und das Süße bitter nennen.
> Schlimm wird es denen ergehen,
> die sich in ihren Augen für weise
> und selbst für klug halten. (Jesaja 5,20-21)

> Aber wehe euch, ihr Schriftgelehrten und Pharisäer, ihr Heuchler, dass ihr das Reich der Himmel vor den Menschen zuschließt! Ihr selbst geht nicht hinein, und die hinein wollen, die lasst ihr nicht hinein. (...) Wehe euch, ihr

> Schriftgelehrten und Pharisäer, ihr Heuchler, dass ihr die Minze und den Anis und den Kümmel verzehntet und das Wichtigere im Gesetz vernachlässigt, nämlich das Recht und das Erbarmen und den Glauben! (…) Wehe euch, ihr Schriftgelehrten und Pharisäer, ihr Heuchler, dass ihr das Äußere des Bechers und der Schüssel reinigt, inwendig aber sind sie voller Raub und Unmäßigkeit! (Matthäus 23,13+23+25; SLT)

> Denn die Menschen werden sich selbst lieben, geldgierig sein, prahlerisch, überheblich, Lästerer, den Eltern ungehorsam, undankbar, unheilig, lieblos, unversöhnlich, verleumderisch, unbeherrscht, gewalttätig, dem Guten feind, Verräter, leichtsinnig, aufgeblasen; sie lieben das Vergnügen mehr als Gott; dabei haben sie den äußeren Schein von Gottesfurcht, deren Kraft aber verleugnen sie. Von solchen wende dich ab! (2. Timotheus 3,2-5; SLT)

Anhand der folgenden Fragen kannst du überprüfen, ob du dazu neigst, Jesus als Joker einzusetzen:

- Freust du dich mehr auf das Lob, das du jede Woche in der Gemeinde für deine Mitarbeit bekommst, als darauf, Gott anzubeten?

- Vertraust du lieber deiner eigenen Stärke, statt Gott für seine alles überwindende Kraft zu danken?

- Würdest du gern ein Leiter in der Gemeinde oder einer christlichen Organisation sein, gehst jedoch jeden Tag an Gelegenheiten vorbei, in denen du anderen helfen könntest, aber niemand etwas davon mitbekäme?

- Liebst du dich selbst, deine Art zu leben und dein Geld mehr als Gott, sein Wort und Gottes Art zu leben?

- Liest und interpretierst du die Bibel so, dass sie mit deinen eigenen Bedürfnissen oder Plänen übereinstimmt?

- Bringst du andere vom rechten Weg ab – Freunde, Lebenspartner, Mitarbeiter? Verführst du durch dein schlechtes Vorbild andere zu falschem Verhalten oder ermutigst du andere, mit dir gemeinsam Fehler vor Gott zu begehen?

Wenn du Gott als Joker einsetzt, kann das unangenehme Konsequenzen haben. „Glaubt nur nicht, ihr könntet euch über Gott lustig machen! Ihr werdet genau das ernten, was ihr gesät habt" (Galater 6,7; HFA). Du erntest, was du säst. Also lautet die große Frage: „Was willst du ernten?"

Gruppe 5) Sie gehen ihren Weg mit Jesus.

Zum Schluss gibt es noch die Leute, die mit Jesus gehen. An vielen Stellen in der Bibel wird die Beziehung zu ihm damit verglichen, mit ihm zu gehen und unterwegs zu sein. Diese Formulierung ist weit verbreitet, denn das Zu-Fuß-Gehen war zu Jesu Zeit die gängigste Art, von einem Ort zum nächsten zu reisen.

Eines seiner größten Wunder hatte mit dem Gehen zu tun: „Die Jünger waren schon vier bis fünf Kilometer vom Ufer entfernt, als sie plötzlich Jesus sahen. Er ging über das Wasser auf ihr Boot zu. Da packte sie die Angst" (Johannes 6,19; HFA). Einer seiner bedeutendsten Momente als Lehrer ereignete sich im Gehen: „Und es geschah, während sie miteinander redeten und sich besprachen, da nahte sich Jesus selbst und ging mit ihnen" (Lukas 24,15; SLT). Im Gehen berief er auch einen der Männer in seinen Dienst, die einmal die Welt verändern sollten: „Und als er vorüberging, sah er Levi, den Sohn des Alphäus, an der Zollstätte sitzen. Und er sprach zu ihm: Folge mir nach! Und er stand auf und folgte ihm" (Markus 2,14; SLT).

Jesus übernahm den rabbinischen Stil für die Ausbildung seiner Jünger. Rabbiner bildeten ihre Schüler „unterwegs" aus. Manchmal lebten sie zusammen. Sie aßen zusammen. Sie reisten als Gruppe umher. Die Schüler beobachteten genau, wie ihr Mentor lebte, mit Menschen umging und Entscheidungen traf. Der Lehrer gebrauchte alltägliche Erlebnisse, um ihnen wichtige Prinzipien über das Leben beizubringen. Anstatt sich in einem sterilen Klassenzimmer zu treffen, gingen sie gemeinsam durchs Leben und lernten im Gehen.

Mit Jesus zu gehen war daher das größte Privileg, das er jemandem anbieten konnte. Je mehr die Leute erfassten, dass Jesus ein weiser und vollmächtiger Rabbi war, umso mehr wollten sie zu seinem Kreis Auserwählter gehören. Mit Jesus zu gehen bedeutete, von ihm zu lernen, ihn zu beobachten, mit ihm zu reden, ihm viele Fragen zu stellen und seine Absichten zu verfolgen. Indem die Jünger mit Jesus gingen, wurden sie Teil eines Abenteuers, das sie sich nie selbst hätten erträumen können. Sie waren beteiligt an Wundern und Zeugen unglaublicher Heilungen, hörten vollmächtige Lehren und sahen zu, als Menschen von den unterschiedlichsten Dingen befreit wurden. Mit Jesus zu gehen eröffnete ihnen ein großartigeres Leben, als sie sich je hätten vorstellen können.

Wollen wir mal eine Runde gehen?

Warum sollte jemand nicht seinen Weg mit Jesus gehen wollen? Weil das Gehen mit Jesus uns ins Licht führt. Jesus sagte: „Ich bin das Licht der Welt; wer mir nachfolgt, wird nicht in der Finsternis wandeln, sondern wird das Licht des Lebens haben" (Johannes 8,12; ELB). Während die Jünger mit Jesus unterwegs waren, kam die Wahrheit ans Licht. Das war toll, wenn die Wahrheit einfach war. Der Tag, an dem die Jünger die 5.000 Leute mit dem Mittagessen eines kleinen Jungen versorgten, war ein toller Tag. Der Tag, an dem Jesus das Wasser in Wein verwandelte, war ein toller Tag. Die Erinnerung an solche Tage zauberte ein Lächeln auf ihr Gesicht. Es waren Geschichten, die man gern immer wieder erzählte.

Doch nicht alle Tage waren so. Es war kein toller Tag, als Jesus mit den Pharisäern diskutierte und sie so sehr reizte, dass sie sich gegen ihn verschworen. Es war kein toller Tag, als Jesus den reichen Jüngling konfrontierte und sah, wie er wegging. Es war kein toller Tag, als die Jünger einen bösen Geist nicht austreiben konnten, weil ihnen das geistliche Verständnis und die Kraft dazu fehlten. Und der Tag, an dem sie zusehen mussten, wie ihr Meister unter falschen Anschuldigungen verhaftet wurde, war definitiv kein toller Tag.

Die Wahrheit ist sowohl unbequem als auch ermutigend, weil wir Menschen tief gefallen und von Grund auf korrupt sind. Daher können wir einerseits Großartiges leisten, andererseits aber auch anderen großen Schaden zufügen. Die Wahrheit deckt beides auf; wenn du also im Licht lebst, ermutigst du die Menschen, die das Richtige tun, und hinterfragst die Menschen, die das Falsche tun. Manche Menschen verbringen sehr gern Zeit mit dir, während andere dich schon nicht mögen können, einfach weil du ein guter Mensch bist.

Es ist daher eine mutige Entscheidung, seinen Weg mit Jesus zu gehen. Diese Entscheidung treffen Menschen, wenn sie überzeugt sind, dass sie es wert ist. Es hat sicherlich eine Menge Vorteile, seinen Weg mit Jesus zu gehen. Wir knüpfen

Freundschaften mit unseren Weggefährten und leiden nicht länger unter Schuldgefühlen. „Wenn wir aber im Licht wandeln, wie er im Licht ist, haben wir Gemeinschaft miteinander, und das Blut Jesu, seines Sohnes, reinigt uns von jeder Sünde“ (1. Johannes 1,7; ELB).

Wir erleben aber auch die gleichen Schwierigkeiten wie Jesus: „Ein Sklave ist nicht größer als sein Herr. Wenn sie mich verfolgt haben, werden sie auch euch verfolgen“ (Johannes 15,20; ELB).

Wer sich jedoch einmal auf das Abenteuer eingelassen hat, der möchte es nicht mehr missen und erkennt, dass dies die normale Art zu leben ist: „Wenn wir durch den Geist leben, so lasst uns durch den Geist wandeln!“ (Galater 5,25; ELB). Viele entscheiden sich trotz der Risiken mit Jesus zu gehen, weil er ihnen viel bedeutet und sie daran glauben, dass er „der Weg, die Wahrheit und das Leben“ (Johannes 14,6) ist. Ihnen ist es wichtig, in ihrem Glauben zu wachsen. Sie lesen treu in der Bibel, um darin die Wahrheit über das Leben zu entdecken, und sie laden Jesus bewusst ein in alles, was sie tun. Oft fragen sie ihn um Rat, wenn sie Entscheidungen treffen müssen und das Leben sich anders entwickelt, als sie gedacht haben. Kurz gesagt: Sie wollen, dass Jesus jeden Bereich ihres Lebens durchdringt.

Wie man Berge erklimmt

Auf dem Weg mit Jesus ist einer der wichtigsten Schritte die Entscheidung, ihn in die Probleme unseres Lebens einzubeziehen. Genauso wie Bergsteigen mit einem Freund an der Seite einfacher ist, so ist es auch leichter, mit Jesus zusammen durch die schwierigen Zeiten des Lebens zu gehen. Vielleicht hast du ein Problem mit Lästern, Pornografie, Unsicherheit, Egoismus oder anderen Dingen, die dich innerlich kaputtmachen. Unser erster Impuls ist, diese Probleme vor Jesus, unserem Retter, zu verbergen. Wir wollen ihn nicht enttäuschen; wir wollen, dass er stolz auf uns ist. Also halten wir Informationen zurück. Eigentlich wissen wir, dass es dumm ist, denn Gott weiß natürlich, was bei uns los ist. Doch wir neigen dazu, es trotzdem nicht zu sagen. Mit Jesus zu gehen gewinnt deutlich an Wert, wenn wir ihn einladen, sich mit unseren alltäglichen Problemen zu befassen.

Eines dieser alltäglichen Probleme hat mit Beziehungen zu tun. Wir alle sehnen uns danach, geliebt zu werden und Liebe weiterzugeben. Einigen Menschen genügt es, wenn sie diese Liebe in Freundschafen erleben, und der Gedanke, ein Leben lang Single zu bleiben, wirkt auf sie sehr anziehend. Doch viele sind auch frustriert, da sie mit dem drängenden Wunsch leben, mit jemandem eine dauerhafte Partnerschaft einzugehen. Dieser Wunsch führt zu andauernden Problemen mit Lust und Einsamkeit. Wenn wir gut aussehende Menschen des anderen Geschlechts sehen, geht unsere Fantasie mit uns durch. Wir stellen uns vor, wie wir mit dieser Person eine Beziehung eingehen, die uns entweder auf sexueller, sozialer oder emotionaler Ebene befriedigt. Wir schämen uns für diese Gedanken und Regungen in uns, daher sagen wir sie Gott nie im Gebet.

Doch unseren Weg mit Jesus zu gehen bedeutet, dass wir genau das Gegenteil tun. Da Jesus die vertrauenswürdigste Person ist, die je gelebt hat, können wir ihm auch unsere Defizite anvertrauen. Wir möchten dich ermutigen, dich nicht vor deinem Herrn zu verstecken, sondern mutig zu sein. Bete zum Beispiel Folgendes: „Jesus, mir macht das echt Probleme. Bitte fülle den Mangel in mir aus, sodass ich nicht bei diesem Menschen danach suche." Das ist kein Ersatz dafür, sich hilfreiche Bibelverse herauszusuchen oder zu lernen, Versuchungen zu meiden, aber es gehört auf jeden Fall zu dem Weg mit Jesus.

Niemand von uns wird auf dieser Erde jemals perfekt sein. Daher brauchen wir auch nicht versuchen, in unserer Beziehung mit Jesus perfekt sein zu wollen. Er weiß doch schon über alles Bescheid, wir erzählen ihm also nichts Neues. Doch wenn wir ehrlich vor ihm sind, wird unsere Beziehung zu ihm offener und aufrichtiger.

Was sind deine alltäglichen Probleme? Lade Jesus doch jetzt ein, dir inmitten dieser Probleme beizustehen.

Es ist deine Entscheidung

Warum ist die Frage nach unserer Beziehung zu Jesus so wichtig? Wir alle können unsere eigenen Pläne schmieden und die meisten unserer Probleme selbst lösen. In unserer heutigen Zeit können wir auf noch nie da gewesene technische Fortschritte blicken. Wir können schneller auf Lösungen und Informationen zurückgreifen als jede andere Generation vor uns. Warum sollten wir in solch einer fortschrittlichen Zeit das Unterwegssein mit Jesus zu unserem wichtigsten Ziel machen?

Er ist der Urheber des Lebens. Unser Leben geht auf seine Idee zurück: „Alles ist durch ihn und zu ihm hin geschaffen" (Kolosser 1,16b; ELB). In seiner Kreativität und Barmherzigkeit hat er sich dazu entschlossen, dich zu erschaffen. Er hat dich geschaffen, damit du ein Teil dieser Generation bist. Er hat dich mit deinen Gaben und Talenten ausgestattet. Er hat die Familie, in der du aufgewachsen bist, für dich ausgesucht. Er hat es so eingerichtet, dass dir bestimmte Dinge besonders wichtig sind, während du an anderen gar kein Interesse hast. All diese Aspekte deines Lebens hättest du dir nicht selbst aussuchen können.

Uns ist das überwältigende Privileg gegeben, Entscheidungen zu treffen, aber wir können nicht über alles bestimmen. Wir haben einen Schöpfer, der bereits viele Entscheidungen für uns getroffen hat. Niemand gleicht Jesus, dem Urheber des Lebens. Wir alle spiegeln ihn wider, aber niemand ist genauso wie er. Er ist schlauer, kreativer, stärker und mächtiger als alles andere, denn er allein hat alles zum Leben erweckt. Deshalb ist es einfach gut, so oft wie möglich Zeit mit dem zu verbringen, der das Leben gemacht hat. Leute, die große Organisationen aufgebaut haben, berühmt geworden sind oder weitreichenden Einfluss haben, sind für einen durchschnittlichen Menschen nicht zu erreichen. Doch auf Jesus trifft das nicht zu. Er ist die mächtigste Führungsperson und der mächtigste Erfinder, den die Welt je gesehen hat. Dennoch hat er reichlich Zeit und Aufmerksamkeit für jeden, der mit ihm seinen Weg gehen möchte.

Er ist der beste Berater, den man sich wünschen kann. Jeder von uns braucht auf seinem Lebensweg von Zeit zu Zeit einen Rat. Ständig müssen wir uns mit schwierigen Fragen, problematischen Situationen und unerwarteten Hindernissen auseinandersetzen. Manchmal wissen wir genau, wie wir reagieren sollen, doch oft ist uns nicht klar, welcher Weg der beste ist. Uns ist zwar klar, dass wir eine Entscheidung treffen müssen, aber wir sind uns unsicher, welche wirklich zum erhofften Ziel führt. Unser Bedürfnis nach guten Beratern spiegelt sich in den Fragen wieder, die wir oft stellen:

- Welchen Beruf soll ich ergreifen?
- Soll ich heiraten? Wenn ja, woran erkenne ich, dass ich den richtigen Menschen zum Heiraten gefunden habe?
- Wofür möchte ich mich engagieren?
- Woher weiß ich, ob ein Mensch in meinem Umfeld eine gesunde Einstellung zum Leben hat?

- Wo soll ich leben?
- Zu welcher Gemeinde soll ich gehen?

Bei all diesen Entscheidungen bieten sich uns verschiedene Möglichkeiten. Damit wir in diesen Bereichen die richtige Wahl treffen, brauchen wir Weisheit, Mut und Erfahrung, um unsere Situation richtig zu bewerten. Außerdem müssen wir Prioritäten setzen können. In solchen Situationen brauchen wir vertrauenswürdige Berater, die Lebenserfahrung, eine gute Urteilskraft und Einfühlungsvermögen besitzen.

Niemand vereint diese Eigenschaften mehr in sich als Jesus. Er weiß, was es heißt, in einer Familie aufzuwachsen, ein Geschäft und einen Dienst aufzubauen, Freunde zu finden und inmitten von Konflikten und Kritik zu seinen Überzeugungen zu stehen.

Er weiß, wie es sich anfühlt, wenn nahestehende Menschen dich ablehnen und hintergehen. Er weiß, wie es ist, zu Unrecht beschuldigt zu werden. Er weiß auch, wie es ist zu sterben. Und er weiß sogar, wie es ist, von den Toten aufzuerstehen. Das kann keiner deiner Freunde von sich behaupten!

Er begleitet uns durchs Leben, hinterfragt aber auch unser Handeln und erwartet, dass wir für unsere Taten die Verantwortung übernehmen. Wir alle strengen uns im Leben mehr an, wenn wir wissen, dass wir vor einer anderen Person Rede und Antwort für unser Verhalten stehen müssen. Als Kinder haben wir uns besser benommen, wenn wir wussten, dass unsere Eltern uns bestrafen würden, wenn wir etwas Falsches machten. Die Beziehungen zu unseren Freunden werden tiefer, wenn wir sie in unser Leben hineinsprechen lassen. Und an den meisten Arbeitsplätzen wird mehr geleistet, wenn ein Vorgesetzter regelmäßig die Leistung überprüft und Feedback gibt.

Ob es uns bewusst ist oder nicht, wir alle haben in Jesus jemanden, der unser Handeln hinterfragt und erwartet, dass wir für unsere Taten die Verantwortung übernehmen. Letztendlich wird „jeder von uns (...) sich persönlich vor Gott verantworten müssen" (Römer 14,12). Am Ende unseres Lebens wird jeder von uns vor Jesus stehen und Verantwortung übernehmen müssen für das, was er getan hat und warum er das getan hat.

Jesus spielt jedoch eine noch viel aktivere Rolle. Er wartet nicht, bis unser Leben zu Ende ist, um etwas zu tun. Er wirkt bereits heute. Zunächst einmal belohnt er die, die ihn aufrichtig suchen (vgl. Hebräer 11,6). Menschen, die mit Jesus leben und im Einklang mit ihm unterwegs sein möchten, werden feststellen, dass er dafür große Anreize bietet. Er gibt uns klare Richtungsanweisungen (vgl. Psalm 32,8), befreit uns von Sorgen (vgl. Matthäus 6,33), ist unsere Rettung und unsere Zuflucht (vgl. Psalm 9,10; 34,5), gibt uns, was wir brauchen (vgl. Psalm 34,11; Philipper 4,19), schenkt uns Freude (vgl. Psalm 69,33; Galater 5,22), Frieden (vgl. Galater 5,22; Philipper 4,6-7) und noch vieles mehr. Es würde dieses Buch sprengen, all die Segnungen zu beschreiben, die Gott denen schenkt, die ihn suchen. Jesus hält aktiv nach Wegen Ausschau, wie er die Menschen belohnen kann, die mit ihm leben.

Korrektur unterwegs

Die andere Seite dieser Verantwortung, die wir für das eigene Handeln übernehmen, ist Korrektur. Da keiner von uns vollkommen ist, machen wir alle Fehler, verpassen wir immer wieder Gelegenheiten und manipulieren wir andere. Wir alle haben blinde Flecken. Ein Mann namens Jim Smith war mit dem Auto unterwegs und fuhr in Schlangenlinien.

Also hielt die Polizei ihn an. Sie führten mit ihm die üblichen Tests durch, um zu sehen, ob er Alkohol getrunken hatte, und wollten ihn gerade ins Röhrchen pusten lassen, als sich auf der gegenüberliegenden Straßenseite ein Unfall ereignete.

„Bleiben Sie hier", sagten sie zu Jim.

Aber Jim dachte: *Das ist meine Chance zu entkommen!* Also stieg er ins Auto, fuhr nach Hause und parkte das Auto in der Garage.

Dann ging er ins Haus und sagte zu seiner Frau: „Wenn jemand nach mir fragt, sag ihm, ich war den ganzen Tag krank zu Hause." Dann zog er seinen Schlafanzug an und legte sich ins Bett.

Einige Stunden später klingelte es an der Haustür. Dort stand die Polizei.

„Entschuldigen Sie bitte die Störung, aber wir haben heute jemanden mit der Adresse Ihres Hauses angehalten und wollten gerade einen Strafzettel schreiben, als wir von einem Unfall unterbrochen wurden. Könnten wir mit Ihrem Mann sprechen?"

Die Frau ging hinein, um ihren Mann zu holen, der nun vortäuschte, unter einer Erkältung und Husten zu leiden.

„Sind Sie Jim Smith?", fragte der Beamte.

„Ja, das bin ich, warum?"

„Sind Sie heute angehalten worden, weil Sie gegen die Verkehrsregeln verstoßen haben?"

„Oh nein, ich war den ganzen Tag krank."

„Nun, jemand mit Ihrem Namen, der diese Adresse angab, wurde heute von uns angehalten. Wenn ich mir einfach mal das Auto ansehen dürfte, klärt sich die Angelegenheit sicher schnell."

Also führte Jim den Polizisten zur Garage und dachte bei sich: *Ich werde mit Sicherheit ungestraft davonkommen. Es ist schon Stunden her und der Motor ist inzwischen abgekühlt.* Dann öffnete er das Tor der Garage. Darin stand das Polizeiauto; das Blaulicht war noch eingeschaltet.

Jim hatte einen blinden Fleck. So geht es uns allen. Auch in unserer Garage blinkt das Blaulicht.

Sobald sich unsere blinden Flecken und Fehler zeigen, müssen wir eine Kurskorrektur vornehmen, wenn wir weiterhin im Licht leben wollen. Aus diesem Grund sagt die Bibel: „Der Herr weist die zurecht, die er liebt" (Hebräer 12,6). Dieser Prozess beginnt mit Selbstbeherrschung, die der Heilige Geist auf unserem Weg mit Jesus in uns bewirkt (vgl. Galater 5,23). Wenn unsere Selbstbeherrschung versagt, zeigt Jesus uns die inneren Einstellungen, Verhaltensweisen und falschen Entscheidungen, die uns davon abhalten, unserer Bestimmung gemäß zu leben.

Kein Zweifel, Jesus, dein Erlöser, möchte dir auf jeden Fall helfen, damit du die Ziele erreichst, für die er dich geschaffen hat. Wenn du vom Weg abkommst, wird er alles nur Erdenkliche in Bewegung setzen, um dich wieder auf Kurs zu bringen. Vielleicht gewinnt er deine Aufmerksamkeit durch Bibelverse, durch das Gefühl, innerlich zerrissen zu sein, oder durch Bemerkungen deiner Freunde. Er wird Wege finden, wie er dir die Fehler zeigen kann, die dich davon abhalten, ein erfolgreiches Leben zu führen. Wenn du seine Korrektur schnell annimmst, wird er dich ermutigen und dir die Kraft schenken, weiterzugehen. Wenn du sie ablehnst, wird er noch deutlicher werden, damit er deine Sturheit überwinden kann.

Als ich unserem ältesten Sohn vor Kurzem bei seinem Umzug in eine weiter entfernte Stadt half, wurde ich (Bill) daran erinnert, dass Kurskorrekturen sehr wichtig sind. Wir waren zu dritt auf zwei Fahrzeuge verteilt. Eines von ihnen war ein gemieteter Laster, in dem alle irdischen Besitztümer meines Sohnes untergebracht waren. Am dritten Tag hielten wir in der Stadt Amarillo in Texas, um dort zu Abend zu essen. Als wir weiterfuhren, schaffte der Laster auf einmal nicht mehr als 80 Stundenkilometer. Unser männlicher Instinkt sagte uns, dass wir einfach weiterfahren sollten, deshalb diskutierten wir länger als nötig darüber, ob wir die Mietwagenfirma anrufen sollten. Als wir schließlich dort anriefen, hatten wir bereits etwa 24 Kilometer zurückgelegt. Man sagte uns, wir sollten am Straßenrand anhalten und auf einen Mechaniker warten.

Keiner von uns war erfreut über die Verzögerung. Schimpfend gingen wir auf dem Rastplatz auf und ab. Alle konnten wir Lösungsvorschläge für das Problem anbieten, doch schließlich sahen wir ein, dass wir wohl einfach würden warten müssen.

Während wir also warteten, sahen wir, wie dunkle Wolken am Himmel heraufzogen. Es war faszinierend zu beobachten, wie sich das Gewitter bildete. Noch war es einige Kilometer von uns entfernt, aber der Himmel verhieß nichts Gutes. Gleichzeitig war es wunderschön anzusehen. Dann zog das Gewitter zu uns herüber. Der Wind wurde stärker und Blitze wurden aus dem Himmel geschleudert, kurz darauf hörten wir auch schon Donnergrollen. Damit wir nicht völlig durchnässt wurden, rannten wir zurück zu unseren Autos. Dort wollten wir auf das bevorstehende Unwetter warten.

Der Laster wurde vom Wind hin- und hergeschaukelt. Es regnete in Strömen und durch das undichte Beifahrerfenster drang Wasser in den Wagen ein. Ich war mir eigentlich sicher, dass der Laster dem Gewitter standhalten würde, aber er neigte sich so stark, dass ich mir doch etwas Sorgen machte. Nach 30 Minuten zog der Sturm weiter, die Sonne kam wieder hinter den Wolken hervor und der Mechaniker war endlich da.

Das Problem war schnell gelöst: Kaum war der Kraftstofffilter gewechselt, waren wir schon wieder auf der Straße. Triumphierend drückten wir aufs Gas und brachten den Laster wieder auf eine höhere Geschwindigkeit. Als wir die Stelle erreichten, wo sich der Sturm gebildet hatte, fuhren wir an drei umgestürzten Sattelschleppern vorbei. Die schweren LKWs sahen aus wie Spielzeugautos, die von einem kleinen Jungen beim Spielen umgekippt worden waren. Sie waren weder zusammengestoßen noch von der Straße abgekommen. Sie lagen einfach nur auf der Seite. Man konnte sehen, dass sie am Straßenrand angehalten hatten, um den Sturm auszusitzen, und dass es der Wind gewesen war, der ihre Weiterfahrt unterbrochen hatte. Beim Vorbeifahren dachten wir alle: *Das hätte uns auch passieren können. Wenn wir keine Probleme mit dem Laster gehabt hätten, wären wir genau zur gleichen Zeit hier gewesen wie diese Sattelschlepper.*

Ich weiß noch, wie ich betete: „Jesus, es tut mir leid, dass ich mich beklagt habe. Offenbar war das Problem in Wirklichkeit keins. Ich will daraus keine große Sache machen, aber ich bin echt froh, dass wir auf dem Rastplatz waren und nicht auf der Straße, als der Sturm an uns vorbeizog."

Es fühlte sich wie eine Zurechtweisung an, als wir gezwungen waren zu warten, aber am Ende erschien es viel mehr wie Liebe.

Er ist ein unglaublicher Retter. Im Laufe unseres Lebens erkennen wir irgendwann, dass wir in uns selbst nicht genug sind. Wir können viele Dinge tun, aber wir können uns niemals das ewige Leben verdienen. Alle leben wir mit der bedrückenden Erkenntnis, dass wir Fehler haben. Wenn wir ganz ehrlich zu uns selbst sind, geben wir zu, dass wir einen Retter brauchen, der uns vor uns selbst rettet und unserem Hang, uns selbst zu Fall zu bringen. Jesus ist dieser Retter.

Ich (Bill) wuchs in einem sehr unabhängigen Zuhause auf. Mein Vater war ein erfolgreicher Ingenieur, mit dem ich gut auskam. Ihm war nie besonders bewusst, dass er Jesus brauchte. Er führte sein Leben auf vorbildliche Weise – er war sehr zuverlässig und ehrlich. Meine Mutter ist eine dominante Künstlernatur. Sie folgt nur ihren eigenen Plänen und manipuliert andere, um ihre Ziele zu erreichen. Ihr Kontrollzwang führt dazu, dass sie Menschen nicht vertraut und ihr Leben schön überschaubar hält, damit sie es im Griff behalten kann.

Durch meine Erziehung hatte ich gelernt, unabhängig zu sein, aber tief in mir wusste ich, dass es darauf eigentlich nicht ankam. Ich spürte, dass in meinem Leben etwas nicht stimmte, doch ich konnte das Problem nie genau bestimmen. Ich war sehr unsicher und hart zu mir selbst. Da ich den Worten meiner Mutter glaubte, dass mir das Zeug fehlte, um ein erfolgreiches Leben zu führen, übersah ich völlig meine eigene Intelligenz und meine Begabungen. Zwar nahm ich an Wettkämpfen in der Schule und bei Sportwettbewerben teil, aber ich schien nie den Ehrgeiz zu haben, damit ich auch gewinnen konnte oder das Beste aus mir herausholte. Ich war spektakulär mittelmäßig – bis ich Jesus begegnete.

Als ich ihn mit 16 Jahren kennenlernte, war das der tiefste Einschnitt in meinem ganzen Leben. Er erfüllte mich mit einer Liebe, von der ich vorher nicht einmal wusste, dass sie existiert. Mein Herz war auf einmal mit einer Leidenschaft erfüllt, Gott näher kennenzulernen. Die Bibel wurde lebendig für mich. Beim Lesen sprangen mich die Verse förmlich an und veränderten, wie ich mich selbst sah. Ich gewann an Selbstvertrauen, als ich nach und nach glaubte, was Gott über mich sagte. Mit meinem Bruder zusammen leitete ich eine Bibelstunde, zu der um die 60 Schüler kamen, bevor wir überhaupt genug Erfahrung dafür hatten. Einmal in der Woche stand ich früh auf, um an einem Gebetstreffen vor der Schule teilzunehmen, obwohl mir das frühe Aufstehen immer schwergefallen war.

Eine Zeit lang dachte ich, dass mein jugendlicher Enthusiasmus wohl kaum bis ins Erwachsenenalter reichen würde, aber das Gegenteil war der Fall. Heute gehören Erfahrungen zu meinem Alltag, vor denen ich mich als Kind gefürchtet hätte: Ich reise in ferne Länder, bin im Fernsehen zu sehen und habe Kontakt mit einflussreichen Menschen. Früher brach mir der Schweiß aus, wenn ich vor einer Gruppe von Menschen sprechen musste, doch heute spreche ich fast jede Woche vor Leuten. Früher hatte ich Angst davor, Menschen etwas aus meinem Leben zu erzählen – heute nutze ich jede Gelegenheit dazu, wenn ich denke, dass es ihnen weiterhilft.

Genau das tut Jesus. Er nimmt all die Schwächen, Fehler und falschen Ansichten im Leben eines Menschen und verwandelt sie, sodass der Mensch mit seinem Leben Jesus ehrt und andere damit prägt.

Er ist der Begründer der zweiten Chance. Es ist so wichtig, mit Jesus zu leben, weil wir alle immer wieder eine zweite Chance brauchen. Wir alle haben mit Schwächen und Fehlern zu kämpfen. Einige von ihnen haben ihren Ursprung in unserer Kindheit und Jugendzeit. Wir wachsen nicht in einer perfekten Umgebung auf, denn in jeder Familie gibt es Dinge, die uns nicht guttun. Wir hoffen natürlich, dass sie bei dir eher eine Nebenrolle spielten und wenig Einfluss auf dich hatten. Doch selbst, wenn sie sehr gravierend waren, sind sie nicht zu groß für Jesus.

Er ist mehr als jeder andere dazu in der Lage, unsere Seele zu heilen. Für ihn ist es ganz leicht, dir zu helfen, damit du diese Seiten im richtigen Licht siehst und daran wächst. Er kann dein Denken erneuern, dein Herz verändern, deine Wunden heilen und dafür sorgen, dass sich die offenen Wunden deiner Seele schließen.

Einige Rückschläge, die du in deinem Leben hinnehmen musstest, gehen auf dein eigenes Konto. Vielleicht hast du falsche Entscheidungen getroffen oder eine Zeit lang einen sehr abenteuerlichen Lebensstil gepflegt. Vielleicht hast du andere Menschen verletzt oder Brücken hinter dir abgebrochen, die du jetzt gern überqueren würdest. Vielleicht verfolgt dich die Erinnerung an das Geschehene und versucht dich davon zu überzeugen, dass Jesus dich gar nicht wirklich gebrauchen kann. Doch das stimmt absolut nicht.

Der Apostel Paulus ist einer der bedeutendsten Autoren des Neuen Testaments, was höchst bemerkenswert ist, wenn man seine Vergangenheit bedenkt. Nach eigener Aussage war er „früher ein Lästerer und Verfolger und Gewalttäter" (1. Timotheus 1,13; ELB). Er behauptete sogar: „Ich bin der geringste der Apostel, der ich nicht würdig bin, ein Apostel genannt zu werden, weil ich die Gemeinde Gottes verfolgt habe" (1. Korinther 15,9; ELB). Er war ein ignoranter Gegner von Jesus und der letzte Mensch, von dem man gedacht hätte, dass er dessen Jünger werden könnte, geschweige denn einer der bedeutendsten christlichen Leiter seiner Zeit. Er vergaß seine Fehler nie, aber er ließ sie nicht so mächtig werden, dass sie die Kraft der Gnade Gottes in seinem Leben aushebelten.

Das Geheimnis seiner Stärke war, dass er Gottes zweite Chance annahm. Er hatte bewiesen, was er allein zustande brachte, und kam schließlich zu dem Ergebnis: „Durch Gottes Gnade bin ich, was ich bin" (1. Korinther 15,10; ELB). Er empfing Vergebung und ein neues Lebensziel. Jesus löschte nicht die Erinnerung an seine Vergangenheit aus, aber er stellte ihm eine glänzende Zukunft in Aussicht.

Ohne Jesus müssen wir selbst herausfinden, wie wir nach unseren Fehlschlägen wieder auf die Beine kommen. Wenn wir unseren Weg mit Jesus gehen, wird die Gnade Gottes, die heilt, vergibt und verändert, zu einem Teil von uns. Es ist kein leichter Weg, aber so wie Paulus können wir Gottes Gnade empfangen, auch wenn unsere schlechten Entscheidungen aus der Vergangenheit uns und anderen Menschen Schmerzen bereiten.

Durch ihn wird das Leben zu einem Abenteuer. Jesus hat große Pläne für uns. Er starb für die Schuld der Welt und jeder, der an ihn glaubt, wird in seine Familie aufgenommen und ist für immer sein Kind. Jesus hat seine Botschafter hinaus in die Welt gesandt und er hat seine Gemeinde gebaut, um die Botschaft am Leben zu erhalten. Eines Tages wird er zur Erde zurückkehren, damit er das übernehmen kann, was ihm rechtmäßig zusteht. Allen, die zu ihm gehören, werden bedeutende, verantwortungsvolle Posten unter seiner Leitung erhalten. In der Zwischenzeit nimmt er uns mit zu einem Abenteuer, das durch nichts übertroffen werden kann.

Jesus denkt groß und er hat immer einen großen Plan. Er versteht unsere Begrenzungen und berücksichtigt, dass wir Menschen sind, aber er gibt sich nie mit weniger zufrieden als mit dem, was er durch uns erreichen kann. Der Heilige Geist, der in uns wohnt, ist sich voll und ganz dessen bewusst, was er tun kann und wozu wir mit seiner Hilfe fähig sind. Mit ihm können wir das scheinbar unbezwingbare Böse überwinden und jeden schlechten Gedanken ablegen. Wir sind ausgerüstet, um gegen alles anzugehen, das sich gegen die Gnade Gottes stellt. Einige von uns sind ganz vorne dabei, andere agieren eher im Hintergrund, aber wir alle spielen eine wichtige Rolle.

Die meisten Menschen geben sich mit viel zu wenig zufrieden. Wir sind geschaffen worden, damit wir unseren Weg mit Jesus gehen, aber wir geben uns damit zufrieden, uns auf uns selbst zu verlassen. Wir sind geschaffen worden, damit wir falsche Sichtweisen überwinden, die die rettende Botschaft vom Kreuz verzerren wollen, aber wir geben uns damit zufrieden, uns ablenken zu lassen und überhaupt nicht richtig zu denken. Wir können andere Menschen durch unser Leben prägen und ihnen bei ihrem Wachstum im Glauben helfen, aber wir geben uns damit zufrieden, selbstsüchtig nach mehr Besitz zu streben. Jesus weiß, dass all das einmal vergehen wird. Daher fordert er uns heraus, dass wir uns mit auf das Abenteuer begeben, die Welt mit ihm zu versöhnen.

Du bist ein Botschafter und du spielst eine bedeutende Rolle in Gottes Plan. Du findest deinen Platz in seinem Abenteuer am besten, wenn du deinen Weg mit ihm gehst.

Nur so zum Spaß

Eines Tages traf sich eine Gruppe angesehener Wissenschaftler. Sie kamen zu dem Schluss, dass die Menschheit es weit gebracht hatte und Gott nicht mehr brauchte. Also wählten sie einen von ihnen aus, der ihm die Nachricht überbringen sollte.

Der Wissenschaftler ging also zu Gott und sagte: „Gott, wir haben beschlossen, dass wir dich nicht mehr brauchen. Wir sind nun so weit, dass wir Menschen klonen und noch viele weitere übernatürliche Dinge tun können. Du kannst also in Rente gehen."

Geduldig hörte Gott dem Mann zu. Dann sagte er: „Also schön, aber wie wäre es, wenn wir vorher eine Wette eingehen und einen Schöpfungswettstreit wagen?"

Der Wissenschaftler entgegnete: „Klar, warum nicht?"

Daraufhin sagte Gott: „Also, ich schlage vor, wir machen es genau wie damals, als ich Adam geschaffen habe."

Der Wissenschaftler sagte: „Sicher, kein Problem", bückte sich und nahm einen Klumpen Erde vom Boden.

Doch Gott schaute ihn an und sagte: „Nein, nein, nein. Das hier ist meine Erde. Nehmt ihr eure eigene!"

Kapitel 3

Entscheide dich, das Leben zu feiern

„Die Frucht des Geistes aber ist … Freude."
Galater 5,22 (ELB)

Wir wurden geschaffen, um das Leben zu feiern. Wenn man sich die Zeit nimmt und Kinder beobachtet, sieht man in ihnen den unbändigen Wunsch, Spaß zu haben. Sie wollen unbedingt einen Grund haben, worüber sie sich freuen können.

Vor Kurzem waren wir bei der Hochzeit eines befreundeten Paares. Am Abend vor der Trauung versammelten sich die Familien und Freunde, um ihre Geschichten zu erzählen und das zukünftige Ehepaar zu ermutigen. In einer der Geschichten spielte ein kleiner Junge die Hauptrolle. Seine Mutter erzählte, wie sie nach einer Tagesmutter für ihre drei sehr lebendigen Kinder gesucht hatte. Sie hatte am christlichen College vor Ort eine Anzeige ans Schwarze Brett gehängt und einige Leute zu Vorstellungsgesprächen eingeladen. Das Interview mit der zukünftigen Braut lief sehr gut, aber die Mutter reagierte zurückhaltend, da sie noch Gespräche mit anderen Kandidaten zu führen hatte. Doch ihre Planung wurde völlig über den Haufen geworfen, als ihr jüngster Sohn aufsprang, seine Faust in die Luft streckte und herausplatzte: „Tada – du hast gewonnen!"

Während der Hochzeitsparty sagte die Trauzeugin in ihrer Rede: „Ich bin heute so stolz auf meine Schwester. Ich weiß noch, wie wir als Kinder immer Vater-Mutter-Kind gespielt haben. Obwohl ich die jüngere Schwester war, spielte ich immer die Mutter. Deshalb habe ich heute das Gefühl, dass meine eigene Tochter heiratet!"

Ich (Bill) war erstaunt, dass eine erwachsene Frau sich immer noch so über die guten Erinnerungen an ihre Kindheit freuen konnte. Doch mich hätte das gar nicht so verwundern müssen – so sind wir Menschen. Wir stellen uns vor, wie wir gewinnen, spielen abenteuerliche Spiele und träumen von atemberaubenden Entdeckungen. Das war schon so, als wir noch Kinder waren, und als Erwachsene haben wir diese Sehnsucht immer noch in uns. Doch es ist ganz schön herausfordernd, danach zu leben, da wir im Leben immer wieder auf komplizierte Probleme und die ungewöhnlichsten Menschen treffen.

Der Apostel Paulus fordert uns auf: „Freut euch im Herrn. Ich betone es noch einmal: Freut euch!" (Philipper 4,4). Er möchte, dass wir unsere Herzen auf die guten Dinge richten, die Gott getan hat. Doch Paulus sieht das Leben trotzdem nicht durch eine rosarote Brille. An anderer Stelle benennt er den Grund, warum die Probleme so komplex und die Menschen sich oft so dumm verhalten: „Wenn ihr den Neigungen eurer sündigen Natur folgt, wird euer Leben die entsprechenden Folgen zeigen: Unzucht, unreine Gedanken, Vergnügungssucht, Götzendienst, Zauberei, Feindschaften, Streit, Eifersucht, Zorn, selbstsüchtigen Ehrgeiz, Spaltungen, selbstgerechte Abgrenzung gegen andere Gruppen, Neid, Trunkenheit, ausschweifenden Lebenswandel und dergleichen mehr. Ich wiederhole, was ich bereits gesagt habe, dass niemand, der ein solches Leben führt, das Reich Gottes erben wird" (Galater 5,19-21).

Wir feiern nicht etwa deshalb, weil das Leben leicht und einfach wäre. Wir feiern, weil der Grund zum Feiern größer ist als unsere Probleme. Es ist wahr, dass jeder von uns mit Problemen zu kämpfen hat, und es gibt eine Reihe von treffenden Zitaten dazu. Hier ein paar Beispiele:

- „Wenn du dir das Genick brichst oder wenn du nichts zu essen hast oder wenn dein Haus brennt, dann hast du ein Problem. Alles andere sind bloß Unannehmlichkeiten.“ *Robert Fulghum*

- „Schmerz ist unvermeidlich, Leiden ist freiwillig.“ *M. Kathleen Casey*

- „Ich weiß, dass Gott mir nichts auferlegen wird, was ich nicht tragen kann. Ich wünschte nur, er würde mir nicht so viel zutrauen.“ *Mutter Theresa*

- „Wenn ich ein Rezept dafür hätte, wie man Problemen aus dem Weg geht, würde ich es nicht weitergeben. Probleme schaffen die Fähigkeit, mit ihnen umzugehen. Ich begrüße Probleme nicht; das wäre genauso schlimm, wie sie als Feind zu behandeln. Ich sage vielmehr: Behandle sie wie einen Freund, denn dir werden viele ihrer Art begegnen und es ist besser, wenn man gut miteinander auskommt.“ *Oliver Wendell Holmes*

- „Wenn du einen Weg ohne Hindernisse findest, führt er wahrscheinlich nirgendwohin.“ *Frank A. Clark*

- „Das Problem besteht nicht darin, dass es Probleme gibt. Das Problem ist, davon auszugehen und zu denken, dass Probleme zu haben ein Problem ist.“ *Theodore Rubin*

- „Ich bin sicher, dass Gott die Menschen nicht nach ihren Orden, Titeln und Diplomen beurteilen wird, sondern nach ihren Narben.“ *Elbert Hubbard*

Unsere Entscheidung für die Freude

Ich (Pam) weiß, was es bedeutet, wenn wir uns dafür entscheiden, das Leben zu feiern. Wenn ich im Rahmen meines Dienstes für die „Seasoned Sisters" („Die reifen Schwestern") auf Veranstaltungen für Frauen spreche, beschreibe ich dabei oft eine der schwierigsten Zeiten unseres Lebens.

Wenn man mein Leben mit einem handgeknüpften Teppich vergleichen würde, dann nahm eines Tages jemand einen der Fäden und ribbelte den Teppich auf, sodass mein Leben völlig auf den Kopf gestellt wurde.

Hier nur eine kurze Zusammenfassung dieser herausfordernden Zeit, die letztlich vier Jahre anhielt. Meine Ärztin sagte mir, dass ich aufgrund meiner familiären Veranlagung ein vier Mal höheres Risiko für einen Herzinfarkt hätte als andere Frauen. Daher riet sie mir, einige grundlegende Veränderungen vorzunehmen. Andernfalls würde die zweite Hälfte meines Lebens nicht sehr lange dauern.

Bill strotzte immer nur so vor Gesundheit, aber auf einmal schossen seine Blutdruckwerte gen Himmel. Wir nahmen das nicht auf die leichte Schulter, denn sein Großvater war im Alter von 47 Jahren an den Folgen eines Schlaganfalls gestorben und sein Vater hatte mit 48 einen Schlaganfall, der zu einer Lähmung und starken Behinderung führte. Bill war nun 45 Jahre alt. Der unglaublich produktive Ehemann, den ich mal gehabt hatte, ging nun bereits um 18 Uhr ins Bett und war trotzdem am nächsten Tag noch erschöpft und übermüdet. Die Ärzte waren ratlos angesichts seines wechselhaften Blutdrucks, der sich mal stabilisierte, dann wieder in die Höhe schnellte, ohne dass ein Grund dafür erkennbar gewesen wäre.

Zu der Zeit konnten Bill und ich als Autoren bereits einige Erfolge aufweisen. Eines unserer Bücher war sogar zu einem Bestseller geworden („Männer sind wie Waffeln, Frauen sind wie Spaghetti"[2]). Bill war außerdem Hauptpastor der größten Gemeinde der Stadt und wir waren gerade dabei, ein Bauprojekt abzuschließen. An einem Tag, an dem wir uns gerade auf einer Reise befanden, fühlte Bill sich nicht gut. Also ging er zum Arzt. Dieser fragte ihn: „Stehen Sie gerade unter Stress?" Als Bill ihm seinen Berg an Verantwortung beschrieb, sagte der Mediziner zu ihm: „Bill, Sie sind ein Helfertyp. Was würden Sie zu einem Menschen sagen, der mit Ihren Symptomen zu Ihnen in die Seelsorge kommt?"

Bill erwiderte: „Sie müssen einige grundlegende Entscheidungen treffen. Vor Ihnen liegt eine Reihe von Veränderungen." *Ganz genau*. Kurz gesagt kam es in einem langen und schmerzhaften Prozess so weit, dass Bill nach über 15 Jahren als Pastor der Gemeinde zurücktrat, einer Gemeinde, die wir liebten und die uns liebte. Es war die schwierigste, belastendste und schmerzhafteste Erfahrung, die wir je gemacht hatten. In dieser Zeit hatten wir auch mit Problemen in unseren Freundschaften und Beziehungen zu kämpfen. Die Menschen, die uns am nächsten standen, spalteten sich in zwei Gruppen: Die einen rückten näher an uns heran und boten uns emotionale, praktische und finanzielle Hilfe und Unterstützung im Glauben an. Die anderen taten es nicht. Einige wussten einfach nicht, wie sie damit umgehen sollten, also hielten sie sich von uns fern. Wenn man bereits eine emotional traumatische Situation erlebt und dann auch noch Freunde verliert, fühlt es sich noch schlimmer an.

Anfangs machten wir uns unglaublich viele Sorgen. Wenn wir zu Bett gingen, beteten wir jeden Abend, dass wir beim Aufwachen das Gefühl losgeworden wären, in den Kaninchenbau aus *Alice im Wunderland* geworfen worden zu sein. Wir befanden uns in einem Albtraum und wären daraus so gern aufgewacht. Einer unserer besten Freunde fasste

2 Erschienen 2010 bei SCM Hänssler, Holzgerlingen

die Situation folgendermaßen zusammen: „Es ergibt einfach alles keinen Sinn." Wir wussten, dass Gott einen Weg für uns schaffen würde, und wir hielten hektisch Ausschau nach dem Startpunkt dieses neuen Pfades.

Die Anspannung und der Schmerz ließen uns nicht los. Manchmal fühlte ich mich, als stünde ich kurz vor einem Herzinfarkt. Nachts fühlte es sich an, als säße jemand auf meiner Brust. Wir hatten bereits in Seminaren über solche Phasen in der Mitte des Lebens (Midlife-Crisis) gesprochen, doch nun spürten wir sie am eigenen Leib.

Verzweifelt versuchte ich, alles zu tun, damit mein Mann wieder gesund wurde, und mir gleichzeitig meine eigene Gesundheit zu bewahren. Ich ging abends zu Bett mit dem Gebet auf den Lippen, dass Bill noch leben möge, wenn ich wieder neben ihm aufwachte. Ich sorgte nun größtenteils für unser finanzielles Auskommen, damit Bill sich erholen, ausruhen und wieder zu Kräften kommen konnte. Wir hielten weiterhin Seminare ab und schrieben Bücher (und waren dabei erstaunlich erfolgreich, trotz all der Veränderungen, da unser Gott ein guter und gnädiger Gott ist!). Gleichzeitig entwickelten wir ein ganz neues Lebenstempo. Eine Zeit lang arbeitete Bill nur noch halb so viel wie zuvor – was nicht allzu viel bedeutet, da er vor seiner Erkrankung oft 90 Stunden pro Woche gearbeitet hatte.

Während wir also gezielt Bills Lebenstempo herunterfuhren, merkte ich, wie mein persönlicher Stresslevel und die Verantwortung, die ich übernahm, exponentiell anstiegen. In dieser Phase waren unsere Söhne im Teenageralter (damals 13,17 und 19 Jahre alt). Ich wollte einem unserer Kinder ermöglichen, weiterhin am College zu bleiben, während ich ein anderes auf seine College-Zeit vorbereitete – und zwar während wir enorme Einkommenseinbußen hinnehmen mussten. Bevor unsere gesundheitlichen Probleme losgingen, hatten wir das Geld, das am Ende des Monats übrig blieb, an Hilfsorganisationen gespendet und in die Ausbildung unserer Kinder und unser Unternehmen gesteckt. Darüber hinaus schuldete uns eine Firma eine Summe, die unserem gemeinsamen Einkommen von sechs Monaten entsprach. So mussten wir also mit der Hälfte des Geldes, das uns zuvor zur Verfügung gestanden hatte, dieselben Verantwortlichkeiten und Verpflichtungen aufrechterhalten. Gelinde gesagt empfanden wir beide großen finanziellen Druck – trotz des Erfolges, den wir als Referenten und Autoren hatten. Abgesehen von unserer eigenen Familie hatten wir zu jener Zeit Angestellte, die von uns abhängig waren, obwohl wir uns nicht so fühlten, als könnte man sich im Moment auf uns verlassen.

Eine bestimmte Woche während dieser Zeit spiegelt unser Leben sehr gut wider: Caleb (damals 13) wurde in einem Footballspiel gefoult und musste ins Krankenhaus gebracht werden. Dort wurde entdeckt, dass er an inneren Blutungen litt und eine Bluttransfusion bekommen musste. Während der nächsten acht Tage blieb er auf der Intensivstation. Mit Bill zusammen saß ich an der Seite unseres Sohnes und betete, dass Gott ihrer beider Leben verschonen möge. Als Caleb schließlich nach Hause kam, musste ich für meine Familie gleich darauf zu einem Vortrag weiterreisen (schließlich finden sie es gut, wenn wir genügend Geld für Essen im Kühlschrank haben). Ich überließ daher Caleb Bills fürsorglicher Pflege. Am ersten Abend meiner Reise zog sich unser mittlerer Sohn bei einem Footballspiel eine Gehirnerschütterung zu und verletzte sich das Knie. Am nächsten Abend musste unser ältester Sohn, der als Quarterback[3] spielte, das Spiel vorzeitig abbrechen, da seine Verletzung möglicherweise das Ende seiner Sportlerkarriere bzw. seines Sportstipendiums

3 Der Quarterback ist beim American Football der Spieler, der die Angriffe einleitet und die Pässe spielt; Anm. d. Übers.

bedeuten würde. Als ich wieder am Flughafen ankam, rief meine Schwägerin mich an, um mir zu sagen, dass mein 40-jähriger Bruder einen Herzinfarkt gehabt hatte.

Voller Verzweiflung betete ich: *Herr, wem soll ich denn jetzt zuerst helfen?*

Als ich eines Tages neben Caleb auf der Intensivstation saß, las ich in einem Buchmanuskript, für das man mich um eine Empfehlung gebeten hatte. Es war von meiner Freundin Jane Rubietta und hatte den Titel *Gracepoints: Growth and Guidance During Times of Change* („Momente der Gnade – Wachstum und Orientierung für Zeiten der Veränderung"). Eine Zeile aus ihrem Buch hat sich für immer in mein Gedächtnis eingebrannt: „Gott gestaltet auch hinter der Bühne unseres Lebens, wo das Scheinwerferlicht nicht hinfällt."

Ich bin leicht zu durchschauen, da sich meine Gefühle immer auf meinem Gesicht widerspiegeln. Obwohl die Leute vielleicht nicht wussten, warum, konnten sie leicht sehen, dass ich gestresst war. Sie machten sich Sorgen, also fragten sie nach. Doch ich wusste einfach nicht, wie ich antworten sollte, wenn sie wissen wollten, wie es mir ging. Die Antwort wäre entweder zu lang, zu persönlich oder zu deprimierend ausgefallen. Ich wollte ihnen nicht den Tag verderben. Wenn wir gefragt werden, wie es uns geht, antworten wir oft mit einem Seufzer, der Winnie Puuhs Freund I-Ah nicht unähnlich ist: „Ach, ganz gut unter diesen Umständen." Ich liebe die Antwort von Howard Hendricks auf diese Aussage: „Unter diesen Umständen? Was machst du denn darunter?"

Ich bat Gott mir zu sagen, wie ich antworten sollte. Er sagte einfach zu mir: „Was für eine Frau willst du sein, Pam?"

„Herr, ich will eine Frau sein, die in jeder Situation im Leben einen Grund zur Freude sehen kann. In deinem Wort heißt es: ‚Die Freude am Herrn ist eure Stärke', und ich brauche deine Stärke gerade so sehr! Also wird Freude wohl die Antwort sein."

So wurde meine neue Antwort auf die Frage, wie es mir geht: „Ich halte an der Freude fest!“ (Es funktionierte noch besser, wenn ich es voller Überzeugung sagte, also streckte ich meinen Arm in die Luft wie eine Cheerleaderin und sagte es laut und mit einem Lächeln: „Ich halte an der Freude fest!“)

Und weißt du was? Ich freute mich tatsächlich! Es veränderte sich nicht alles auf einmal wie eine große Welle. Es war mehr wie eine kleine Quelle, aus der es zu sprudeln begann. Kostbare, lebensverändernde und lebensrettende Freude!

Der entscheidende Grund

Welchen entscheidenden Grund haben wir, uns zu freuen, egal, wie die Umstände aussehen? Er lässt sich in einem Satz zusammenfassen: „Wir sind frei!“

Erstens sind wir *frei von einer Verurteilung durch Gott* (vgl. Römer 8,1). Wir hätten es eigentlich verdient, dass Gott uns aufgrund unserer Einstellungen und unseres Verhaltens schuldig spricht. Doch Jesus wollte uns nicht damit allein lassen, deshalb gab er sein Leben, sodass wir von aller Schuld befreit sind. „Wenn nun der Sohn euch frei machen wird, so werdet ihr wirklich frei sein“ (Johannes 8,36; ELB).

Wir sind auch *frei von der Sünde*. Das lässt sich leicht sagen, aber nicht so leicht erklären. Es bedeutet nicht, dass wir niemals wieder Fehler machen werden. Aber jetzt haben wir die Chance, das Richtige zu tun. Als wir noch keine Christen waren, haben wir deutlich gehört, dass wir schuldig sind. Nachdem wir Jesus kennengelernt haben, hören wir nun genauso deutlich, dass wir gerecht gesprochen sind. Genau das drückt Römer 6,22-23 (LUT) aus: „Jetzt aber, da ihr von der Sünde frei und Gott dienstbar geworden seid, habt ihr als eure Frucht die Heiligung, als Ende aber das ewige Leben. Denn der Sünde Sold ist der Tod; die Gabe Gottes aber ist das ewige Leben in Christus Jesus, unserm Herrn."

Wir waren einst Sklaven unserer menschlichen, fehlerhaften Natur. Sie hatte die Macht, uns herumzukommandieren und Ansprüche zu stellen. Die Sünde ist ein unbarmherziger Sklaventreiber, der uns ständig sagt, was wir tun sollen. Sie will uns dazu verführen, dass wir uns auf falsche Wege begeben. Doch da wir nun Jesus kennen, sind wir frei von der Herrschaft der Sünde. Der Heilige Geist ruft uns jetzt ständig dazu auf, den Weg des Segens zu wählen und das Richtige zu tun. Wir haben bereits das ewige Leben – unsere Leistung bestimmt also nicht über unser Schicksal in der Ewigkeit. Das Schöne ist, dass wir nun das Richtige tun *können* und uns immer öfter auch dafür entscheiden. Ohne die Freiheit, die ein Leben mit Jesus schenkt, haben wir nur eine sehr eingeschränkte Perspektive und neigen stark dazu, uns für die Dinge zu entscheiden, die uns schaden.

Drittens sind wir frei, um zu lieben. Wir sprechen hier nicht von der Art Liebe, die einfach nur nett zu den Menschen sein will. Es geht um die Art von Liebe, die das Leben von anderen Menschen verändert. Wenn du die wahre Freude gefunden und erkannt hast, dass deine Ewigkeit gesichert ist, hast du die Freiheit, anderen zu helfen, damit sie das Beste für ihr Leben entdecken. Für Paulus war das ein Leben auf der Gewinnerseite:

> Das bedeutet, dass ich an niemanden gebunden bin. Dennoch habe ich mich zum Diener aller gemacht, um möglichst viele für Christus zu gewinnen. (...) Ja, ich versuche bei allen Menschen eine gemeinsame Grundlage zu finden, um wenigstens einige von ihnen für Christus zu gewinnen. (...) Denkt daran, dass alle wie in einem Wettrennen laufen, aber nur einer den Siegespreis bekommt. Lauft so, dass ihr ihn gewinnt! (1. Korinther 9,19+22+24)

Zu dieser Freiheit gehört auch die Fähigkeit, dass wir anderen Menschen zuliebe Opfer bringen. Paulus fordert uns auf, mit unserer Freiheit behutsam umzugehen, damit wir auch denjenigen helfen können, die ein empfindlicheres Gewissen haben (vgl. 1. Korinther 8,9). Wir müssen nicht länger egoistisch handeln, sondern wir können unser Verhalten anpassen, sodass es anderen zum Segen wird.

Alice ging mit ihren Kindern in ein Restaurant. Ihr sechsjähriger Sohn wollte gern das Tischgebet sprechen: „Gott ist gut. Gott ist groß. Danke für das Essen, Herr. Und ich danke dir noch mehr, wenn Mama uns noch Eis zum Nachtisch kauft. Und Freiheit und Frieden für alle! Amen."

Die Leute an den Nachbartischen lachten. Eine Frau sagte: „Das ist der Grund, warum es mit unserem Land den Bach runtergeht. Heutzutage wissen die Kinder nicht einmal mehr, wie man betet. Gott einfach um Eis zu bitten – das hätte ich früher nie gemacht!"

Der kleine Junge hörte sie und brach in Tränen aus. Weinend fragte er seine Mutter: „Habe ich etwas falsch gemacht? Ist Gott jetzt sauer auf mich?"

Während Alice ihn noch im Arm hielt und ihm beruhigend zuflüsterte, dass er das sehr gut gemacht habe, kam ein älterer Mann an ihren Tisch. Er zwinkerte den beiden zu und sagte: „Ich weiß zufällig, dass Gott das Gebet sehr toll fand."

„Wirklich?"

„Ehrenwort", antwortete der Mann. Dann sagte er mit etwas lauterer Stimme (und zeigte dabei auf die Frau, die die Bemerkung fallen gelassen hatte): „So ein Pech, dass sie Gott nie um Eis bittet. Eis ist doch gut für die Seele."

Natürlich gab es nach dem Essen Eis zum Nachtisch. Der kleine Junge starrte einen Moment lang auf seine Portion, dann nahm er den Becher und, ohne ein Wort zu sagen, stellte er es der Frau hin.

Mit einem breiten Lächeln sagte er zu ihr: „Hier, das ist für Sie. Eis ist gut für die Seele und meiner Seele geht es schon gut."

Eine der größten Freiheiten besteht darin, Entscheidungen treffen zu können. Diese Freiheit wird uns durch den Heiligen Geist geschenkt, der in uns lebt, und er ist es, der uns eine ganz neue Weisheit schenkt. Wir können sogar Gottes Gedanken in uns haben, wenn wir eine Entscheidung treffen müssen, weil uns der Sinn Christi gegeben wurde. Damit meinen wir nicht, dass wir so klar oder umfassend denken könnten wie Gott selbst, aber die Bibel macht deutlich, dass es zu unserer Freiheit in Christus gehört, an seiner Weisheit teilzuhaben (vgl. 1. Korinther 2,10-16). Wir haben die Freiheit, uns für oder gegen eine Sache zu entscheiden. Deshalb sind wir dazu berufen, den Anweisungen Jesu zu folgen.

- „Gott, der diese Geduld und Ermutigung schenkt, soll euch helfen, eins zu sein und in Frieden miteinander zu leben. Geht miteinander so um, wie es Christus vorgelebt hat." (Römer 15,5)

- „Folgt meinem Beispiel, so wie ich dem Vorbild folge, das Christus uns gegeben hat." (1. Korinther 11,1; HFA)

- „Folgt also dem Weg der Liebe und bemüht euch um die Geistesgaben" (1. Korinther 14,1; NeÜ).

Diese Freiheit der Entscheidungsfindung ist eine gute Sache, denn Freude entsteht durch die Entscheidung, das Leben in guten wie in schlechten und auch in langweiligen Zeiten zu feiern. Welche Entscheidungen helfen uns also dabei, damit wir die Freude am Leben erhalten?

Integrität feiern

Für alle Beziehungen gilt: Es ist leichter, wenn sie echt sind. Die Freude verschwindet am schnellsten, wenn es in einer unserer Beziehungen kriselt.

Ich (Bill) saß einmal im Seminar eines bekannten Leiters und wurde dort Zeuge einer erschütternden Enthüllung. Er sagte zu uns: „Seid euch bei eurer Leiterschaft sehr der Leute bewusst, die euch die Freude rauben. Diese Menschen wollen allem, mit dem sie zu tun haben, die Freude stehlen. Ich habe schon mehrmals beobachtet, wie die Menschen in einer Organisation erleichtert aufatmeten, als so ein ‚Freude-Dieb' zu Grabe getragen wurde."

Ich fiel fast vom Stuhl, als ich ihn das sagen hörte. Das sah ich ganz genauso, aber ich dachte, das würde nie jemand laut sagen!

Vermutlich werden deshalb so viele Menschen in Beziehungen verletzt, weil den Leuten Integrität fehlt. Sie machen Versprechen, aber sind nicht entschlossen, sie zu halten. Sie sagen, sie seien bereit, ein Opfer zu bringen, aber entscheiden sich dann schnell um, weil es ihnen zu schwer und zu viel verlangt scheint.

Manche Menschen überzeugen andere davon, dass sie loyal sind und für dieselben Ziele arbeiten, aber hinter ihrem Rücken arbeiten sie gegen die anderen und intrigieren gegen sie. Manche Leute reden schlecht über ihre Freunde. Sie kritisieren, wenn sie eigentlich ermutigen sollten. Sie lügen, wenn es wichtig wäre, ehrlich zu sein.

So können die meisten von uns Geschichten von Freundschaften, Beziehungen zu Kollegen und Gemeindekonflikten erzählen, die uns den Boden unter den Füßen weggezogen und stark verletzt haben. Dabei ist es doch viel besser, wenn man sich selbst noch im Spiegel ansehen kann und weiß, dass man andere Menschen gut behandelt hat.

Hast du je jemanden gemieden, weil du ihm noch Geld schuldetest? Bist du nicht zu einer Feier gegangen, weil du zuvor jemanden angeschrien hattest, der auch dort sein würde, oder weil du hinter seinem Rücken über ihn geredet hattest? Hast du dazu beigetragen, dass Freundschaften zerbrochen sind, indem du andere schlecht behandeltest und rücksichtslos deine eigenen Ziele durchsetztest? All das kann dein soziales Leben stark einschränken. Wenn du dir überlegen musst, wie du bestimmte Leute meiden kannst, weil du sie nicht so behandelt hast, wie Jesus es tun würde, wird das Leben schnell sehr kompliziert. So etwas sollten wir gar nicht erst anfangen.

Beziehungen können manchmal kompliziert sein, besonders wenn die andere Person andere Menschen nicht so behandelt, wie Gott es tun würde. Josh McDowell hat einen einfachen Weg entwickelt, wie man in seinen Beziehungen Integrität bewahren kann. Für seinen Sohn ließ er eine Hundemarke mit drei Fragezeichen anfertigen und für seine Tochter einen Herzkettenanhänger mit drei Fragezeichen. Wofür die drei Fragezeichen stehen? Sie sollen die beiden daran erinnern, sich selbst drei Fragen zu stellen, durch die in jeder Beziehung die Freude erhalten bleibt:

> Spiegelt deine Entscheidung oder dein Verhalten deinen Respekt gegenüber Jesus wider?
>
> Spiegelt deine Entscheidung oder dein Verhalten deinen Respekt gegenüber anderen Menschen wider?
>
> Spiegelt deine Entscheidung oder dein Verhalten deinen Respekt gegenüber dir selbst wider?

Menschen, die sich diese Fragen stellen, bevor sie etwas sagen oder tun, entdecken unserer Erfahrung nach mehr von

Gottes Segen in ihrem Leben. Sie haben weniger Probleme in privaten Beziehungen, führen erfolgreichere Geschäftsbeziehungen und ihnen wird allgemein mehr Vertrauen entgegengebracht.

Den Segen feiern

Vor Kurzem ging ich (Pam) von einem Tagungszentrum zurück zu meinem Hotel. Ich freute mich auf diesen kurzen gemeinsamen Spaziergang mit einer Freundin. Doch einige Hundert Meter vor dem Hotel goss es plötzlich wie aus Kübeln. Wir versuchten zu rennen, aber der Weg war sehr rutschig. Vergeblich suchten wir nach einem Überstand oder Vordach. Als wir beim Hotel ankamen, waren wir nass bis auf die Knochen und sahen wie begossene Pudel aus. Hätten wir einen Regenschirm dabei gehabt, hätte die Situation ganz anders ausgesehen.

Das Leben ist genauso – hart und unerbittlich. Durch den Sündenfall kommt es immer wieder zu Stürmen in unserem Leben, die unsere innere Haltung auf den Prüfstand stellen. Wenn wir jedoch unter dem Schirm von Gottes Segen sind, kommen zu dem Regenschwall an Prüfungen nicht noch die Konsequenzen unserer falschen Entscheidungen hinzu. Integrität bewahrt uns vor uns selbst. In diesem Sinne sind wir auf Gottes Wegen vor vielen schwierigen Umständen des Lebens geschützt oder beschirmt, weil Gott verspricht, ein Auge auf die Menschen zu haben, deren Herzen ihm gehören. An den Extrembeispielen von Hiob oder Jeremia lernen wir, wie wir mit Leid und harten Zeiten umgehen können, und gleichzeitig zeigen sie, dass Gott den beiden nah war und er sie durch diese schweren Umstände hindurchgetragen hat. Gottes Treue half ihnen dabei, die Entscheidungen zu treffen, die sie sicher durch den Sturm gesteuert haben.

> Denn des Herrn Augen durchlaufen die ganze Erde, um denen treu beizustehen, deren Herz ungeteilt auf ihn gerichtet ist. (2. Chronik 16,9a; ELB)

> Aber ohne Glauben ist's unmöglich, Gott zu gefallen; denn wer zu Gott kommen will, der muss glauben, dass er ist und dass er denen, die ihn suchen, ihren Lohn gibt. (Hebräer 11,6; LUT)

Gott hält nach Möglichkeiten Ausschau, um uns zu segnen. Was heißt es also, gesegnet zu werden? Das Wort „Segen" hat in der Bibel zwei unterschiedliche Bedeutungen. Die erste lautet „gut von jemandem sprechen" oder „in die Lage versetzen, Erfolg oder Wohlstand zu erlangen". Hier ein paar Beispiele:

> Gepriesen [Gesegnet] sei der Gott und Vater unseres Herrn Jesus Christus! Er hat uns gesegnet mit jeder geistlichen Segnung in der Himmelswelt in Christus. (Epheser 1,3; ELB)

> Vergeltet nicht Böses mit Bösem oder Scheltwort mit Scheltwort, sondern im Gegenteil *segnet*, weil ihr dazu berufen worden seid, dass ihr *Segen* erbt! (1. Petrus 3,9; ELB)

Hinter der zweiten Bedeutung von „Segen" steckt die Vorstellung von Glück. Der moderne Mensch denkt für gewöhnlich, dass Glück bedeutet, mit sich und seinem Leben zufrieden zu sein. Das ist sicherlich *das Ergebnis* dessen, was die Bibel als Glück bezeichnet, aber nicht der Kerngedanke. Im Alten Testament bezog sich Glück primär auf die materiellen Güter, die Gott einem Menschen schenkte, und zwar weil dieser Mensch sich dafür entschieden hatte, gerecht zu leben. Materieller Wohlstand und eine hohe Position bescheinigten, dass man gesegnet wurde. Darunter fielen zum Beispiel eine Vielzahl von Kindern, reiche Ernten oder große Herden, Reichtum, Schönheit, Gesundheit, eine hohe gesellschaftliche Stellung oder Respekt innerhalb einer Gemeinschaft. Daher finden wir in Gottes Wort Aussagen wie diese:

> *Glücklich*[4] ist der Mensch, der nicht auf den Rat der Gottlosen hört, der sich am Leben der Sünder kein Beispiel nimmt und sich nicht mit Spöttern abgibt. Voller Freude tut er den Willen des Herrn und denkt über sein Gesetz Tag und Nacht nach. Er ist wie ein Baum, der am Flussufer wurzelt und Jahr für Jahr reiche Frucht trägt. Seine Blätter welken nicht, und alles, was er tut, gelingt ihm. (Psalm 1,1-3)

Im Neuen Testament dreht sich Glück immer noch darum, dass Gott uns versorgt – aber eben mit einer Langzeit-Perspektive. Durch die Gnade werden wir erlöst und erhalten so einen ewigen Halt und unvergänglichen Schatz. Da wir uns im Glauben immer wieder mit Herausforderungen aller Art auseinandersetzen müssen, kann es sein, dass wir nicht im Überfluss leben, wenn wir unseren Weg mit Jesus gehen. Doch wenn wir einmal bei Jesus im Himmel sein werden, dann werden wir alles haben, was wir brauchen, und noch mehr. Durch den Tod und die Auferstehung Jesu ist uns das sicher. Glück bedeutet demnach die Gewissheit, dass in Ewigkeit für mein Leben gesorgt ist. Mit diesem Wissen kann ich ehren- und respektvoll, zuversichtlich und ausgeglichen leben. Das ist die Botschaft der Seligpreisungen, die Jesus in der Bergpredigt vorgestellt hat:

---

4 Im Englischen wird hier das Wort „blessed“ verwendet, das sowohl für „gesegnet“ als auch für „glückselig“ oder „glücklich“ stehen kann; Anm. d. Übers.

Eines Tages, als sich immer mehr Menschen um Jesus sammelten, stieg er mit seinen Jüngern auf einen Berg und setzte sich dort hin, um sie zu unterrichten. Und das lehrte er sie:

> „Gott segnet die, die erkennen, dass sie ihn brauchen, denn ihnen wird das Himmelreich geschenkt.
>
> Gott segnet die, die traurig sind, denn sie werden getröstet werden.
>
> Gott segnet die Freundlichen und Bescheidenen, denn ihnen wird die ganze Erde gehören.
>
> Gott segnet die, die nach Gerechtigkeit hungern, denn sie werden sie im Überfluss erhalten.
>
> Gott segnet die Barmherzigen, denn sie werden Barmherzigkeit erfahren.
>
> Gott segnet die, die ein reines Herz haben, denn sie werden Gott sehen.
>
> Gott segnet die, die sich um Frieden bemühen, denn sie werden Kinder Gottes genannt werden.
>
> Gott segnet die, die ihr Leben Gott ganz zur Verfügung stellen, denn das Himmelreich wird ihnen gehören.
>
> Gott segnet euch, wenn ihr verspottet und verfolgt werdet und wenn Lügen über euch verbreitet werden, weil ihr mir nachfolgt. Freut euch darüber! Jubelt! Denn im Himmel erwartet euch eine große Belohnung. Und denkt daran, auch die Propheten sind einst verfolgt worden." (Matthäus 5,1-12)

Viele der hier beschriebenen Umstände sind weder gut noch angenehm, aber sie führen zu Glück oder Segen, weil sie ein Beleg dafür sind, dass wir mit Jesus zusammen sein werden. Letztlich werden wir alles haben, was wir brauchen, und so viel darüber hinaus, dass wir gar nicht wissen werden, was wir damit machen sollen.

Gesegnet oder glücklich zu sein bedeutet also, dass du eine Beziehung mit Gott und die Gewissheit hast, dass du mehr als belohnt wirst, wenn der richtige Zeitpunkt gekommen ist.

Der Pastor John Hagee erzählte einmal die folgende Geschichte. Sie zeigt sehr schön, was man für eine Haltung entwickelt, wenn man sich dafür entscheidet, den Segen unabhängig von seinen Umständen zu feiern.

> Es war einmal eine Witwe, die mit ihren zwei Kindern in einer kleinen Wohnung lebte. Sie hatte Mühe, sich und die Kleinen durchzubringen. Ihr Vermieter war ein gemeiner und grausamer Mann, der sich selbst als Atheisten bezeichnete. Ständig erhöhte er die Miete und machte so das Leben der gottesfürchtigen Witwe so schwer wie nur möglich. Eines Morgens stand der ungerechte Vermieter vor der Wohnung der Witwe und hörte, wie sie Gott um den Segen für etwas zu essen für ihre Kinder bat. Daraufhin lief der Vermieter zum nächsten Supermarkt und kaufte einige Tüten voll Lebensmittel und anderen Dingen. Er stellte die Tüten vor ihre Türe, klingelte und versteckte sich schnell hinter einem Busch in der Nähe.
>
> Die Witwe öffnete die Tür und sah die vollen Tüten. Sie freute sich sehr, rief nach ihren Kindern und pries den Herrn! Immer wieder rief sie: „Gelobt sei Gott!"
>
> Da kam der gemeine Vermieter hinter dem Busch hervor und sagte: „Alte Frau, Gott hat dir diese Tüten nicht gebracht. Du bist verrückt! Ich habe dich beten ge-

hört und daraufhin all die Sachen gekauft, um dir zu zeigen, wie verrückt es ist, dass du betest."

Ungerührt fuhr die Witwe fort, Gott zu preisen, und veranstaltete sogar noch ein kleines Freudentänzchen.

Der Vermieter wurde laut: „Du verrückte Frau, hast du nicht gehört, was ich gesagt habe?! Warum bist du so glücklich?"

Die Witwe lächelte und sagte: „Gott hat mir nicht nur diese Dinge gekauft, sondern auch noch den Teufel dazu gebracht, sie mir zu bringen!"

Feiere dein Potenzial und halte deine dunkle Seite in Schach

Gott hat dich mit einem außergewöhnlichen Potenzial geschaffen. Durch deinen Charakter, deine Worte, deinen Beruf und dein Engagement prägst du andere Menschen. Und genau das solltest du feiern! Ein Leben voller Freude zu führen beinhaltet daher auch, dass du dein Potenzial voll und ganz ausschöpfst. Nur du kannst Gottes Plan für dein Leben erfüllen. Wenn du begeistert von diesem Plan bist, wirst du hart arbeiten, damit du sehen kannst, wie er sich erfüllt. Du wirst regelmäßig deine Prioritäten neu ordnen und nach Möglichkeiten suchen, wie du in diesem Bereich noch mehr dazulernen kannst.

Dabei gibt es aber ein Problem: Je weiter wir vorankommen und je mehr Einfluss wir gewinnen, umso größer ist die Gefahr, dass wir in unserem Leben scheitern. Wir haben schon oft erlebt, wie äußerst talentierte und fähige Menschen scheinbar aus dem Nichts heraus falsche Entscheidungen trafen, die ihr Leben wie ein Kartenhaus zusammenstürzen ließen.

- Warum setzte Bill Clinton, der frühere Präsident der USA, für eine Affäre mit der Praktikantin Monica Lewinsky so viel aufs Spiel?

- Warum setzte Tiger Woods seine Millionen, seine Ehe und seine Familie aufs Spiel, um Affären mit mehreren Frauen einzugehen?

- Warum setzte John Edwards, ein Senator aus North Carolina, seine Präsidentschaftskandidatur für einen Seitensprung aufs Spiel, während seine Frau an Krebs erkrankt war?

- Warum ruinierten Lindsay Lohan und Britney Spears sich vor den Augen der Öffentlichkeit selbst, als sie auf dem Gipfel ihres Erfolgs angelangt waren?

- Wie konnte Ted Haggard, der Pastor einer Megachurch in den USA und Vorsitzender einer Kirchenvereinigung, seine stabile Ehe und seine Familie aufs Spiel setzen, um eine Affäre mit einem homosexuellen Masseur einzugehen?

Sie alle taten diese Dinge, weil sie wie wir sind – sie alle haben eine dunkle Seite. Mit ihrem Selbstvertrauen wuchs auch die Macht, große Fehler zu begehen. Sam Rima und Gary McIntosh warnen uns in ihrem Buch *Overcoming the Dark Side of Leadership* („Überwinden Sie Ihre dunkle Seite als Leiter") deutlich davor, dass wir *alle* eine dunkle Seite haben. Äußerst kompetent erklären sie etwas sehr Wichtiges: Wir sollten Gott erlauben, unsere Wunden zu heilen und uns durch seine Liebe zu stärken, damit wir den Neigungen unserer dunklen Seite nicht nachgeben:

> Während dieser Untersuchungen wurde deutlich, dass es eine Art Paradoxon in dem Leben der meisten Leiter gab, die bedeutendes Versagen erlebt hatten: Persönliche Unsicherheit, Minderwertigkeitsgefühle und das Bedürfnis nach Bestätigung vonseiten der Eltern (neben anderen Störungen) trieben diese Menschen dazu an, erfolgreiche Leiter zu werden, aber gleichzeitig waren es häufig auch eben diese Probleme, die ihr Scheitern verursachten.[5]

Keiner von uns hat in seinem Leben nur eitel Sonnenschein erlebt, daher verknüpft Gott die Erfolge und Rückschläge unseres Lebens zu einer Einheit, die die Welt verändern kann. Er beginnt mit unserer von ihm geschenkten Persönlichkeit und unseren Begabungen. Wenn wir es ihm erlauben, widmet er sich danach unseren Unzulänglichkeiten, Fehlern und Wunden. Er möchte uns zu den Menschen machen, die wir seiner Vorstellung nach sein sollen. Da unsere Fehler und Schwächen eine gewisse Macht über unser Leben haben, rufen sie Wünsche und Ambitionen in uns hervor, mit denen wir weise umgehen sollten.

> Oft bestanden ihre Ambitionen aus einer gefährlichen Mischung ihrer persönlichen fehlgeprägten Bedürfnisse und einem gewissen Maß ihres selbstlosen Verlangens, das Reich Gottes zu verbreiten. Weil jedoch diese Ambitionen in christlichen Kreisen so leicht zu verstecken sind und geistlich umformuliert werden (der Missionsauftrag soll erfüllt und das Reich Gottes verbreitet werden), bleiben die Fehlprägungen, die diese Leiter antreiben, oft unbemerkt und werden nicht hinterfragt, bis es zu spät ist.[6]

5 Gary L. McIntosh / Samuel D. Rima (1997): Overcoming the Dark Side of Leadership. Baker Books, Grand Rapids/MI, S. 11

6 McIntosh/Rima, Overcoming the Dark Side of Leadership, S. 14

Rima und McIntosh zeigen nicht nur, dass jeder von uns eine dunkle Seite hat, sondern sie stellen auch ein Konzept vor, um herauszufinden, wie sie sich in uns persönlich widerspiegelt. Dieses Konzept „dunkler" Motivationen haben wir durch weitere Punkte ergänzt, die uns im Verlauf von über 30 Jahren Seelsorgearbeit aufgefallen sind. Wir alle neigen zu destruktivem Verhalten und jeder Mensch hat einen Hang zu einer der folgenden Verhaltensweisen:

Zwanghaftigkeit: Ein zwanghafter Mensch ist sich seines gesellschaftlichen Standes bewusst, befindet sich in einer hohen beruflichen Position oder hat einen ausgeprägten Wunsch nach Bestätigung von Autoritätspersonen. Er neigt zu kontrollierendem Verhalten und ist oft ein Workaholic. Durch äußerlich sichtbaren Erfolg und Lob fühlt er sich bestätigt und hat das Gefühl, das Leben im Griff zu haben. Solch ein Mensch kann auch sehr belehrend oder richtend sein. Sein Leben ist von dem grundlegenden Gefühl bestimmt, dass das Leben außer Kontrolle geraten ist, also setzt er alles daran, die Kontrolle wiederzuerlangen.

Narzissmus: Ein narzisstischer Mensch glaubt wirklich, dass das Leben sich um ihn und seine Bedürfnisse dreht. Er wird von dem starken Drang nach Bewunderung oder Anerkennung angetrieben. Er nimmt sich selbst äußerst wichtig und hat große Ambitionen, hochtrabende Fantasien und Ideen. Sein Leben ist von einem grundlegenden Gefühl der Unsicherheit und Minderwertigkeit bestimmt, also muss er etwas für sein Selbstwertgefühl tun.

Paranoia: Ein paranoider Mensch wird von seinen Ängsten daran gehindert, ein normales Leben zu führen. Er ist misstrauisch, eifersüchtig, ängstlich und reagiert übersensibel auf das Verhalten anderer. Er hat Angst davor, dass die anderen etwas tun könnten, um sein Leben zu ruinieren und seine Leiterschaft zu untergraben. Er nimmt alles persönlich und kann starre Strukturen schaffen, damit er Menschen oder Situationen im Griff behält. Sein Leben ist von der grundlegenden Angst vor dem Leben und der Liebe bestimmt.

Co-Abhängigkeit: Ein co-abhängiger Mensch sehnt sich nach Bestätigung von einer anderen Person, die ihm allerdings nicht guttut, oder dreht sich auf Kosten seines eigenen Lebens nur um die Bedürfnisse und Wünsche anderer. Er ist harmoniesüchtig und will nicht über Probleme sprechen, sondern sie lieber unter den Teppich kehren. Er übernimmt die Arbeit und die Lasten anderer und es kann sein, dass er mit Schuld im Leben anderer Menschen zu tolerant umgeht. Da co-abhängige Menschen sich nie zu Wort melden oder offen über ihre wahren Gefühle und Gedanken sprechen, staut sich permanent Frust in ihnen auf.

Passive Aggressivität: Ein passiv-aggressiver Mensch stellt Erwartungen an andere, die er selbst nicht erfüllt. Er ist stur, vorsätzlich ineffizient, faul oder vergesslich. Um andere zu kontrollieren, beklagt er sich, leistet Widerstand und schiebt Dinge auf die lange Bank. Es kann auch sein, dass er einen Ausbruch von Depression oder Zorn gebraucht, damit er Kontrolle ausüben kann. Sein Leben wird von seinem Zorn und seiner Bitterkeit bestimmt. Vielleicht hat er Angst vor seinem eigenen Erfolg, weil er die Erwartungen und Ansprüche anderer fürchtet, die dann an ihn gestellt werden würden.

Dein persönliches Profil

Überprüfe dich einmal selbst. Wähle die Verhaltensweise der „dunklen Seite“, zu der du am ehesten neigst, und halte dann die Eigenschaft Gottes fest, auf die du dich beim Kampf gegen diese Schwäche konzentrieren solltest:

Meine dunkle Seite	**Gottes Licht**
zwanghaft	Gottes Freiheit, Gnade und Erbarmen
narzisstisch	Gott als König, Herrscher und Herr
paranoid	Gottes Versorgung, Schutz und Friede
co-abhängig	Abhängigkeit von Gott, Gott gefallen wollen, Gott dienen
passiv-aggressiv	Gottes Weg und Plan stehen an erster Stelle

Ich glaube, meine dunkle Seite könnte ______________________ sein.

Ich kann Folgendes tun, um diese Schwäche zu verändern: ______________.

Je mehr du Gott erlaubst, deine dunkle Seite zu heilen, umso mehr Freiheit erlebst du. Je mehr Freiheit du erlebst, umso mehr wirst du das Leben feiern.

Jim Valvano ist der Mann, der für mich (Bill) den Entschluss verkörpert, das Leben zu feiern, egal, was auch passiert. 1983 war er der Basketballtrainer für North Carolina und gewann mit seiner Mannschaft überraschend die nationale Meisterschaft der NCAA. 1992, als er 46 Jahre alt war, wurde bei ihm Krebs im Endstadium festgestellt, woran er auch ein Jahr später starb. Trotzdem hatte er eine positive Einstellung zum Leben, die ansteckend war und letztlich zur Gründung einer Stiftung für Krebsforschung inspirierte. Seine Worte nach der Diagnose sind für jeden eine Inspiration, der Freude zu seinem Lebensstil machen möchte:

> Ich bin der Meinung, dass wir alle täglich drei Dinge tun sollten, und zwar an jedem Tag unseres Lebens. Das Erste ist Lachen. Du solltest jeden Tag lachen. Das Zweite ist Denken. Du solltest dir jeden Tag etwas Zeit zum Nachdenken nehmen. Und das Dritte ist, dass dich täglich etwas zu Tränen rühren sollte, vor Freude oder vor Glück. Denk mal darüber nach. Wenn du lachst, nachdenkst und weinst, hast du einen erfüllten Tag gehabt. Einen richtig guten Tag. Wenn du das an sieben Tagen pro Woche machst, hast du etwas Besonderes in der Hand.

Der Apostel Paulus formulierte es für die Gemeinde in Philippi prägnant und mit Nachdruck: „Freut euch im Herrn. Ich betone es noch einmal: Freut euch!“ (Philipper 4,4).

Nur so zum Spaß

Wir sind sehr dankbar für die nachfolgend geschilderte Entwicklung, aber wahrscheinlich hatte die Hauptfigur in dieser wahren Geschichte eher Probleme damit, seinen Beitrag für die Weltgeschichte zu feiern:

> Captain Edward A. Murphy Junior arbeitete 1949 als Ingenieur für die Luftwaffe der USA. Er entwickelte einen Gurt für einen Schlitten mit Raketenantrieb, der schneller als der Schall fahren sollte. Dabei testete er, wie viel Beschleunigung und Entschleunigung ein menschliches Wesen aushalten konnte. Der Test ging schief und der Testpilot des Schlittens (Major John Paul Stapp) erblindete für eine kurze Zeit, weil – wie Murphy später herausfand – der Gurt verkehrt herum angebracht worden war.
>
> Verärgert machte Murphy eine abfällige Bemerkung und sagte: „Wenn es mehrere Möglichkeiten gibt, etwas zu tun, und eine davon schiefgehen kann, so wird jemand diese Möglichkeit wählen.“ Seine Kollegen hörten ihn und griffen diesen Spruch auf. Es dauerte nicht lange und „Murphys Gesetz“ verbreitete sich, bis es sprichwörtliche Berühmtheit erlangte.

Kapitel 4

Entscheide dich, in Frieden zu leben

„Die Frucht des Geistes aber ist … Friede.“
Galater 5,22 (ELB)

Der Toyota Prius ist als Hybridauto bekannt geworden, das zwei Elektromotoren mit einem Benzinmotor kombiniert. Auch du bist eine komplexe Schöpfung, die aus vielen ineinander verzahnten „Systemen“ besteht, durch die Energie, Konzentration und dein innerer Antrieb entstehen. Wenn du herausfindest, wie du tickst, und dir eine Reihe von Werkzeugen aneignest, mit denen du das Beste aus deiner einzigartigen Persönlichkeit herausholst, wirst du mehr erreichen können. In diesem Kapitel lernst du etliche Werkzeuge und Methoden kennen, um dich selbst zu entdecken und bewusster wahrzunehmen.

Es ist wie bei einem Auto: Wenn deine Systeme funktionieren, läuft in deinem Leben alles rund und wie geschmiert. Wenn jedoch eines dieser Systeme einen Defekt hat oder du es falsch anwendest, wird das Leben anstrengend oder du hast das Gefühl, nicht voranzukommen. Wenn Warnleuchten dir sagen, dass etwas nicht stimmt, musst du genau Bescheid wissen, wie Gott dich gemacht hat, damit du in deinem Leben Anpassungen vornehmen kannst und dann alles wieder rund läuft.

Die „Systeme“, durch die dein Leben maximale Leistung erreicht, sind gleichermaßen simpel und ausgeklügelt. Sie sind so simpel, dass du sie direkt anwenden kannst. Gleichzeitig sind sie jedoch auch so ausgeklügelt, dass du den Rest deines Lebens damit verbringen und sehr viel Aufwand betreiben kannst, um herauszufinden, wie sie nun genau funktionieren. Dieses Kapitel ist die einfache, benutzerfreundliche Variante für einen schnellen Überblick, aber wir geben auch einige Tipps für weiterführende Literatur, wenn du tiefer in ein Thema eintauchen möchtest.

Die Bibel erinnert uns daran, dass wir „herrlich und ausgezeichnet gemacht" sind (Psalm 139,14). Gott zeigte dem Propheten Jeremia, dass seine Bestimmung bereits vor seiner Geburt von Gott geplant wurde:

> „Ehe ich dich im Mutterleib bildete, habe ich dich erkannt, und ehe du aus dem Mutterschoß hervorkamst, habe ich dich geheiligt; zum Propheten für die Nationen habe ich dich eingesetzt." (Jeremia 1,5; ELB)

Und in den Sprüchen wird Eltern zugesichert:

> Gewöhne den Knaben an den Weg, den er gehen soll, so wird er nicht davon weichen, wenn er alt wird! (Sprüche 22,6; SLT)

Die Formulierung „den Weg, den er gehen soll" kann auch mit „gemäß seiner von Gott geschenkten Veranlagung" übersetzt werden. Jeder von uns hat einzigartige, von Gott geschenkte Neigungen. Wir ticken auf eine bestimmte Weise, damit wir Gott vollkommen mit unserem Leben ehren können. In 1. Korinther 6,20 und 10,31 werden wir daran erinnert, dass Gott eine Menge investiert hat, damit sein Plan in uns zur Entfaltung kommt: „Gott hat einen hohen Preis für euch bezahlt. Deshalb ehrt Gott mit eurem Leib! (...) Was immer ihr esst oder trinkt oder tut, das tut zur Ehre Gottes!" Der Kirchenvater Irenäus von Lyon drückte diesen Gedanken so aus: „Die Herrlichkeit Gottes ist der lebendige Mensch."

Geschaffen, um Gott zu preisen

Das Ziel besteht also darin, wirklich lebendig zu sein – und zwar so, wie es der Art entspricht, wie Gott dich geschaffen hat. Wenn du den Stress in deinem Leben reduzierst, wirst du erfolgreicher sein. Wenn du in Überstimmung und Harmonie mit der Art lebst, wie du geschaffen wurdest, wirst du von Frieden erfüllt. Menschen geraten nicht in Stress, weil sie zu viel tun. Sie geraten in Stress, weil sie zu viele Dinge tun, für die sie nicht geschaffen wurden. Wenn man sein Leben auf eine Art führt, die einem nicht entspricht, richtet man sich eher nach den Erwartungen anderer Menschen und hat Angst zu versagen. Jeder von uns muss sich in vielen verschiedenen Bereichen zurechtfinden können, aber wenn man das auf die Art tut, die einem am besten liegt, ist das Leben weniger stressig, wesentlich produktiver und auf jeden Fall angenehmer.

Dein innerer Antrieb

Für das Leben braucht man eine Menge Energie – durch unsere Arbeit und unsere Beziehungen werden ständig Ansprüche an unsere Zeit und unsere Fähigkeiten gestellt. Wenn diese Ansprüche sich mit deinem natürlichen inneren Antrieb decken, bleibt der Stress überschaubar und du schöpfst das Maximum an Effektivität aus. Doch wenn du keinen natürlichen inneren Antrieb hast, wie du diesen Ansprüchen begegnen sollst, erhöht sich der Stresspegel und du bist weniger effektiv. Je mehr du deinem natürlichen inneren Antrieb gemäß handelst, umso zufriedener wirst du in deinen Beziehungen und deinem Leben sein. Darunter fallen folgende Dinge:

- dein Temperament,
- dein Ansatz, um Konflikte zu lösen,
- dein Lernstil,
- deine Liebessprache,
- deine Geschwisterkonstellation,
- deine Art, auszuruhen und neue Kräfte zu sammeln,
- deine einzigartige Gabe,
- deine Art, mit Finanzen umzugehen,
- dein Erziehungsstil.

Nun sehen wir uns diese einzelnen Punkte genauer an.

Dein Temperament

Dein Temperament bestimmt darüber, wie du im Leben handelst. Man kann leicht herausfinden, was für ein Temperament man hat, wenn man sich die folgenden beiden Fragen stellt: „Bin ich eher extrovertiert oder introvertiert?" und „Bin ich eher beziehungs- oder aufgabenorientiert?"

Introvertierte Menschen haben eine Innenperspektive auf das Leben. Ihre zentralen Fragen lauten: „Fühle ich mich mit dir verbunden?", „Füllt diese Arbeit mich wirklich aus?", „Habe ich das Gefühl, Gott nah zu sein?". Introvertierte Menschen denken erst, bevor sie etwas sagen. Manchmal denken sie sehr lange nach.

Extrovertierte Menschen haben eine Außenperspektive auf das Leben. Sie fragen: „Investiere ich genug Zeit in die Arbeit, um Karriere zu machen?", „Verbringe ich genug Zeit mit den Dingen, die mir wirklich wichtig sind?", „Pflege ich meine Beziehungen?" Extrovertierte Menschen neigen dazu, einfach zu sagen, was sie denken; sie denken laut.

Zu welchem Typ gehörst du? Hast du eher eine Außen- oder Innenperspektive auf das Leben?

Aufgabenorientierte Menschen sind sehr gut darin, Sachen zu Ende zu bringen. Wenn sie sich entscheiden müssen, ob sie Zeit mit Menschen verbringen wollen oder lieber eine Aufgabe zu Ende bringen möchten, entscheiden sie sich für die Aufgabe, weil sie denken: *Allen wird es besser gehen, wenn wir das erledigt haben.*

Beziehungsorientierte Menschen blühen auf, wenn sie Zeit mit anderen Menschen verbringen. Auch sie können Sachen zu Ende bringen, aber sie werden leicht abgelenkt, wenn andere Leute in ihrer Nähe sind, weil sie ernsthaft wissen wollen, wie es diesen Menschen geht. Sie glauben fest daran, *dass alles erledigt wird, wenn alle gut miteinander auskommen.*

Welcher Typ bist du? Bist du eher aufgaben- oder beziehungsorientiert?

Wenn man diese beiden Kategorien miteinander verbindet, erhält man vier grundlegende Temperamenttypen, die in der Abbildung auf Seite 110 zu sehen sind.

Ein griechischer Philosoph hat die Begriffe *sanguinisch, cholerisch, melancholisch* und *phlegmatisch* für diese vier Temperamente geprägt. Bei den Anmerkungen sind eine Reihe weiterführender Bücher zu diesem Thema angegeben. Es wäre schön, wenn du dir eines davon aussuchst, und, wenn möglich, lass deine Eltern und Geschwister den Test machen, um ihren Persönlichkeitstyp herauszufinden. Wir werden im Folgenden die leicht zu merkenden Begriffe von Florence Littauer verwenden und ergänzen, was die einzelnen Temperamente antreibt und motiviert.

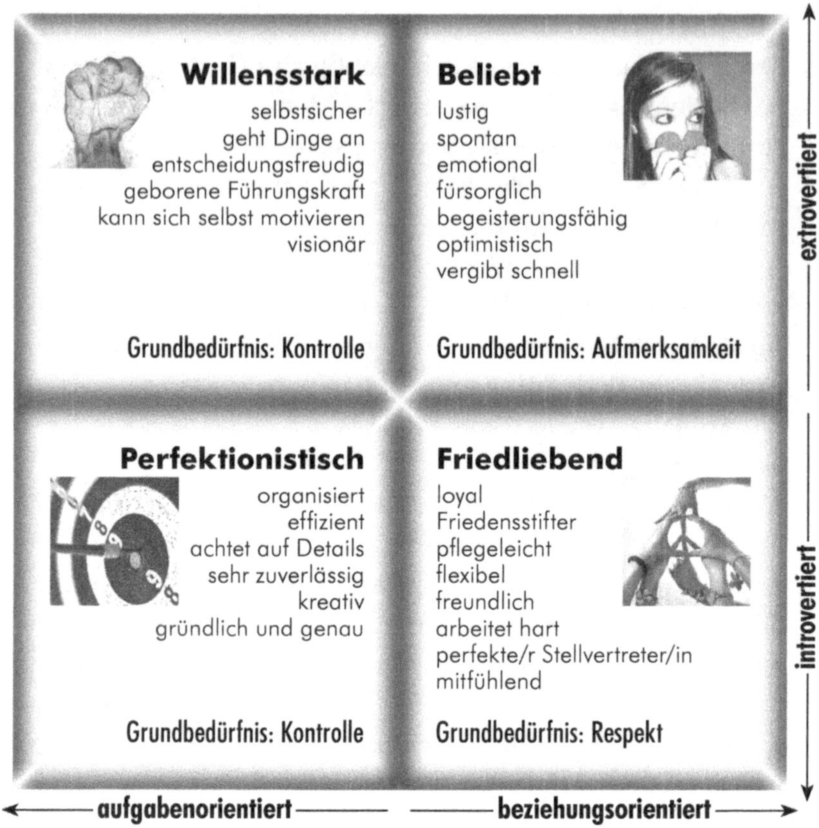

- *willenstark* (cholerisch) – Grundbedürfnis: Kontrolle ausüben; extrovertiert/aufgabenorientiert
- *beliebt* (sanguinisch) – Grundbedürfnis: mit Menschen zusammen sein; extrovertiert/beziehungsorientiert
- friedliebend (phlegmatisch) – Grundbedürfnis: Frieden halten; introvertiert/beziehungsorientiert
- perfektionistisch (melancholisch) – Grundbedürfnis: Perfektion; introvertiert/aufgabenorientiert

Wenn du als Erwachsener einen Persönlichkeitstest machst, solltest du dabei daran zurückdenken, wie du warst, als du sieben oder acht Jahre alt warst. Oft haben wir Erwachsene gelernt, unser wahres Selbst zu verstecken, weil wir anderen Menschen gefallen wollen. Oder positiver ausgedrückt: Wir haben die Fähigkeiten erlangt, um unsere vermeintlichen Schwächen abzumildern, damit wir mehr wie Jesus werden. (Jesus hätte natürlich die Stärken aller Persönlichkeiten und keine ihrer Schwächen.)

DIE WILLENSSTARKEN

Choleriker sind extrovertierte, aufgabenorientierte, entscheidungsfreudige Menschen und geborene Führungskräfte. Der DISG-Test gebraucht für sie das Wort „dominant". Gary Smalley und John Trent bezeichnen sie in ihrem Buch *The Two Sides of Love: Using Personality Strengths to Greatly Improve Your Relationships* („Die zwei Seiten der Liebe – Wie man seine persönlichen Stärken nutzt, um seine Beziehungen nachhaltig zu verbessern") als „Löwen", da sie liebend gern die Verantwortung tragen.

Ihr primäres Defizit sind mangelnde Sensibilität im Umgang mit anderen Menschen und eine rechthaberische Haltung. Sie konzentrieren sich so sehr auf die vor ihnen liegende Aufgabe, dass sie manchmal auf dem Weg zum Ziel andere Leute überrollen. Ihr Grundbedürfnis ist es, Kontrolle über wichtige Lebensentscheidungen auszuüben. Sie treffen gern Entscheidungen.

Am leichtesten motiviert man einen Choleriker, wenn man ihn Entscheidungen treffen lässt. Diese willensstarke Persönlichkeit liebt es, eine Gruppe zu leiten oder der Chef zu sein. Ohne diese willensstarken Persönlichkeiten würde die Welt wohl aufhören sich zu drehen, weil Choleriker die treibenden Kräfte hinter den meisten langfristigen Zielen und Träumen sind. Andere Menschen haben vielleicht auch große Träume, aber die Willensstarken setzen sie auch in die Tat um.

Cholerikern ist es wichtig, Unterstützung aus ihrem Umfeld zu erhalten, was im Kern bedeutet, dass sie sagen, wo es langgeht – und die anderen mitziehen! Auf ihrem Schreibtisch stünde eine Karte mit dem Spruch: *Ich bin nicht rechthaberisch, meine Ideen sind einfach besser.*

Die Stärken des willensstarken Temperaments – ein Choleriker …

- ist selbstsicher,
- packt Dinge an,
- ist entscheidungsfreudig,
- ist eine Führungspersönlichkeit,
- kann sich selbst motivieren,
- ist visionär.

Die Schwächen des willensstarken Temperaments – ein Choleriker …

- ist fordernd,
- ist getrieben,
- bekommt Wutanfälle,
- ist ichbezogen.

Kinder mit diesem Temperament sagen zum Beispiel Folgendes:

> „Riskier etwas. Ich meine, wenn du ein Mädchen magst und nicht weiß, ob sie dich mag, frag sie, ob sie mit dir ausgehen will, und schau einfach, was geschieht. Ich mochte mal ein Mädchen und habe sie gefragt. Sie hat Nein gesagt und hasst mich jetzt, aber dieses Risiko bin ich eingegangen." (Bruce, 13 Jahre alt)

> „Wenn ich mit dem Kindergarten fertig bin, suche ich mir eine Frau." (Tom, 5 Jahre)

> „Vergiss nie den Namen deiner Ehefrau. Das versaut sonst die Liebe." (Roger, 8 Jahre)

Merkst du, wie direkt sie sind? Sie lieben es, den Ton anzugeben!

DIE BELIEBTEN

Der zweite extrovertierte Typ ist der beziehungsorientierte Sanguiniker. Smalley und Trent bezeichnen diese Menschen als „Otter", da sie es einfach lieben, Spaß zu haben. Das DISG-Profil bezeichnet sie als „initiativ". Sie sind kreativ, spontan und kommen bestens mit Menschen zurecht. Ihre Hauptschwäche ist ein mangelndes Durchhaltevermögen. (Wenn es keinen Spaß macht, warum sollte ich dann überhaupt erst damit anfangen?) Sie lieben Partys, daher machen sie auf die anderen Persönlichkeiten einen oberflächlichen und gedankenlosen Eindruck.

Ihr innerer Antrieb sind hauptsächlich andere Menschen und Anerkennung. Alles, was sie wollen, ist ein kleines bisschen Aufmerksamkeit – okay, eigentlich sehr viel Aufmerksamkeit –, und dafür würden sie alles tun. Wenn du einen

Sanguiniker motivieren möchtest, verknüpfe seine Aufgabe mit einem anderen Menschen oder mache eine Party daraus, und schon ist er dabei. Ohne diese beliebten Persönlichkeiten hätten viele von uns weniger Freunde. Menschen mit einem beliebten Temperament machen die Welt zu einem schöneren Ort.

Die Stärken des beliebten Temperaments –
ein Sanguiniker …

- ist lustig,
- ist spontan,
- ist emotional,
- ist fürsorglich,
- ist begeisterungsfähig,
- ist optimistisch,
- vergibt schnell.

Die Schwächen des beliebten Temperaments –
ein Sanguiniker …

- ist unzuverlässig,
- ist chaotisch,
- hat eine kurze Konzentrationsspanne,
- nimmt Dinge nicht ernst genug.

Kinder mit diesem Temperament sagen zum Beispiel Folgendes:

> „Ein Realist hat wohl öfter recht als ein Optimist. Aber der Optimist hat oft mehr Freunde und mehr Spaß." (Megan, 14 Jahre alt)

> „Wenn du von jemandem geliebt werden willst, der nicht zu deiner Familie gehört, schadet es nichts, wenn man hübsch ist." (Jeanne, 8 Jahre)

> „Es geht nicht nur darum, wie man aussieht. Schau mich an – ich sehe so unglaublich gut aus und habe noch niemanden gefunden, der mich heiraten will." (Gary, 7 Jahre)

> „Menschen, die sich lieben, starren sich einfach nur an und dabei wird ihr Essen kalt. Den anderen Leuten ist ihr Essen wichtiger." (Brad, 8 Jahre)

> „Sie lieben sich, wenn sie einen Nachtisch bestellen, der brennt. Sie bestellen so etwas gern, denn genauso sieht es in ihren Herzen aus … sie brennen vor Liebe." (Christine, 9 Jahre)

Merkst du, wie lustig und freundlich sie sind? Sie führen ihr Leben mit sehr viel Gefühl!

DIE FRIEDLIEBENDEN

Phlegmatiker (von Smalley und Trent „Golden Retriever" genannt) sind introvertierte, freundliche, solide, schlichte, einfache, stark harmoniebedürftige Menschen. Das DISG-Profil nennt sie „stetig". Diese friedliebenden Persönlichkeiten werden von allen geliebt. Man kommt mit ihnen sehr gut zurecht, weil ihr Lebensziel darin besteht, nur keinen Staub aufzuwirbeln. Alle mögen die Golden Retriever, es sei denn, es muss etwas erledigt oder entschieden werden oder man hat es eilig. Dann können sie einen verrückt machen!

Das Lieblingslied der friedliebenden Persönlichkeit wäre wohl am ehesten Otis Redding's „Respect". Alles, was dieser Mensch will, ist ein bisschen Respekt. Wenn du einer phlegmatischen Person Wertschätzung und Respekt zeigst, wird sie fast alles für dich tun. Es dauert vielleicht etwas, aber sie wird es zu Ende bringen. Die meisten von uns würden ohne diese geborenen Vermittler untergehen.

Stärken des friedliebenden Temperaments –
ein Phlegmatiker …

- ist loyal,
- ist ein Friedensstifter,
- ist pflegeleicht,
- ist flexibel,
- ist freundlich,
- arbeitet hart,
- ist der/die perfekte Stellvertreter/in,
- ist mitfühlend.

Schwächen des friedliebenden Temperaments –
ein Phlegmatiker …

- ist unter Umständen wenig begeisterungsfähig,
- ist ein Stubenhocker,
- ist orientierungslos,
- kann unter Umständen passiv-aggressiv erscheinen.

Kinder mit diesem Temperament sagen zum Beispiel Folgendes:

> „Glaub nicht, dass das Leben leicht ist, denn wenn du älter bist, ist es harte Arbeit. Ich dachte mal, das Leben wäre leicht, und nun muss ich jeden Tag beim Abwasch helfen." (Nick, 9 Jahre alt)

> „84 ist ein gutes Alter, um zu heiraten, weil man dann nicht mehr arbeiten muss und seine ganze Zeit damit verbringen kann, den anderen im Schlafzimmer zu lieben." (Judy, 8 Jahre)

DIE PERFEKTIONISTISCHEN

Die melancholische Persönlichkeit ist introvertiert und aufgabenorientiert. Die meisten großen Künstler und Musiker besitzen diese Persönlichkeit. Sie sind kreativ und wollen die Dinge richtig machen. Sie haben die Geduld, um ihre Sache hervorragend zu erledigen. Ihr Perfektionismus kann andere Menschen, insbesondere die Sanguiniker, verrückt machen. Ein Sanguiniker sagt einem Melancholiker ständig: „Sei doch mal locker!"

Aber sie können sich nicht einfach locker machen. Die Welt ist für sie schwarz und weiß und muss dringend repariert werden. Sie entwickeln schneller eine negative Einstellung und werden leichter depressiv, weil für sie das Glas halb leer ist und ihnen all die unfertigen Dinge im Leben ins Auge fallen.

Smalley und Trent nennen diese Leute „Biber", da sie hart arbeiten und eine Sache zu Ende bringen. Der DISG-Test bezeichnet sie als „gewissenhaft". Sie denken ständig nach und entwickeln Gedanken stetig weiter.

Daher sollte man solchen Leuten sehr wenig Versprechen geben, sonst verliert man seine Glaubwürdigkeit. Wenn ihr euch für 18 Uhr verabredet, sei besser um die Zeit dort. Wenn du erst um 18.20 Uhr auftauchst, bist du nicht nur spät dran, sondern hast gelogen. Die perfektionistische Persönlichkeit versteht die meisten Dinge wörtlich. Ohne perfektionistische Menschen wäre die Welt noch viel fehlerhafter. Ampeln wären nicht aufeinander abgestimmt. Ohne sie versänken wir im Chaos!

Stärken des perfektionistischen Temperaments –
ein Melancholiker …

- ist organisiert,
- arbeitet effizient,
- achtet auf Details,
- ist sehr zuverlässig,
- ist kreativ,
- ist gründlich und genau bei allem, was er tut (Musik machen, Körperpflege, Reparieren, Programmieren, Korrigieren).

Schwächen des perfektionistischen Temperaments – ein Melancholiker …

- ist unflexibel,
- ist nachtragend,
- ist stur,
- hat eine negative Einstellung.

Kinder mit diesem Temperament sagen zum Beispiel Folgendes:

> „Gib niemals auf, denn das Leben wird härter, wenn du älter wirst. Nach der Vorschule hat der Lebensweg immer mehr Schlaglöcher." (Angela, 11 Jahre alt)

> „Bei der ersten Verabredung belügen sich die meisten Menschen und dadurch wird bei den meisten das Interesse geweckt, sich ein zweites Mal zu treffen." (Mike, 10 Jahre)

> „Du solltest nie ein Mädchen küssen, wenn du nicht genügend Kohle hast, um ihr einen fetten Ring und einen eigenen DVD-Player zu kaufen, denn sie wird sicher einen Film von der Hochzeit wollen." (Jim, 10 Jahre)

> „Um sich zu verlieben, muss man glaube ich von einem Pfeil oder so etwas getroffen werden, aber der Rest ist so weit ich weiß nicht so schmerzhaft." (Harlan, 8 Jahre)

> „Einer von beiden sollte ein volles Bankkonto haben. Denn auch wenn man voller Liebe ist, muss man viele Rechnungen bezahlen." (Ava, 8 Jahre)

> „Verliebte Menschen halten Händchen, weil sie sichergehen wollen, dass ihre Ringe nicht vom Finger rutschen, weil sie viel Geld für sie bezahlt haben." (Dave, 8 Jahre)

Wie du siehst, sind sie sehr praktisch und manchmal auch etwas zynisch, aber sie achten auf die Details!

Die vier Temperamente und Beziehungen

Wir neigen dazu, Freundschaften mit Leuten zu schließen, die ein ähnliches Temperament wie wir haben. Wir verlieben uns in Menschen, die genau das gegenteilige Temperament von uns haben, und in beruflicher Hinsicht entwickeln wir uns dort am besten, wo alle vier Temperamente vertreten sind.

Da ich (Pam) sanguinisch-cholerisch bin, habe ich Ideen en masse und bin überzeugt, dass sie natürlich alle großartig sind, da sie schließlich mir eingefallen sind. Den Kopf voller Ideen bin ich bereit, die Segel zu setzen. Ich fühle mich am wohlsten unter Freunden, die offen für Neues sind und ein schnelles Lebenstempo haben. Unsere Unterhaltungen spielen sich in Rekordzeit ab und an einem Nachmittag haben wir mehr Ideen, wie wir die Welt verändern könnten, als die meisten Leute während ihres ganzen Lebens. Wir wissen dabei, dass wir die meisten dieser Ideen nicht in die Tat umsetzen werden, aber darüber nachzudenken ist einfach ein tolles Gefühl.

In der Liebe ist das eine völlig andere Sache. Ich fühlte mich zu Bill hingezogen, der in erster Linie friedliebend ist und in zweiter Linie perfektionistisch. Manchmal frustriert mich seine vorsichtige Herangehensweise, aber ich sehe, dass er besser als ich Prozesse anstoßen kann. Er hilft mir dabei, meine Ideen objektiv zu betrachten und mehr aus ihnen herauszuholen, als mir selbst möglich gewesen wäre. Ich merke auch, dass ich in seiner Gegenwart ruhiger bin, aber wenn ich immer in seinem Tempo leben müsste, würde ich bald unruhig werden. Wenn er nicht da ist, verabrede ich mich öfter mit Freunden, aber ich muss dann auch sorgfältiger darauf achten, dass ich durch meine unüberlegte Art keine Fehler mache – sie könnten sonst tragisch enden.

Denk mal darüber nach: Du wirst in deinem Leben wesentlich mehr erreichen, wenn du dich mit Menschen umgibst, die andere Fähigkeiten, Gaben, Eigenschaften und innere Antriebe haben als du selbst. Gemeinsam könnt ihr euch ergänzen und ein tolles Team bilden.

Manche Singles sehen diesen Punkt anders, weil sie der Meinung sind, dass Menschen mit dem entgegengesetzten Temperament einen verrückt machen! Unterschiede werden manchmal als Schwächen wahrgenommen, daher kehren diese Singles genau den Menschen den Rücken, die ihr Leben am stärksten bereichern könnten, einfach weil sie so ganz anders sind. Schließe deshalb Freundschaften mit Menschen, die anders auf das Leben reagieren als du.

Als Vorgesetzte brauche ich (Pam) nicht noch mehr Leute, die viele neue Ideen haben, da ich bereits genug Ideen habe, mit denen ich mein Team auf Trab halte. Stattdessen brauche ich Kollegen, die „perfektionistisch" sind und so sicherstellen, dass die Dinge gut und auf die richtige Weise erledigt werden. Außerdem sind für mein Team „beliebte" Menschen wichtig, die darauf achten, dass während dieses Prozesses genug auf das Wohlergehen der beteiligten Personen geachtet wird, und „friedliebende" Temperamente, die still im Hintergrund dienen und ein loyales Team aufbauen.

Also, wer bist du? Wie hat Gott deine Persönlichkeit angelegt?

Dein Persönlichkeitsprofil[7]

Mein Temperament ist überwiegend (kreuze an):

☐ beliebt ☐ willensstark

☐ friedliebend ☐ perfektionistisch

Mein sekundäres Temperament ist (kreuze an):

☐ beliebt ☐ willensstark

☐ friedliebend ☐ perfektionistisch

Meine beste Charaktereigenschaft ist

______________________________________.

An dieser negativen Charaktereigenschaft sollte ich arbeiten: ______________________________.

In meinem Umfeld brauche ich mehr Leute mit folgendem Temperament: ________________________.

Für eine Beziehung sollte ich mir jemanden mit einem entgegengesetzten Temperament aussuchen, und zwar:

______________________________________.

Dein Ansatz, um Konflikte zu lösen

David und Claudia Arp haben einen einfachen Ansatz entwickelt, mit dessen Hilfe man sich leicht bewusst machen

7 Weiterführende Literatur:
Florence Littauer (2002; 24. Auflage): Einfach typisch. Die vier Temperamente unter der Lupe. Gerth Medien, Asslar
Friedbert Gay (2001; 3. Auflage): Persönliche Stärke ist kein Zufall. Das persolog-Persönlichkeitsprofil für engagierte Christen. Persolog, Remchingen
Lothar Seiwert, Friedbert Gay (2004): Das neue 1x1 der Persönlichkeit. Graefe und Unzer, München

kann, wie man mit Konflikten umgeht.[8] Welchem der folgenden Tiere bist du am ähnlichsten, wenn du dich mitten in einem Konflikt befindest? Bist du ein/eine …

Schildkröte – der Konfliktmuffel? Schildkröten ziehen sich mit ihrem Kopf in ihren Panzer zurück, wenn sie spüren, dass Gefahr im Verzug ist. Vielleicht gehst du einfach aus dem Raum, wenn es zu Streit kommt, oder du ziehst dich innerlich völlig in dich zurück und klinkst dich aus der Unterhaltung aus.

Stinktier – der Angreifer? Schießt du zurück, wenn du dich bedroht fühlst? Wirst du sarkastisch, machst du dein Gegenüber mit Worten fertig oder greifst du zu noch härteren Mitteln, um deinen Kopf durchzudrücken?

Chamäleon – der Anpasser? Änderst du deine Meinung, um eine Diskussion oder ein Drama zu vermeiden? Das Chamäleon steht in der Gefahr, Dinge hinunterzuschlucken, die sich dann in ihm aufstauen. Wenn es dem Chamäleon schließlich zu viel geworden ist, ergreift es die Flucht und man sieht es nie wieder.

Eule – die Intellektuelle? Wenn es in einer Beziehung zu Konflikten kommt, schaltet sie ihre Gefühle ab. Vielleicht sprichst du auf intellektueller Ebene über eine Sache oder gibst einen Rat oder deine Meinung wieder, aber deine Sätze beginnen sehr selten mit: „Ich fühle mich dabei …"

Gorilla – der Sieger? Dir ist jedes Mittel recht, um zu gewinnen: Manipulation, Einschüchterung oder körperliche Gewalt. Du führst in deinem Kopf eine Liste mit alten Beleidigungen und Verletzungen, die du zu gegebener Zeit hervorholst. Nur selten sagst du: „Es tut mir leid."

Es kann sehr hilfreich sein zu wissen, wie du typischerweise reagierst, wenn du dich verletzt, betrogen oder ange-

---

8 Claudia und David Arp (2008): 10 Great Dates … für eine prickelnde Partnerschaft. Brunnen, Gießen

griffen fühlst. Kennst du erst einmal deine Standardreaktion, dann kannst du unmittelbar darauf reagieren oder zumindest deine Reaktion abmildern.

Ich (Pam) bin der Typ „Stinktier", daher entspricht es meiner natürlichen Neigung, zurückzuschlagen und anzugreifen, wenn ich glaube, dass ich scheitern könnte, oder wenn mich jemand beschuldigt. Doch ich möchte mehr wie Jesus werden, deshalb habe ich mir Antworten zurechtgelegt, die ruhiger und freundlicher ausfallen als meine gefühlsgesteuerte Reaktion. Ich sage diese Antworten, wenn jemand mich verletzt hat und mir danach ist, zurückzuschießen.

Ich (Bill) bin wie eine Schildkröte, die sich leicht aus einem Gespräch zurückziehen kann. Ich habe die Entscheidung getroffen, mich nicht zurückzuziehen, auch wenn mir in der Situation danach ist, sondern ich möchte mich noch stärker auf den Konflikt einlassen, eine Lösung suchen und Fragen stellen, damit ich den anderen besser verstehen kann.

Dein Profil im Umgang mit Konflikten[9]

> Bei Konflikten bin ich ein(e) ______________________,
> also würde Folgendes mir helfen, den Konflikt zu entschärfen: ______________________.

9 Weiterführende Literatur:
Henry Cloud, John Townsend (2012; 15. Auflage): Nein sagen ohne Schuldgefühle. Gesunde Grenzen setzen. SCM Hänssler, Holzgerlingen
John M. Gottman (2002): Die 7 Geheimnisse der glücklichen Ehe. Ullstein, Berlin
Johannes Stockmayer (2004): Nur keinen Streit vermeiden. Ein Konflikttraining für Christen. C & P Verlags-GmbH, Glashütten
Gary Chapman (2008): Streithähne und Turteltauben. An Konflikten reifen. Verlag der Francke-Buchhandlung, Marburg
Dominik Klenk (2009): Besser streiten. Konflikte austragen statt nachtragen. Brunnen, Gießen

Dein Lernstil

In *Lernen ist kein Kinderspiel*[10] beschreibt die Lehrerin Cynthia Tobias, wie verschiedene Menschen sich Informationen merken:

Auditive Merktypen können sich Informationen am besten merken, wenn sie sie hören.

Visuelle Merktypen können sich Informationen am besten merken, wenn sie sie sehen.

Kinästhetische Merktypen lernen am besten durch Erfahrung oder Berührung.

Wenn du nicht mehr zur Schule gehst, denkst du vielleicht, dass es nicht so wichtig ist, welchen Lernstil du hast. Denke aber mal darüber nach, wie du am besten Informationen aufnimmst, um eine fundierte Entscheidung zu treffen, oder wie du etwas Neues lernst, das dein Leben bereichert. Manche Menschen brauchen Tabellen, andere Hörbücher und wieder andere müssen die verschiedenen Möglichkeiten durchgehen oder erleben.

Dein Lernprofil

Ich lerne am besten, indem ich (kreuze an):

☐ höre ☐ sehe ☐ Sachen tue

Deine Liebessprache

In diesem Zusammenhang empfehlen wir dir Gary Chapmans Buch *Die fünf Sprachen der Liebe*[11]. Alle der folgenden Ausdrucksformen der Liebe sind gleichwertig, aber jeder von uns hat eine Art, auf die er Liebe von seinem Partner, seinen Freunden und seiner Familie am liebsten gezeigt bekommt. Wenn du dich entscheiden müsstest, wie würdest du gern Liebe und Zuneigung bekommen?

---

10 Erschienen 1996 bei Schulte & Gerth, Asslar (nur noch antiquarisch erhältlich)

11 Erschienen 2008 (5. Auflage) im Verlag der Francke-Buchhandlung, Marburg

Lob und Anerkennung – wenn andere dir nette Dinge sagen

Zärtlichkeit – wenn andere dich umarmen oder dir auf den Rücken klopfen

Zweisamkeit – wenn andere Zeit mit dir verbringen

Hilfsbereitschaft – wenn andere bereit sind, dir einen Gefallen zu tun

Geschenke – wenn andere dir Dinge schenken (Kleinigkeiten oder teure Geschenke)

An dieser Stelle eine kleine Warnung: Wenn du mit jemandem zusammen bist und ihr beide Liebe gern durch Zärtlichkeit gezeigt bekommt, passt gut auf! Es könnte schwierig für euch werden, mit dem Sex bis zur Ehe zu warten. Ihr solltet auch die zweite Liebessprache des anderen kennen, sodass ihr euch darauf konzentrieren könnt, einander eure Liebe auf diese Art zu zeigen, während ihr noch nicht verheiratet seid.

Wenn du in jemanden verliebt oder mit jemandem zusammen bist und herausfinden willst, was seine Liebessprache ist, probier es mal folgendermaßen:

1. *Höre aufmerksam zu und beobachte.* Erzählt er/sie von Komplimenten, die andere ihm/ihr gemacht haben? Zeigt er/sie dir Geschenke, die ihm/ihr gemacht wurden? Erzählt er/sie dir, wie ein Freund sich für ihn/sie Zeit genommen oder wie er ihm/ihr aus der Klemme geholfen hat? Oder umarmt er/sie jeden, den er/sie trifft?

2. *Probier es aus.* Gebrauche jede Liebessprache und warte die Reaktion ab. Mache ein Kompliment, umarme ihn/sie oder klopf ihm/ihr anerkennend auf den Rücken, nimm dir Zeit, einfach nur zuzuhören, hilf ihm/ihr, indem du ihm/ihr einen Gefallen tust, mache ihm/ihr ein sorgfältig ausgesuchtes Geschenk. Auf welche Sprache erhältst du die beste Reaktion? Wovon hat dein/e potenzielle/r Partner/in anderen Leuten erzählt?

Die Liebessprache von anderen herauszufinden ist auch eine super Sache, die man als Familie machen kann. Verteile bei einem Familientreffen den Liebessprachentest (im Buch von Gary Chapman zu finden). Meine Söhne wissen, dass bei mir (Pam) an oberster Stelle Hilfsbereitschaft und Lob und Anerkennung stehen. Dadurch sparen sie eine Menge Geld! Wenn sie mir eine Karte mit lieben Worten zum Geburtstag oder zu Weihnachten schenken, treffen sie genau ins Schwarze. Aber meine erste Liebessprache ist Hilfsbereitschaft und es ist gar nicht so einfach, sie zu sprechen. Oft ergibt sich eine Gelegenheit, wenn ich in einer misslichen Lage stecke oder ich Menschen brauche, die bei einem Umzug oder einer Veranstaltung mit anpacken.

Einmal stellte ich meinen Sohn Brock einigen Freunden vor, die kürzlich auf einem Seminar von mir gewesen waren. Sie sagten zu ihm: „Es muss toll sein, Pam als Mutter zu haben. Sie ist so lustig!" Brock sah sie verwundert an und erwiderte: „Lustig? Meine Mutter? Äh, nein. Wenn meine Mom dich liebt, lässt sie dich arbeiten." Und da ist was Wahres dran – ich delegiere Aufgaben nur an Menschen, die ich sehr schätze und zu denen ich großes Vertrauen habe, also an die, die ich liebe!

Meine alleinstehende Nichte lebte ein Jahr lang bei uns, und als sie einzog, machten wir alle den Liebessprachentest. Bill, mein Sohn Caleb und meine Nichte entdeckten, dass sie alle „Zweisamkeit" als erste Liebessprache hatten. Mir wurde angst und bange!

Ich wusste, dass ich niemals ihrem Bedürfnis nach gemeinsamer Zeit gerecht werden konnte. Also sagte ich: „Nun schaut euch dieses Ergebnis an. Ich werde diese Erwartung nicht erfüllen können. Ich verspreche, dass ich jedem von euch so viel Zeit wie möglich schenken werde, aber ihr alle müsst euch dafür entscheiden, dem Bedürfnis der anderen in dieser Hinsicht entgegenzukommen." Sie nahmen sich das Gott sei Dank zu Herzen und es lief besser in unserem Haus, als es wohl sonst der Fall gewesen wäre.

Wenn man weiß, was einen antreibt, welche Liebessprache man hat und welchen Ansatz für Konfliktlösungen, dann hilft einem das auch bei Wohngemeinschaften und Mitbewohnern. Das gemeinsame Leben ist einfacher, wenn du weißt, wie der andere gepolt ist. Auf welche Weise empfängst du gern Liebe?

Dein Liebessprachenprofil[12]

Meine Liebessprache ist
(bitte markiere eine der folgenden Sprachen):

- ☐ Lob und Anerkennung
- ☐ Zärtlichkeit
- ☐ Zweisamkeit – Zeit nur für dich und den anderen
- ☐ Hilfsbereitschaft
- ☐ Geschenke, die von Herzen kommen

Geschwisterkonstellationen

Deine Position in der Familie, in der du aufgewachsen bist, hatte starken Einfluss auf die Person, die du heute bist. Dr. Kevin Leman stellt in seinem Buch *Geschwisterkonstellationen – Die Familie bestimmt Ihr Leben*[13] einen kurzen Test vor, anhand dessen man schnell einen Überblick über die Bedeutung von Geschwisterkonstellationen bekommt.

Welche der folgenden Persönlichkeitsmerkmale treffen am ehesten auf dich zu?

---

12 Weiterführende Literatur:
Gary Chapman, Ross Campbell (2008, 15. Auflage): Die fünf Sprachen der Liebe für Kinder: Wie Kinder Liebe ausdrücken und empfangen. Verlag der Francke-Buchhandlung, Marburg

13 Erschienen 1991 im Claudius-Verlag, München

A. Perfektionistisch, verlässlich, gewissenhaft, jemand, der sich Listen macht, organisiert, zielstrebig, der geborene Anführer, kritisch, ernsthaft, gelehrt, logisch, jemand, der keine Überraschungen mag, aber Computer liebt.
B. Vermittelnd, jemand, der Kompromisse eingeht, diplomatisch, konfliktscheu, unabhängig, fühlt sich seinem – großen – Freundeskreis verpflichtet und ist doch ein Einzelgänger, verschwiegen, nicht verwöhnt.
C. Manipulierend, charmant, gibt anderen die Schuld, Aufmerksamkeitsjunkie, hartnäckig, auf Menschen zugehend, guter Verkäufer, frühreif, gewinnendes Wesen, herzlich, liebt Überraschungen.
D. Im Alter von sieben Jahren bereits ein kleiner Erwachsener, sehr gründlich, reflektierend, Überflieger, eigenmotiviert, ängstlich, vorsichtig, Leseratte, Schwarz-Weiß-Denker, gebraucht oft die Worte „sehr", „besonders" und „genau", kommt nur schwer mit Versagen klar, hat sehr hohe Erwartungen an sich selbst, fühlt sich wohler mit Leuten, die älter oder jünger sind.

Wenn du darauf gekommen bist, dass dieser Test sehr simpel gestrickt ist, weil die Punkte A bis C jeweils die Eigenschaften vom Ältesten bis zum Jüngsten in einer Familie beschreiben, hast du recht. Wenn du A angekreuzt hast, ist es sehr wahrscheinlich, dass du in deiner Familie der/die Erstgeborene bist. Wenn du B gewählt hast, ist es sehr wahrscheinlich, dass du das mittlere Kind bist. Wenn die Beschreibung von C am besten auf dich zutraf, bist du wahrscheinlich der/die Jüngste in der Familie. Und was ist mit D? Darunter fällt das Einzelkind.

Paare, die aus zwei mittleren Kindern bestehen, haben die besten Chancen darauf, dass ihre Liebe lange hält, weil sie daran gewöhnt sind, im Rahmen einer Familie zu verhandeln und Kompromisse einzugehen. Zwei Erstgeborene brauchen viel Beziehungscoaching, weil sie beide sagen wollen, wo es langgeht. Ein Einzelkind ist typischerweise strenger mit sich selbst als andere. Und die Jüngsten in einer Familie neigen dazu, gern im Mittelpunkt zu stehen.

Der Vorzüge von Erstgeborenen ist ihre natürliche Fähigkeit zu leiten.

Die Vorzüge von mittleren Kindern sind ihre Fähigkeiten im Umgang mit Menschen und ihre Eigenschaften als Vermittler.

Die Vorzüge der Jüngsten sind ihre natürlichen Fähigkeiten, andere zu überzeugen und Dinge zu verkaufen.

Die Vorzüge von Einzelkindern sind ihr Fleiß und ihr Fokus auf Spitzenleistungen.

Deine Geschwisterkonstellation[14]

Meine Geschwisterkonstellation sieht so aus:

____________________________________.

Meine beste Eigenschaft, die ich aufgrund meiner Rolle in meiner Herkunftsfamilie entwickelt habe, ist

____________________________________.

Deine Art, auszuruhen und neue Kräfte zu sammeln

Es ist eine wichtige Sache zu wissen, wie wir das Beste aus unserer freien Zeit herausholen – frage einfach mal jemanden, der schon mal mit seinen Freunden in den Urlaub gefahren ist. Für einige bedeutet Entspannung eine Woche voller Aktivitäten wie Wandern, Schwimmen, Golfspielen, Tennisspielen, Radfahren und Kanufahren. Für andere ist

14 Weiterführende Literatur:
Hanna Backhaus (2013): Große Brüder und kleine Prinzessinnen: Geschwisterfolge – Schlüssel zur eigenen Persönlichkeit. Brendow, Moers
Cornelia Mack (2013): Geschwister. Wie sie das Leben prägen. SCM Hänssler, Holzgerlingen

Sport während des Urlaubs die reinste Folter. Die größte Anstrengung, die sie während ihres Urlaubs auf sich nehmen wollen, ist morgens aufzustehen, sich in Strandkleidung zu werfen und den ganzen Tag lang lesend oder schlafend im Liegestuhl zu verbringen. Wieder andere wollen herumreisen und so viele Sehenswürdigkeiten wie möglich abklappern. Und noch andere verbinden mit einem echten Urlaub lange Spaziergänge und tiefe Gespräche. Ihre Freunde wiederum sind genauso glücklich damit, wenn sie allein shoppen gehen und mit Koffern voller Schnäppchen nach Hause zurückkehren.

Bevor du einen Urlaub mit deinen Freunden planst, solltest du wissen, was dir beim Ausruhen hilft und wer von deinen Freunden in diesem Punkt ähnlich tickt. Man kann mit vielen unterschiedlichen Menschen und Vorstellungen von Ausruhen in den Urlaub fahren, *wenn* man im Vorhinein über folgende Frage spricht: „Was muss im Urlaub passieren, damit du entspannt und ausgeruht nach Hause fahren kannst?“ Beschließt dann gemeinsam, einige Zeiten einzuplanen, die ihr als ganze Gruppe verbringt, und viel Zeit für Aktivitäten in kleineren Gruppen oder allein, sodass jeder auf seine Kosten kommt.

Wie ruhst du aus und sammelst neue Kräfte?

Die fleißige Biene: Selbst im Urlaub haben fleißige Bienen eine To-do-Liste dabei. Für einen Urlaub oder einen freien Tag haben sie ein Programm und einen Plan.

Der gesellige Schmetterling: Diese Menschen denken, dass sich im Urlaub alles um Beziehungen dreht, daher ist es für sie völlig in Ordnung, wenn sie bei einem fünftägigen Urlaub jeweils zwei Tage für die Hin- und Rückfahrt opfern, um ihre Verwandten zu sehen.

Die wartende Heuschrecke: Heuschrecken sind Insekten, die den ganzen Tag herumsitzen. Menschen, die so sind, mögen es am liebsten, wenn sie sich im Urlaub oder an einem freien Tag möglichst wenig bewegen müssen. Wenn man ihnen eine Hängematte und ein Buch gibt, sind sie selig.

Die aktive Ameise: Diese Menschen lieben es, an ihrem freien Tag aktiv zu sein und Sport zu machen. Sie fahren Kanu, gehen wandern, sind auf Skiern oder mit dem Snowboard unterwegs oder machen ähnlich aktive Sachen.

Der vollgepackte Marienkäfer: Marienkäfer machen am liebsten begleitete Ausflüge in der Gruppe und überlassen gern den Profis die Planung ihrer Freizeit.

Wenn ihr euch vorher Gedanken über eure Art aufzutanken macht, werdet ihr in eurer freien Zeit weniger streiten und mehr Dinge tun, die wirklich Spaß machen.

Dein persönliches Auftank- und Ausruh-Profil[15]

Meine Art, mich auszuruhen, ist:

____

Der perfekte Urlaub würde für mich so aussehen:

____

Deine einzigartige Gabe

Wir alle haben mindestens eine geistliche Gabe. In dem Moment, in dem du eine Beziehung mit Jesus eingingst, gab Gott dir eine Gabe, damit er durch dein Leben verherrlicht wird. Schau dir einmal die nachfolgende Aufzählung an. Diese Liste enthält nicht alle Gaben, sondern sie soll ein erster Startpunkt für dich sein, um herauszufinden, worin deine Gabe besteht.

---

15 Weiterführende Literatur:
Bill und Pam Farrel (2013, 3. Auflage): Männer sind wie Waffeln – Frauen sind wie Spaghetti. SCM Hänssler, Holzgerlingen

Leitung: Projekte überwachen (Römer 12,8; 1. Korinther 12,5+28)

Kunst und Handwerk: deine Hände gebrauchen, um etwas zu schaffen oder zu bauen, das andere Menschen auf Gott hinweist (2. Mose 30,22-25; 2. Chronik 34,9-13; Apostelgeschichte 16,14; 18,13)

Evangelisation: Wahrheiten des christlichen Glaubens weitergeben, sodass andere dadurch zu einer persönlichen Beziehung mit Gott finden (Apostelgeschichte 5,42; Römer 10,15; Epheser 4,11; 2. Timotheus 4,5)

Ermahnung: andere Menschen ermutigen und sie begleiten, um das Beste in ihnen zum Vorschein zu bringen (Römer 12,8; 1. Korinther 2,1-2; 2. Korinther 9,2)

Geben: ein treuer Verwalter der Gaben sein, die Gott dir anvertraut hat, und sie mit anderen teilen (Markus 12,41-44; Lukas 18,12; Römer 12,8; 2. Korinther 8,1-7)

Helfen und dienen: sich um andere kümmern, indem man hinter den Kulissen mitarbeitet (Markus 2,3-4; Lukas 22,22-27; Römer 12,7; 16,1-2; 1. Korinther 12,28; 1. Timotheus 6,2; 1. Petrus 4,9-10)

Gastfreundschaft: sein Zuhause oder andere Möglichkeiten nutzen, damit andere Menschen sich angenommen und willkommen fühlen (Apostelgeschichte 16,15; 21,16-17; Römer 12,9-13; 16,23)

Fürbitte: viel Zeit und Kraft damit verbringen, für andere zu beten (Apostelgeschichte 12,1-17; 16,25-31; Kolosser 4,12; 1. Timotheus 2,1-8)

Erkenntnis: Wahrheit vermitteln und Menschen dadurch helfen, ein erfolgreiches, ausgewogenes Leben zu führen (Römer 15,14; 1. Korinther 12,8; 13,8)

Leiterschaft: für andere Menschen ein Vorbild sein (1. Timotheus 5,17)

Barmherzigkeit: Mitgefühl zeigen und Nöten begegnen (Lukas 10,33-35; Apostelgeschichte 9,36; 16,33-34; Römer 12,8)

Musik: singen oder ein Instrument spielen, um die Aufmerksamkeit der Menschen auf Gott zu richten (1. Samuel 16,16; 1. Chronik 16,41-42; 2. Chronik 5,12-13)

Prophetie: öffentlich Wahrheit verkünden (1. Korinther 12,10; 13,2; 14,1)

Lehre: anderen Menschen Wahrheiten des christlichen Glaubens erklären und ihnen dabei helfen, sie anzuwenden (Römer 12,7; 1. Korinther 12,28; Epheser 4,11; 1. Timotheus 3,2)

Weisheit: auf umsichtige Weise Erkenntnis vermitteln (2. Chronik 1,11-12; Sprüche 1,2; 2,10)

Schreiben: schriftlich etwas weitergeben und anderen damit helfen, um im Glauben zu wachsen, im Leben voranzukommen oder sich Gott zuzuwenden (Psalm 45,2; Philipper 3,1; 1. Timotheus 3,14-15)

Wenn du herausfinden möchtest, welche Gaben du hast, dann suche dir vier oder fünf aus, die passen könnten, und wende sie an. Du wirst in deinen Gaben bestätigt, wenn andere Menschen durch deinen Einsatz bereichert werden, wenn du beim Gebrauch dieser Gabe mehr Freude am Leben hast oder wenn du etwas Messbares, Nachhaltiges durch dich und deine Gabe entdeckst.

Wenn du dich mit einem/einer potenziellen Partner/in verabredest, ist es sehr wichtig, über diesen Bereich des Lebens zu sprechen, besonders wenn du dir vorstellen könntest, diesen Menschen zu heiraten. Glaubst du zum Beispiel, dass du deine Gaben am besten im vollzeitlichen Dienst für Gott einsetzen kannst, muss auch dein potenzieller Lebenspartner dafür eine Berufung haben, sonst wird das Leben als hautamtlicher Mitarbeiter immer zu Frust und Unstimmigkeiten zwischen euch führen. Der Dienst für Gott ist kein Beruf; es ist ein Lebensstil. Du kannst jede mögliche Gabe haben und dich in diesen Dienst berufen fühlen. Es kommt nicht auf die Gabe an. Viele Gaben sind hervorragend geeignet für einen hauptamtlichen Dienst im Team und für eine Familie, die in diesem Dienst steht. Doch wenn du zum vollzeitlichen Dienst berufen bist, solltest du dich nur dauerhaft an einen Menschen binden, der auch den Eindruck hat, hierzu berufen zu sein.

Ich glaube, meine drei ausgeprägtesten Gaben könnten folgende sein[16]:

1. ______________________________

2. ______________________________

3. ______________________________

16 Weiterführende Literatur:
Christian A. Schwarz (2013): Die 3 Farben deiner Gaben. Wie jeder Christ seine geistlichen Gaben entdecken und entfalten kann. NCD Media, Emmelsbuell
Eddie Rasnake (2013): Mit meiner Gabe dienen. Ein 12-Wochen-Kurs für Einzelne und Gruppen. Rigatio, Neunkirchen

Deine Art, mit Finanzen umzugehen

Die Autorin Ellie Kay beschreibt in ihrem Buch *A Woman's Guide to Family Finances* („Ein Ratgeber für Frauen zur Haushaltsgeldführung") eine Reihe von Arten, wie wir mit Geld umgehen können. Wir haben sie auf beide Geschlechter übertragen und ihre Beschreibung zusammengefasst. Wie gehst du mit Geld um?

Macht-Markus (oder -Maria):
Wer das Geld hat, hat die Macht.

Sicherheit-Simone (oder -Simon):
Der geborene Sparfuchs, der sich nur sicher fühlt, wenn er „nur noch ein bisschen mehr" spart. Unbewusst getrieben von Furcht.

Geiz-Gerda (oder -Gerd):
Ein mehr als sparsamer Mensch, der sein Geld oft für sich behält, statt es zum Guten einzusetzen.

Pessimismus-Peter (oder -Petra):
Eine Person, die von Geld besessen ist. Die „Was-wäre-wenn-Fragen" bestimmen ihr Leben. *Was, wenn die anderen mich nur wegen meines Geldes lieben? Was, wenn ich mein Geld an der falschen Stelle investiere?* Sie denkt zu viel über Geld nach.

Verschwendung-Viktor (oder -Viktoria):
Geld ist da, um es auszugeben.

Fühl-dich-gut-Frank (oder -Franziska):
Wenn dieser Mensch sich schlecht fühlt, geht er einkaufen, um sich wieder besser zu fühlen.

Hab-dich-lieb-Hanna (oder -Hanno):
Diese Person versucht, sich mit Geld die Liebe oder Zuneigung anderer Menschen zu erkaufen.

Balance-Berta (oder -Bert):
Dieser Mensch kann mit Geld gut umgehen und hat eine ausgewogene und umsichtige Haltung zu Finanzen.

Wir alle halten uns gern für Balance-Berta oder -Bert, aber welcher der anderen Typen beschreibt deine zweitrangige Haltung zum Geld?

Dein Profil im Umgang mit Geld

Meine primäre Art, mit Geld umzugehen, ist

____.

Mein zweitrangiger Stil ist ________________________.

Das kann ich tun, um ausgewogener mit Geld umzugehen: ______________________________________.

Dein Erziehungsstil

Für die alleinerziehenden Leser dieses Buches: Du hast einen Erziehungsstil, der dich im Umgang mit deinen Kindern und bei deinen Entscheidungen lenkt. Die Art, wie du sie erziehst, ist eine Mischung aus dem, was dir von deinen Eltern vorgelebt wurde, und dem, was du dir selbst angeeignet hast. Gute Erziehung geschieht nicht automatisch. Ein guter Vater bzw. eine gute Mutter zu werden ist ein Prozess und jeder kann lernen, darin besser zu werden. Am effektivsten erziehen Eltern ihre Kinder, wenn sie sie begleiten, das heißt, wenn sie ihre Kinder zum Selbstständigwerden anleiten. Dies erfordert eine Menge Energie und eine klare Zielausrichtung. Du kannst zu einem begleitenden Vater bzw. einer begleitenden Mutter werden, indem du herausfindest, wo du jetzt stehst und wie du dein zukünftiges Ziel erreichen kannst.

Welchem der folgenden Erziehungsstile entsprichst du als Elternteil am ehesten?

Erlaubst du alles? Das Verhalten dieser Eltern grenzt an Gleichgültigkeit oder Vernachlässigung. Sie sind einfach zu beschäftigt, zu kaputt oder zu sehr mit sich selbst beschäftigt, um sich um ihre Kinder zu kümmern.

Möchtest du beliebt sein? Eltern mit diesem Erziehungsstil möchten so sehr die Freunde ihres Kindes sein, dass sie diese Freundschaft nicht durch Grenzen, Regeln oder Korrektur aufs Spiel setzen.

Bist du sorgenvoll? Eltern mit diesem Erziehungsstil machen sich um alles Sorgen. Ihre Entscheidungen gründen sich auf Angst.

Wartest du ab? Eltern mit diesem Erziehungsstil warten ab, bis es wirklich zu Problemen kommt, bevor sie reagieren.

Bist du machthungrig? Eltern mit diesem Erziehungsstil gehen rau mit ihren Kindern um. Wenn ihre Kinder sie vor anderen blamieren, explodieren sie.

Begleitest du deine Kinder? Eltern mit diesem Erziehungsstil setzen sich bereits im Vorhinein Erziehungsziele, legen sich Pläne zurecht und reden über Erziehungsfragen, damit sie ihre Kinder anleiten können. Dabei ist ihnen das Gebet sehr wichtig.

Wenn dein Erziehungsstil nicht dem begleitenden entspricht, möchten wir dich ermutigen, Seminare für Erziehung zu besuchen. Andernfalls könnte dein Erziehungsstil Freunde und potenzielle Ehepartner abschrecken. Wenn deine Kinder außer Rand und Band sind, werden sich die Leute von dir und deiner Familie fernhalten. Wenn du einen sorgenvollen oder machthungrigen Erziehungsstil pflegst, werden Menschen in deinem Umfeld Mitleid mit deinen Kindern haben.

Dein Erziehungsprofil[17]

> Mein Erziehungsstil ist am ehesten ____________________, aber ich möchte proaktiv werden und meine Kinder begleiten, indem ich Folgendes an meinem Erziehungsstil verbessere: ______________________________.

Annahme macht den Unterschied

Okay, nun weißt du eine Menge über die verschiedenen Stile und Profile. Und was machst du jetzt mit diesen Informationen? Du stehst vor einer Entscheidung. Du kannst das, was du jetzt weißt, entweder nutzen, um andere zu manipulieren. Oder du kannst damit dein schlechtes Verhalten entschuldigen. Natürlich ist keine dieser Entscheidungen besonders weise, da Gott möchte, dass du wächst und an deinen Schwächen arbeitest.

---

17 Weiterführende Literatur:
Claudia und David Arp (2010, 39. Auflage): Und plötzlich sind sie 13 oder: Die Kunst, einen Kaktus zu umarmen. So begleiten Sie Ihr Kind durch die Teenagerzeit. Brunnen, Gießen
James Dobson (2011): Der große Familien- und Erziehungsratgeber. Bd-Verlag, Oftringen
Bill und Pam Farrel: Die 10 besten Entscheidungen, die Eltern treffen können. cap-books, Haiterbach

Sehr viel wertvoller ist es, wenn du deine Stärken und deine Einzigartigkeit erforschst, um anderen damit zu helfen. Gleichzeitig solltest du nach den Stärken und der Einzigartigkeit bei anderen Ausschau halten, damit du sie darin ermutigen kannst, Gottes Plan für ihr Leben umzusetzen und der Welt seine Liebe weiterzugeben. Dadurch wird auch Frieden in deine Beziehungen einkehren. Diese Art aktiver Annahme zieht das Lob Gottes an wie ein Magnet und bewirkt, dass wir Menschen auf übernatürliche Weise prägen (vgl. Römer 15,7).

Kapitel 5

Entscheide dich, zu warten

„Die Frucht des Geistes aber ist … Geduld."
Galater 5,22 (ELB)

Jaja, wir wissen es. Du willst das nicht hören. Du denkst jetzt sicher, dass es in diesem Kapitel darum geht, wie man geduldig wartet, bis Gott den richtigen Menschen in dein Leben führt. Du hast das alles schon gehört: Sei glücklich. Sei mit dir selbst zufrieden. Lass dich nicht zu sehr auf einen Menschen ein, bevor dir der Richtige über den Weg läuft. Unser neuester Lieblingsspruch dazu lautet: „Die Ehe ist wie eine belagerte Festung – die Leute, die draußen sind, wollen hinein und diejenigen, die drin sind, wollen hinaus."

Nun, in diesem Kapitel geht es nicht wirklich um Beziehungen. Wir glauben, dass es nicht entscheidend ist, ob du heiratest oder nicht. Single zu sein ist genauso gut, wie verheiratet zu sein. Die Bibel sagt sogar, dass Singles einen Vorteil haben, wenn sie ihr Single-Dasein annehmen. Hier nun der Beweis dafür, dass Gott das wirklich glaubt. Der Apostel Paulus, ein Single, schrieb:

> Es ist gut für einen Mann, überhaupt nicht zu heiraten. (…) Ich wünschte zwar, jeder würde wie ich ehelos leben. Aber jeder hat von Gott eine besondere Gabe bekommen: Die einen leben nach seinem Willen in der Ehe, die anderen bleiben unverheiratet.

Hast du das gehört? Ehelosigkeit ist eine Gabe. Warum ist sie eine Gabe?

> Ich möchte euch unbelastet und ohne Sorgen wissen. Wer unverheiratet ist, kann sich uneingeschränkt darum kümmern, wie er dem Herrn gefällt. Ist aber jemand verheiratet, so kümmert er sich um viele Dinge und will seiner Frau gefallen. Darum ist seine Aufmerksamkeit geteilt. Eine unverheiratete Frau sorgt sich uneingeschränkt darum, mit Leib und Seele zum Herrn zu gehören. Aber eine verheiratete Frau sorgt sich um menschliche Belange und will ihrem Mann gefallen. Ich sage dies alles nicht, um euch durch irgendwelche Vorschriften einzuengen, sondern um euch zu helfen. Ich möchte, dass ihr ein vorbildliches Leben führt und unbeirrt nur das eine Ziel verfolgt, beim Herrn zu bleiben. (1. Korinther 7,1; 7-8; 32-35; HFA)

Ehelosigkeit ist eine Gabe, weil sie dir eine Menge Probleme erspart und es dir ermöglicht, dich ganz auf Jesus zu konzentrieren.

Jungs, hier nur ein Beispiel für die Probleme, die du dir ersparst, wenn du Single bleibst. Vor Kurzem sagte jemand zu uns: „Wisst ihr noch, als damals in der 6. Klasse alle Mädchen an einer besonderen Unterrichtsstunde teilnehmen mussten, wo ihnen erklärt wurde, was mit ihrem Körper passiert, wenn sie erwachsen werden? Man erklärte dort den Mädchen, dass sie als Erwachsene jeden Monat einen Menstruationszyklus durchlaufen. Sie waren natürlich außer sich und fragten: ‚Tut es weh, wenn es blutet?' Die Antwort kam prompt: ‚Nein, es wird euch nicht wehtun, aber jedem, der während dieser Zeit mit euch zu tun hat!'"

Mädels, auch ihr erspart euch einiges an Ärger, wenn ihr Single bleibt. Seht euch mal diese männlichen Überzeugungen an:

- „Falls ich mal meine Schlüssel im Auto einschließen sollte, werde ich so lange mit einem Kleiderbügelhaken am Fenster herumfummeln, bis die Tür aufgeht – selbst wenn es noch so kalt draußen sein sollte. Ich bin schließlich ein Mann! Den ADAC werde ich bestimmt nicht anrufen. Ich schaffe das allein."

- „Da ich ein Mann bin, kann man sich darauf verlassen, dass ich in einem Supermarkt Grundnahrungsmittel wie Milch oder Brot kaufe. Man kann nicht von mir erwarten, dass ich so exotische Dinge wie Kreuzkümmel oder Tofu finde. So weit ich weiß, ist das sowieso dasselbe."

- „Sobald eines unserer Geräte ausfällt, werde ich darauf bestehen, es auseinanderzunehmen, auch wenn klar ist, dass mich die Reparatur letztlich doppelt so viel kosten wird, wenn der Elektriker es anschließend wieder zusammenbauen muss. Ich bin schließlich ein Mann!"

- „Da ich ein Mann bin, finde ich das gut, was du anhast. Auch das, was du vor fünf Minuten anhattest, fand ich gut. Beide Paar Schuhe sind gut. Mit oder ohne Gürtel – es sieht super aus. Auch deine Haare liegen gut. Du siehst gut aus. Können wir jetzt einfach losgehen?"

Mädels, ihr seht wirklich gut aus, aber nun wisst ihr, dass ihr als Single nicht in der Kälte herumstehen und euch fragen müsst, warum ihr nicht einfach den ADAC rufen könnt. Außerdem könnt ihr beruhigt sein, dass eure Geräte zusammengesetzt bleiben und die Fernbedienung euch ganz allein gehört!

Das Leben dreht sich also nicht darum, auf den oder die Richtige/n zu warten, sondern im Grunde geht es darum, auf das Beste zu warten, das Gott dir in jedem Bereich deines

Lebens schenken will. Wirklich von Bedeutung ist deine persönliche Lebensqualität, und sie wird entscheidend davon geprägt, ob du gelernt hast zu warten.

Im Wartezimmer

Selbst wenn man die Bibel nur überfliegt, erkennt man, dass es eines der Hauptziele im Leben ist, warten zu lernen.

> Herr, in aller Frühe bringe ich mein Gebet wie ein Opfer vor dich und warte sehnsüchtig auf deine Antwort. (Psalm 5,3; NGÜ)
>
> Harre auf den Herrn! Sei mutig, und dein Herz sei stark, und harre auf den Herrn! (Psalm 27,14; ELB)
>
> Ich harre auf den Herrn, meine Seele harrt, und ich hoffe auf sein Wort. (Psalm 30,5; SLT)
>
> Doch sehnt sich der Herr danach, euch gnädig zu sein. Bald wird er zu euch kommen und sich wieder über euch erbarmen, denn er ist ein gerechter Gott. Wie glücklich sind alle, die auf seine Hilfe warten! (Jesaja 30,18; HFA)
>
> Gut ist's, schweigend zu warten auf die Rettung des Herrn. (Klagelieder 3,26; SLT)

Das Warten ist den Menschen schon immer schwergefallen. Abraham und Sarah hatten es satt, darauf zu warten, dass Gott ihnen den Erben schenkte, den er ihnen verheißen hatte. Also schwängerte Abraham Sarahs Dienerin Hagar und Ismael wurde geboren. Die zwei Völker, die von Ismael und Isaak, dem Kind der Verheißung, abstammen, leben seitdem auf Kriegsfuß miteinander.

In 1. Samuel 28 erfahren wir, dass König Saul ein Problem hatte. Samuel war sein früherer Ratgeber und derjenige gewesen, der für Saul mit Gott sprach. Nun war Samuel aber gestorben, und die Philister zogen gegen Israel in den Krieg. Normalerweise hätte Saul Samuel gefragt, was Gott ihm für eine Kriegsstrategie gab, aber Samuel war nicht mehr da. Da wandte Saul sich direkt an den Herrn. „Aber der Herr antwortete ihm nicht" (V. 6). Es wäre richtig gewesen, wenn er daraufhin auf den Herrn gewartet hätte. Die jüdische Geschichte ist voller Berichte von übernatürlichen Wundern, die geschahen, als die Anführer Israels auf Gottes Anweisungen und seinen Sieg warteten. Aber Warten ist nicht leicht und Saul verlor die Geduld. In seiner Angst fragte er ein Medium um Rat, was zu einer schockierenden Begegnung mit Samuel und letztlich einem verlorenen Krieg führte.

In Matthäus 20 erhalten wir einen kleinen Einblick in das Herz der Mutter von Jakobus und Johannes, zwei der zwölf Apostel. Sie liebte ihre Söhne und war stolz darauf, dass sie Jesus nachfolgten. Offensichtlich erkannte sie auch die Autorität ihres Meisters, als sie zu Jesus mit folgender Bitte kam: „Erlaube doch, dass meine beiden Söhne in deinem Reich neben dir sitzen, der eine an deiner rechten Seite und der andere an deiner linken Seite" (V. 21; NGÜ). Ihr Wunsch war gut, aber der Zeitpunkt war schlecht gewählt.

Während seiner Zeit auf Erden diente Jesus demütig den Menschen. Gleichzeitig kam der Tag immer näher, an dem er am Kreuz sterben würde. Die beiden Jungs waren an der Bitte ihrer Mutter nicht ganz unschuldig, denn sie erklärten vollmundig, dass sie alles ertragen könnten, was vor ihnen lag, obwohl sie nicht wirklich verstanden, welches Leiden auf sie zukam.

Lieber hätten sie Jesus bitten sollen, dass er ihnen seinen Plan für das Reich Gottes erklärte, als zu versuchen, ihm ihre

Vorstellung des Plans aufzuzwingen. Sie handelten übereilt und sorgten für Unruhe unter den Jüngern. Auf seine meisterhafte Weise rief Jesus die Männer zusammen und führte ihnen eines seiner wichtigsten Prinzipien vor Augen: „Wer unter euch groß werden will, soll den anderen dienen" (V. 26b; NGÜ).

Heutzutage ist das Leben nicht einfacher geworden. Wir leben in einer Gesellschaft, die nicht gern auf etwas wartet. Die technologischen Fortschritte haben fast jeden Bereich unseres Lebens effizienter gemacht. Trotz der Warnung vor Gesundheitsrisiken schießen die Fast-Food-Restaurants wie Pilze aus dem Boden. Smartphones haben sich fest etabliert, da man mit ihnen E-Mails und andere Nachrichten schreiben und auf soziale Netzwerke zugreifen kann. Wir wollen kommunizieren – und zwar jetzt. Wir wollen es jetzt wissen. Wir wollen es jetzt kaufen. Wir wollen jetzt Leiter haben, die Entscheidungen treffen und komplizierte Probleme lösen. Kurz gesagt, wir leben im Jetzt, und es ist in einer Gesellschaft, in der es nur um das Jetzt geht, sehr schwer zu warten. Daher sind die meisten von uns unzufrieden, obwohl wir mehr Privilegien haben als jede andere Generation vor uns.

Doch die Menschen, die das Warten lernen, werden sehen, dass ihr Leben spannend bleibt. Wenn wir lernen zu warten, können wir dem Druck standhalten, statt ständig die Dinge selbst in die Hand zu nehmen, weiterzuhasten oder Dinge im Eiltempo zu erledigen.

Dürfen wir dich mit Josh bekannt machen?

Wenn du Josh heute begegnen würdest, kämest du wohl zu dem Schluss, dass er ein erfolgreicher, kluger, gut aussehender, redegewandter und eigentlich sehr normaler Mensch ist.

Er arbeitet momentan als Anwalt für die JAG Corps[18]. Um diese Position zu behalten, muss er den Fitnesstest des US-amerikanischen Militärs in regelmäßigen Abständen mit mindestens 180 Punkten bestehen. Bei einem kürzlichen Test schnitt er glänzend ab und holte 291 von 300 möglichen Punkten, was ihm einen besonderen Preis einbrachte. Er sitzt immer sehr gerade, unterhält sich angeregt mit anderen und strahlt Sicherheit aus. Josh ist ein junger Mann, der viele Eigenschaften besitzt, die wir alle gern hätten. Nur seine Sit-ups deuten auf den Lebensweg hin, der hinter ihm liegt – er kann dabei nämlich seinen Rücken nicht beugen. Er hat große Hindernisse überwunden und würde dir sicher sofort erzählen, dass er zu dem Menschen geworden ist, der er heute ist, weil er gelernt hat zu warten.

Als Josh geboren wurde, fehlten ihm eine Rippe und die damit verbundenen Wirbel. Um diese fehlenden Körperteile auszugleichen, krümmte sich seine Wirbelsäule, und im Alter von drei Jahren wurde bei ihm eine angeborene Verkrümmung der Wirbelsäule festgestellt. Vor der Pubertät erreichte sein Rücken eine Krümmung von 14 Grad. Er musste deshalb jedes Jahr zu einer ärztlichen Untersuchung. Termine beim Orthopäden und Röntgenuntersuchungen wurden zur Normalität für Josh und ihm kam nie der Gedanke, dass sein Leben anders aussah als das seiner Altersgenossen. „Wenn ich nicht gerade im Stehen versuchte, meine Zehen mit den Fingern zu berühren, war die Krümmung meines Rückgrats äußerlich nicht sichtbar", erzählt Josh, „und ich musste nie eines dieser schrecklichen Korsetts tragen."

Doch als er etwa 15 Jahre alt war, zeigte sich, dass sein schnelles körperliches Wachstum zu viel für seine Wirbelsäule war und die Krümmung bereits beängstigende 56 Grad

18 Abkürzung für Judge Advocate General's Corps, die oberste Justizbehörde der US-Streitkräfte, Anm. d. Übers.

erreicht hatte. Seine Arzttermine häuften sich und er wurde zu einem Spezialisten in einer anderen Stadt überwiesen. Doch es gab nach wie vor keine äußerlichen Anzeichen für seinen Zustand, die anderen hätten auffallen können, sodass er sein zweites Jahr an der Highschool gut hinter sich brachte. Da Josh keine Begleiterscheinungen hatte, kam er zu dem Schluss, dass er tun konnte, was er wollte. Also nahm er sich vor, sich für die Aufnahme ins Leichtathletikteam zu bewerben. Besonders interessierte ihn der Stabhochsprung.

Doch kurz bevor das Training begann, informierte ihn ein Chirurg darüber, dass er sich unbedingt einer Operation unterziehen musste, um seine Wirbelsäule zu korrigieren. Josh hätte gern bis nach dem Sommer gewartet, aber der Arzt sagte ihm, dass er mit 21 einen Buckel hätte, wenn er sich nicht umgehend operieren ließe. Für den Fünfzehnjährigen war es eine Qual, dass er auf den Wettkampf um die Aufnahme ins Leichtathletikteam warten musste. Er befürchtete, dass er vielleicht nie daran teilnehmen konnte.

Es ist gut zu warten

Wir haben völlig den Blick dafür verloren, dass mit den besten Dingen im Leben eine Wartezeit verbunden ist. Menschen, die gelernt haben zu warten, entdecken Fähigkeiten, Gelegenheiten und Möglichkeiten, die ihre Altersgenossen meist versäumen.

Warten bewahrt uns davor, eine abwehrende Haltung einzunehmen

In Psalm 33,20 (ELB) heißt es: „Unsere Seele wartet auf den Herrn; unsere Hilfe und unser Schild ist er." Die gängigste Reaktion bei einem Streit ist wohl, dass wir eine abwehrende Haltung einnehmen. Wir alle haben Angst davor, dass man uns kritisiert, hinterfragt oder genauer unter die Lupe nimmt. Wenn jemand etwas sagt, das uns misstrauisch macht, ziehen wir uns zurück, um uns selbst zu schützen. Jesus hat gesagt, dass er uns als Schild dient und uns beschützt, aber uns fällt es schwer zu glauben, dass er tatsächlich eingreifen wird. Also nehmen wir die Sache selbst in die Hand und stoßen den anderen mit unseren Worten weit von uns.

Neulich wurden wir Zeugen der folgenden Unterhaltung zwischen zwei unserer Freunde. Nennen wir sie mal Beth und Gena.

Beth fragte: „Wie fühlst du dich, wenn ich wirklich gestresst und kurz davor bin, durchzudrehen?"

„Ich denke, damit komme ich klar", sagte Gena. „Aber ich bin nicht für deine Gefühle verantwortlich, also gib mir nicht die Schuld an ihnen."

Wir stimmen damit überein, dass ein Freund nicht für die Gefühle des anderen verantwortlich ist, aber das war nicht die Frage, die Beth gestellt hatte. Sie versuchte, ein aufrichtiges Gespräch über ihre Freundschaft einzuleiten, aber Gena nahm sofort eine abwehrende Haltung ein. Sie fühlte sich ausgenutzt und manipuliert.

So etwas passiert, weil wir uns verletzlich vorkommen. Wenn wir jedoch warten, können wir erkennen, dass Gott uns Rückendeckung gibt und Ärger von uns fernhält. Dann müssen wir uns selbst nicht so umfassend schützen. Natürlich solltest du nicht leichtsinnig deine eigene Sicherheit aufs Spiel setzen, aber wir möchten dir einfach Mut machen: Wenn du lernst, auf den Herrn zu warten, musst du dich nicht unsicher fühlen und Angst haben, dass andere dich ausnutzen.

Durch Warten erreichen wir unsere beruflichen Ziele

Wenn du einen erfolgsversprechenden und erfüllenden beruflichen Weg einschlagen möchtest, landest du in einem

Haifischbecken. Du wirst feststellen, dass viele Menschen bereit sind, alles zu tun, um Erfolg zu haben. Sie manipulieren andere, verschleiern die Wahrheit, lassen sich für Dinge loben, die sie gar nicht selbst getan haben, geben anderen die Schuld für ihre eigenen Fehler und benutzen andere, um ihre selbstsüchtigen Ziele zu erreichen. Auf den ersten Blick scheint diese Taktik erfolgreich zu sein. Einige der reichsten und mächtigsten Menschen sind so vorgegangen, aber ihr Erfolg ist immer nur von kurzer Dauer.

Irgendwann werden diese Menschen auf irgendeine Weise von ihren falschen Entscheidungen eingeholt. Zerbrochene Beziehungen, verpasste Gelegenheiten oder ein einsames Dasein markieren den Weg von Menschen, die andere nur benutzen. Auf kurze Sicht mag es so aussehen, als würden wir immer nur benachteiligt sein, wenn wir uns an Gottes Werten orientieren. Wir fallen dieser Illusion nur dann nicht zum Opfer, wenn wir bereit sind zu warten.

> Sei still dem Herrn und harre auf ihn! Entrüste dich nicht über den, dessen Weg gelingt, über den Mann, der böse Pläne ausführt! (Psalm 37,7; ELB)

> Harre auf den Herrn und halte seinen Weg ein, und er wird dich erhöhen, das Land zu besitzen. Wenn die Gottlosen ausgerottet werden, wirst du zusehen. (Psalm 37,34; ELB)

Durch Warten widerstehen wir der Versuchung, uns selbst zu rächen

Dein Leben ist genauso wie unseres voll von schwierigen Umständen. Du hast Enttäuschungen erlebt und musstest Rückschläge hinnehmen. Vielleicht haben Menschen dich ausgenutzt, dich angelogen oder deine Pläne zunichtegemacht. Die natürliche Reaktion darauf ist, sich rächen zu wollen, also nach einem Weg zu suchen, wie man es dem anderen heimzahlen kann. Wenn du jedoch nicht den Mut hast, den anderen mit seinem Verhalten zu konfrontieren, wirst du dich damit zufriedengeben, in Trauer und Selbstmitleid zu versinken. Wenn du gelernt hast zu warten, kannst du darauf vertrauen und dich darauf konzentrieren, dass Jesus alles wiedergutmachen wird. Niemand kommt ungestraft davon, weil jeder von uns sich eines Tages für sein Verhalten rechtfertigen muss.

> So verurteilt nichts vor der Zeit, bis der Herr kommt, der auch das Verborgene der Finsternis ans Licht bringen und die Absichten der Herzen offenbaren wird! Und dann wird jedem sein Lob werden von Gott (1. Korinther 4,5; ELB).

> Sage nicht: Ich will Böses vergelten! Harre auf den Herrn, so wird er dich retten! (Sprüche 20,22; ELB)

Wenn du bereit bist, darauf zu warten, dass Gott Gerechtigkeit walten lässt, entscheidest du dich für Vergebung und nicht für Rache. Wenn du wirklich daran glaubst, dass Jesus eines Tages alles gut machen wird, kann dieser Vers zum Motto deines Lebens werden: „Seid nachsichtig mit den Fehlern der anderen und vergebt denen, die euch gekränkt haben. Vergesst nicht, dass der Herr euch vergeben hat und dass ihr deshalb auch anderen vergeben müsst“ (Kolosser 3,13).

Wir sind zu dem Schluss gekommen, dass sich im Leben alles an der Frage entscheidet, ob wir bereit sind, zu vergeben. Menschen mit dem Mut, anderen zu vergeben, haben ein reines Gewissen, in ihrem Leben eine klare Ausrichtung und ein Ziel vor Augen. Menschen, die anderen nicht vergeben wollen, werden bitter. Das äußert sich in Wut, Passivität,

Depression, mangelnder Leistungsbereitschaft und etlichen anderen Dingen, die ihnen die Energie entziehen. Für uns persönlich wäre es nur zu leicht gewesen, Bitterkeit gegenüber einem alkoholkranken Vater mit schlimmen Wutanfällen zu empfinden bzw. gegenüber einer kontrollierenden Mutter, die vor alles und jedem Angst hatte. Doch wir entschieden uns anders: Wir wollten unser Leben nicht von Menschen bestimmen lassen, die eine ungesunde Lebenseinstellung hatten.

Wenn du bereit bist, zu warten, entscheidest du dich auch dafür, zu vergeben.

Was genau ist nun Vergebung und wie setzt man sie praktisch in seinem Leben um?

Zuerst wollen wir uns anschauen, was Vergebung *nicht* ist. Vergebung heißt nicht, dass man „einfach loslässt". Es wäre zu einfach, wenn Vergebung bedeuten würde, den Schmerz im Herzen einfach abzutun. Vielleicht denken wir, dass wir in der Lage sein sollten, die Enttäuschung, den Schmerz und den Verrat einfach loszulassen. Doch das ist genauso vergeblich, wie unsere Gedanken und unser Herz auszuschalten.

Vergebung bedeutet nicht, dass wir einfach sagen: „Ist schon okay." Viele von uns haben sich angewöhnt, auf die Entschuldigung von anderen mit „Ist schon okay" zu antworten. Diese Worte sind ein aufrichtiger Versuch, nach vorn zu sehen, statt in der Vergangenheit hängen zu bleiben, aber auch durch sie erreichen wir keine echte Vergebung. „Ist schon okay" kann man sagen, wenn man eine Meinungsverschiedenheit mit einer anderen Person hat. Vergebung wird aber da nötig, wo etwas Falsches getan wurde.

Vergebung heißt nicht, eine Sache zu leugnen. Wenn du verletzt bist, ist es leicht, die Dinge einfach unter den Teppich zu kehren, damit du dich wieder besser fühlst. Doch wenn du immer wieder Dinge unter den Teppich kehrst, wird der

Haufen darunter immer größer. Irgendwann wirst du über die Gedanken und Gefühle stolpern, denen du eigentlich aus dem Weg gehen wolltest.

Vergebung heißt nicht, eine Sache zu vergessen. Wenn du dich dafür entscheidest zu vergeben, verlierst du nicht dein Erinnerungsvermögen. Normalerweise passiert sogar das Gegenteil, wenn du vergibst und dich nicht selbst bemitleidest. Du erinnerst dich zwar noch sehr genau an das, was geschehen ist, aber die Geschichte verändert sich. Wenn Jesus Teil der Geschichte deines Lebens wird, handelt sie von mehr als Schmerz und Leiden. Dein Leben wird zu einer Geschichte der Heilung, denn Gott nimmt die zerbrochenen Teile deines Lebens und formt aus ihnen etwas, das dich völlig überraschen wird. Es gibt keine Formel für das, was Gott aus der Asche erschafft, aber er ist ein Meister darin, aus unseren tiefsten Enttäuschungen die besten Geschichten zu machen, wie wir eine schwierige Situation bewältigen konnten.

Und schließlich ist Vergebung nicht dasselbe wie Versöhnung. Bei der Vergebung entscheidest du dich, nur Gott die Kontrolle über dein Leben und deine Gefühle zu geben. Dabei geht es nur um dich und Gott. Das Ziel von Vergebung ist, Bitterkeit keinen Raum zu geben. Auf diese Weise behütest du dein Herz, „die Quelle des Lebens" (Sprüche 4,23; ELB). Es ist deine Entscheidung, im Glauben, emotional und auch in deinen Beziehungen lebendig, stark und dynamisch zu bleiben.

Bei der Versöhnung hingegen entscheidest du dich, eine zerbrochene oder angeknackste Beziehung wiederherzustellen – und dazu braucht man zwei Menschen, die das wirklich wollen. Beide müssen dem anderen vergeben und bereuen, was sie selbst in dieser Beziehung verbockt haben. Wenn man nicht zu beidem bereit ist, kann keine echte Versöhnung geschehen.

Demnach kann man grundsätzlich jedem Menschen alles vergeben, aber es ist nicht immer möglich, sich mit jedem zu versöhnen. Wer keine Reue zeigt, wird sehr wahrscheinlich andere wieder auf dieselbe Weise verletzen. Wenn das der Fall ist, sollte man klare Grenzen ziehen, nachdem man jemandem vergeben hat, und die Beziehung zu dieser Person einschränken oder ganz abbrechen. So kann sich das verletzende Verhalten der anderen Person nicht mehr auf dein Leben auswirken.

Die entscheidende Frage lautet: „Wie kann ich anderen vergeben?" Da uns diese Frage sehr am Herzen lag, haben wir lange nach einer Antwort gesucht. Dabei haben wir uns angesehen, wie wir Jesus, dem besten Vorbild für Vergebung auf der Erde, am besten nachahmen können. Folgende sechs Prinzipien haben wir dabei entdeckt:

1. Ich vergebe ____________________ für ____________________.
   (Benenne die Person.) (Benenne ihr Vergehen.)
2. Ich gebe zu, dass das, was passiert ist, falsch war.
3. Ich erwarte von dieser Person nicht, dass sie wiedergutmacht, was sie getan hat.
4. Ich werde nicht zulassen, dass dieses Vergehen bestimmt, wie ich über diese Person denke.
5. Ich werde das Vergehen nicht gebrauchen, um diese Person zu manipulieren.
6. Ich werde dem Vergehen nicht gestatten, mich in meiner persönlichen Entwicklung zu behindern.

Diese Prinzipien sind für die Praxis gedacht. Wenn dir bewusst wird, dass es etwas gibt, das du jemandem vergeben solltest, sprich diese Sätze laut aus und füge den Namen der Person und ihr konkretes Vergehen ein. Wenn du alle sechs Sätze aufrichtig sagen kannst, hast du diesem Menschen vergeben. Wenn du es nicht bei allen Sätzen schaffst, bist du noch nicht so weit. Wenn dem so ist, halte inne und bitte Gott, dass er an dir arbeitet, und versuch es dann morgen noch einmal. Ich (Bill) habe die Angewohnheit entwickelt, jeden Tag Folgendes zu beten: „Jesus, bitte erinnere mich an alles, was ich vergeben sollte – alles, bei dem ich so weit bin, um es zu vergeben." Wenn mir dann etwas in den Sinn kommt, gehe ich die eben genannten sechs Sätze durch. Wenn mir nichts einfällt, danke ich Jesus für einen freien Tag und mache mir keine weiteren Gedanken darum. Dadurch steuert Jesus den Prozess und nicht ich selbst. Für mich ist das sehr hilfreich.

Wir alle neigen dazu, uns selbst zu belügen, wenn es um Herzensangelegenheiten geht. Und Vergebung ist definitiv eine Herzensangelegenheit. Da unser Herz sich nicht gern auf diesen schmerzhaften Prozess einlässt, hat Jeremia uns das Geheimnis gezeigt, wie man es doch dazu bekommt:

> Nichts auf dieser Welt ist so hinterhältig und verschlagen wie das Herz des Menschen. Wer kann es durchschauen? Nur ich, der Herr, kann es! Ich prüfe jeden Menschen bis in sein tiefstes Innerstes hinein. Ich werde jedem das geben, was er für seine Taten verdient. (Jeremia 17,9-10)

Wenn du Jesus an jedem Tag die Gelegenheit gibst, dein Herz zu prüfen, ist der Weg nicht unbedingt leichter, aber mit Sicherheit viel klarer.

Durch Warten fühlen wir uns jung

Du lebst bereits lange genug, um zu wissen, dass das Leben uns ständig etwas abverlangt. Es wird erwartet, dass du deine Zeit, dein Geld, deine Weisheit, deine Freundschaft, deine Fähigkeiten und deine Aufmerksamkeit investierst. Dabei kommst du an den Rand deiner Belastungsgrenze, besonders wenn du Dinge tun musst, auf die du eigentlich keine Lust hast. Eigentlich kannst du es als Kompliment verstehen, dass die anderen das haben wollen, was du zu geben hast, aber gleichzeitig laugt es dich aus. Damit du weiterhin funktionierst, musst du deine Batterien von Zeit zu Zeit wieder aufladen. Der Prophet Jesaja erinnert uns daran, dass auch Warten uns helfen kann, unsere Kraft und Begeisterung zurückzugewinnen:

> Er gibt den Erschöpften neue Kraft; er gibt den Kraftlosen reichlich Stärke. Es mag sein, dass selbst junge Leute matt und müde werden und junge Männer völlig zusammenbrechen, doch die, die auf den Herrn warten, gewinnen neue Kraft. Sie schwingen sich nach oben wie die Adler. Sie laufen schnell, ohne zu ermüden. Sie werden gehen und werden nicht matt. (Jesaja 40,29-31)

Außerdem geschehen während des Wartens eine Reihe von Dingen, durch die dein Herz weich und empfänglich bleibt:

Warten erneuert unsere Hoffnung

> Siehe, das Auge des Herrn ruht auf denen, die ihn fürchten, die auf seine Gnade harren (...). Unsere Seele wartet auf den Herrn; unsere Hilfe und unser Schild ist er. Denn in ihm wird unser Herz sich freuen, weil wir seinem heiligen Namen vertrauen. (Psalm 33,18; 20-21; ELB)

Durch Warten üben wir uns darin, auf Gottes Stimme zu hören

> Denn auf dich, Herr, harre ich; du, du wirst antworten, Herr, mein Gott. (Psalm 38,15; ELB)

Durch Warten bekommen wir einen festen Stand im Leben

> Geduldig hoffte ich auf die Hilfe des Herrn, und er wandte sich mir zu und hörte mein Schreien. Er rettete mich aus dem Sumpf der Verzweiflung, aus Matsch und Schlamm. Er stellte mich auf festen Boden und gab meinen Füßen festen Halt. (Psalm 40,2-3)

Durch Warten erfahren wir Gottes Barmherzigkeit

> Doch sehnt sich der Herr danach, euch gnädig zu sein. Bald wird er zu euch kommen und sich wieder über euch erbarmen, denn er ist ein gerechter Gott. Wie glücklich sind alle, die auf seine Hilfe warten! (Jesaja 30,18; HFA)

Als Josh warten musste

Sobald der Operationstermin für Josh feststand, hatte das Warten ein abruptes Ende. Mit einer Magnetresonanztomografie sollte festgestellt werden, ob das Rückenmark sich um Joshs gekrümmte Wirbelsäule herum verschoben hatte. Während der Operation bestand das Risiko, dass die Nerven dauerhaft beschädigt und gelähmt werden könnten. Blutkonserven mussten bereitgestellt werden. Josh und sein Vater hatten beide den gleichen Rhesus-Faktor, daher spendeten sie bereits im Voraus Blut für den Fall, dass Komplikationen auftraten.

Am 3. April 1999 begann eine weitere Warteperiode. Joshs Schulkameraden genossen ihre Osterferien, während er „Urlaub" im Krankenhaus machte. Auch wenn er es ganz und gar nicht lustig fand, lernte Josh hier erstmals Folgendes: Warten zwingt uns dazu, uns zu entscheiden, ob wir unser Leben voller Angst oder voller Vertrauen führen wollen.

Sehr ehrlich gibt er zu: „Ich erkannte, dass ich nicht mehr leben wollte, wenn ich nach der Operation gelähmt wäre. Ich war ein sehr aktiver Fußballspieler, und bis die Operation angesetzt wurde, hatte ich vorgehabt, im Frühling in das Leichtathletikteam einzusteigen. Im Nachhinein sehe ich natürlich, dass mein Leben auch querschnittsgelähmt nicht vorbei gewesen wäre, aber als 16-Jähriger war das meine größte Sorge."

Durch das Warten lernte Josh auch, dass Gott uns mitten im Sturm durch kleine und große Dinge ermutigt. Das große Krankenhaus in Grand Rapids, Michigan, wirkte sehr einschüchternd auf ihn. Und es war ihm peinlich, statt seiner normalen Kleidung ein Krankenhausnachthemd tragen zu müssen. Bei dem Gedanken an eine Vollnarkose fühlte er sich den Ärzten völlig ausgeliefert. Aber bei all diesen Schwierigkeiten gab es doch einen Lichtblick: Der Assistenzarzt, der bei der Operation dabei sein würde, hatte seine medizinische Ausbildung an der Universität von Michigan gemacht, von der Josh sehr viel hielt.

Warten ist aktiv

Viele Menschen denken schlecht über das Warten, weil sie es für etwas Passives halten. Es scheint so, als würden wir unsere Zeit mit Nichtstun verbringen, während wir darauf warten, dass Gott etwas tut. Doch glücklicherweise ist Warten in Wirklichkeit eine aktive Tätigkeit. In Psalm 37,3-8 (ELB) wird das aktive Warten beschrieben. Der Psalmbeter erklärt, was man tut, wenn man gelernt hat zu warten.

> Vertraue auf den Herrn und tue Gutes; wohne im Land und hüte Treue; und habe deine Lust am Herrn, so wird er dir geben, was dein Herz begehrt. Befiehl dem Herrn deinen Weg und vertraue auf ihn, so wird er handeln und wird deine Gerechtigkeit aufgehen lassen wie das Licht und dein Recht wie den Mittag. Sei still dem Herrn und harre auf ihn! Entrüste dich nicht über den, dessen Weg gelingt, über den Mann, der böse Pläne ausführt! Lass ab vom Zorn und lass den Grimm! Entrüste dich nicht! Es führt nur zum Bösen.

Was man tut, während man wartet

Übernimm Verantwortung für die Dinge, die dir anvertraut wurden (V. 3). Gott hat den Menschen dafür geschaffen, zu arbeiten und Verantwortung zu übernehmen. Als Gott Adam und Eva schuf, gab er ihnen bald darauf eine Aufgabe. Sie sollten über die Tiere herrschen und sich um den Garten Eden kümmern (1. Mose 1,27-28; 2,15).

Der Mensch wurde von Gott erschaffen, damit er produktiv ist. Wenn du in deinem Beruf, deinem Hobby, deiner Mitarbeit in der Gemeinde oder einem anderen Projekt eingespannt bist, ist dein Denken klarer, deine Beziehungen sind geordneter und du hast ein besseres Verständnis von dem, was dir wirklich guttut. Du willst wachsam und bereit sein für die nächste Herausforderung. Daher beginnt Warten mit der ernsthaften Verpflichtung, deine von Gott übertragene Verantwortung zu übernehmen.

Pflege eine liebevolle Beziehung zu Gott (V. 4). Warten dreht sich im Kern um eine Partnerschaft mit Gott. Er hat einen Plan für dein Leben und er bereitet dich darauf vor, diesen Plan zur richtigen Zeit und auf die richtige Art zu erfüllen. Da sich dieser Plan um ihn dreht, besteht ein Teil des Wartens darin, dass du deine Zeit nutzt, um eine aktive Beziehung zu ihm zu pflegen.

Setze dir Ziele, entwirf einen Plan und vertraue beides Gott an (V. 5). Da du bei diesem Abenteuer ein vollwertiger Partner bist, hast du die Freiheit und auch den Auftrag, Pläne zu schmieden. Gott ermutigt dich, vorauszudenken, von dem zu träumen, was du erreichen willst, und einen Plan zu entwerfen, wie du dorthin kommst. Warten gehört bei unseren Plänen dazu, weil es so vieles gibt, was wir nicht beeinflussen können. Wir können Pläne schmieden, aber wir können das Wetter nicht dazu bringen, sich unseren Plänen gemäß zu verhalten. Wir können uns Ziele setzen, aber wir können die Wirtschaft nicht dazu zwingen, uns die Mittel zur Verfügung zu stellen, damit wir sie verwirklichen können. Wir können unsere Pläne Gott anvertrauen, aber nicht dafür garantieren, dass er ihnen zustimmt. Doch auch wenn wir nicht mit Sicherheit wissen, ob wir unsere Ziele und Pläne erreichen werden, sorgen sie dafür, dass wir uns bereithalten, um gegebenenfalls aktiv zu werden. Sie bewirken, dass wir weiterhin Pläne schmieden, flexibel bleiben und Gelegenheiten ergreifen, sobald sie sich uns bieten.

Folge deiner Bestimmung und vergleiche dich nicht mit anderen (V. 7). Du bist eine einzigartige Person, für die Gott einen einzigartigen Plan hat. Das sagt sich so leicht, dass man denken könnte, jeder würde damit übereinstimmen. Doch die meisten von uns bewegen sich zwischen zwei schlechten Extremen.

Das erste Extrem ist Stolz. Wir nehmen uns selbst zu wichtig. Wir verhalten uns so, als hätten wir uns selbst geschaffen und könnten tun, was immer wir wollen, und zwar wann wir wollen und wie wir wollen. Das andere Extrem ist das Gefühl, dass wir wertlos oder bedeutungslos sind oder nicht so viel wert wie andere Menschen. Wir verhalten uns, als hätte Gott Lückenbüßer für die wichtigen Leute im echten Leben geschaffen. Doch wir sind weder gewöhnlich noch außergewöhnlich. Wir sind einzigartig. Wenn du dich selbst mit anderen vergleichst, wirst du immer zu dem Schluss kommen, dass du entweder besser oder schlechter bist als sie. Wenn du aber als Maßstab dein eigenes Potenzial anlegst, kannst du erkennen, dass nur du das erreichen kannst, wozu du geschaffen wurdest. Ob es nun etwas Großes oder etwas Kleines ist, es ist dein einzigartiger Beitrag zum großen Ganzen. Wenn du beim Warten deine Einzigartigkeit entdeckst, wird diese Wartezeit zu einem der wertvollsten Abschnitte deines Lebens.

Oft hören wir die Klagen von Menschen, die sich gerade in Gottes Wartezimmer befinden.

„Warum schenkt Gott mir keine Arbeitsstelle?" (Hast du Bewerbungen geschrieben, Firmen angerufen, soziale Netzwerke und deinen Freundeskreis genutzt, um auf dich aufmerksam zu machen? Bist du zu Jobmessen gegangen oder hast du Kontakt zu Bewerbungstrainern, Personalvermittlern oder Praktikumsbörsen aufgenommen?)

„Warum muss ich immer noch auf eine neue Wohnung warten?" (Hast du Makler und Wohngesellschaften angerufen? Hast du deinen Freunden und deiner Familie erzählt, dass du auf der Suche nach einer Wohnung bist und worum genau du Gott gebeten hast?)

„Wann schickt mir Gott endlich den/die Richtige/n über den Weg?" (Hast du neue Orte aufgesucht, um neue Leute zu treffen, hast du über soziale Netzwerke oder andere seriöse Wege neue Kontakte geknüpft? Hast du an Single-Freizeiten oder besonderen Abenden für Alleinstehende teilgenommen? Engagierst du dich dort, wo du auf Singles triffst, die auch Christen sind: in der Gemeinde, bei Freiwilligenorganisationen, bei Missionseinsätzen?)

Man wartet nicht im Sitzen. Du machst nie einen Hochschulabschluss, wenn du dich nicht an einer Fachhochschule oder Universität bewirbst. Die Gelegenheit, eine Firma zu gründen, erhältst du nicht, während du zu Hause mit deiner Xbox spielst. Dein zukünftiger Lebenspartner wird kaum auftauchen, wenn du jeden Tag das Gleiche mit denselben Leuten machst. Warten ist etwas Aktives – frage also Gott, was du tun sollst, während du wartest.

Während wir dieses Buch schrieben, haben Bill und ich ein paar Singles zum Essen und zu einem Gesprächskreis eingeladen. Viele dieser Singles kannten an diesen Abenden niemanden außer uns, aber sie kamen trotzdem und gewannen neue Freunde. Einige verabredeten sich sogar für ein Rendezvous. Ihr Freundeskreis wurde größer, weil sie bereit waren, eine gute Gelegenheit wahrzunehmen.

Wenn du bereit bist, ein Risiko einzugehen, die Initiative zu ergreifen und dich für gute Dinge zu engagieren, kann Gott dich lenken. Bill sagt dazu gern: „Lass dein Boot ins Wasser." Wenn dein Boot sich im Wasser befindet und du das Ruder in der Hand hältst, kannst du dich auf die Fahrt deines Lebens machen, da Gott die Strömungen und Wellen lenkt.

Zwei Singles an einem dieser Abende waren Mark und Marissa. Beide waren Mitte zwanzig und beruflich sehr erfolgreich – so erfolgreich, dass es ihnen schwerfiel, neue Leute kennenzulernen. Wir können von diesem Problem ein Lied singen, da es bei vielen Erwachsenen so ist, dass sich ihr Leben immer feiner unterteilt, je älter sie werden. Anstatt den ganzen Tag mit Hunderten anderer Schüler in der Schule zu verbringen, arbeiten wir in relativ kleinen Gruppen.

Mark und Marissa wollten beide gern eines Tages heiraten, doch bis der Zeitpunkt gekommen war, engagierten sie sich, wo es nur ging. Marissa arbeitete an einer Schule, reiste gern, hatte einen Garten und war viel mit Freunden und ihrem Hauskreis zusammen. Ihr Leben war erfüllt davon, Gott zu dienen. Mark nahm an Kurzzeit-Missionseinsätzen teil, machte lange Fahrradtouren im ganzen Land und an der Westküste der USA entlang, unterstützte einen Beratungsdienst für Paare mit seinen Fähigkeiten als Programmierer und hatte einen Job als Buchhalter, der gut bezahlt wurde. Er leitete eine Gruppe Singles in seiner Gemeinde, die sich ehrenamtlich für ihre Stadt engagierten, und darüber hinaus einen kleinen Männer-Bibelkreis. Er brachte sich mit voller Kraft ins Reich Gottes ein.

Ein Freund sagte zu Mark, dass er vielleicht mal eine Partnerbörse im Internet ausprobieren sollte, weil er ja immer so viel zu tun hätte. Da er wenig Freizeit hatte und außerdem das Gefühl, so gut wie jede Single-Frau in seiner Gemeinde zu kennen, versuchte er es tatsächlich mal damit.

Woran man eine seriöse Online-Partnerbörse erkennt

- Dein Charakter steht im Mittelpunkt, nicht dein Aussehen.
- Du wirst dort aufgefordert, eine ganze Reihe Fragen über deine Ziele im Leben zu beantworten.
- Die Angabe, ob jemand zu dir passt, basiert in erster Linie auf persönlichen Überzeugungen und Verpflichtungen und nicht auf sozialen Vorlieben.
- Deine Privatsphäre wird geschützt und nur das freigegeben, was du möchtest.
- Du erhältst auf dieser Seite Tipps, wie du Freundschaften aufbauen kannst und nicht nur dazu, wie du den perfekten Partner findest (Freundschaft zwischen den Partnern ist eines der Erfolgsrezepte für eine erfolgreiche Ehe).

Marissas Vater war mit jemandem befreundet, der so ein Portal aufgebaut hatte, und schlug ihr daher vor, es doch auch mal damit zu versuchen, da sie beruflich so eingespannt war. Du ahnst sicher schon, was passierte. Marissa und Mark begegneten sich zum ersten Mal online, obwohl sie in der gleichen Stadt lebten. Beide fühlten sich zueinander hingezogen, da sie nach jemandem suchten, der für Gott lebte und ihm diente. Sie verabredeten sich und zu der Zeit, als wir dieses Buch schrieben, führte Bill mit ihnen Ehevorbereitungsgespräche. Einen Tag, bevor wir das Manuskript beim Verlag einreichten, traute Bill die beiden.

Wir freuen uns sehr für sie, auch wenn wir natürlich wissen, dass es nicht bei jedem so einfach funktioniert. Online-Partnerbörsen sind nur ein Weg, um mit anderen Menschen in Kontakt zu treten. Manche Leute können mit ihnen etwas anfangen, andere wiederum nicht. Das Wichtigste ist, dass du ausgewogene Wege findest, wie du deinen Freundeskreis erweitern kannst, sodass du dich persönlich weiterentwickelst und mehr Möglichkeiten hast.

Warum warten?

Warten hilft uns, mit den Warum-Fragen des Lebens zu leben. Wir finden leicht eine Situation, in der wir uns fragen: „Warum?“ Im Leben geschehen immer wieder schwere Dinge und es ist normal, dass wir durch unerwartete Umstände in unserer persönlichen Entwicklung gehindert werden. Das ist unserer Meinung nach auch der Grund, warum viele Leute auf Jakobus 1,2+5 aufmerksam werden: „Liebe Brüder, wenn in schwierigen Situationen euer Glaube geprüft wird, dann freut euch darüber. (...) Wenn jemand unter euch Weisheit braucht, weil er wissen will, wie er nach Gottes Willen handeln soll, dann kann er Gott einfach darum bitten. Und Gott, der gerne hilft, wird ihm bestimmt antworten, ohne ihm Vorwürfe zu machen.“

Wenn wir Rückschläge erleben, ist es ganz natürlich, dass wir nach dem Warum fragen. Wenn du dein Bestes gegeben hast und es nicht reichte, ist es natürlich, nach dem Warum zu fragen. Wenn jemand befördert wird oder anderweitig Erfolg hat, der es offensichtlich weniger verdient hat als du, ist es normal, dass du nach dem Warum fragst. Doch auf diese Frage erhält man selten eine Antwort. Wenn jemand diese Antwort verdient hätte, wäre es Hiob gewesen, aber ihm wurde nie gesagt, warum er leiden musste. Wir können trotzdem erkennen, was wir mit unserem Leben anfangen sollen, auch wenn wir nicht wissen, warum sich die Dinge so entwickelt haben. Warten lehrt uns, um Weisheit zu bitten, wenn wir eigentlich nach dem Warum fragen wollen.

Auch Josh musste mit dieser intensiven Wartezeit klarkommen, die jeden von uns nach dem Warum fragen lässt, ohne jemals eine wirklich befriedigende Antwort zu erhalten. Bei Josh wurde eine „vollständige Wirbelsäulenversteifung" vorgenommen, eine Operation, die etwa sechs Stunden dauerte. Etliche Wirbel wurden miteinander durch Titanstäbchen verbunden. Während der Operation wurde Josh mehrmals aus dem künstlichen Schlaf geweckt und musste mit seinen Zehen wackeln oder seine Füße bewegen. Auf diese Weise wollten die Ärzte sicherstellen, dass sein Rückenmark bei der Versteifung der Wirbelsäule nicht beschädigt worden war. Das Ziel war natürlich, die zunehmende Verkrümmung der Wirbelsäule aufzuhalten und einen permanenten Wirbelbogen zu errichten, der zwar unvollkommen, aber doch leichter ertragbar war. Der Chirurg stand vor einer besonderen Herausforderung: Er musste bestimmen, inwieweit er die Krümmung korrigieren konnte, ohne dabei das Rückenmark zu verletzen und eine Lähmung hervorzurufen.

„Als ich in den Operationssaal geschoben wurde", erinnert sich Josh, „sagte mir der Chirurg, dass so eine Spondylodese die schmerzhafteste Operation sei, die man in meinem Alter haben könnte." Er bereitete sich mental auf die vor ihm liegenden Qualen vor, aber niemand konnte vorhersehen, dass die Kanüle, durch die das Schmerzmittel direkt in seinen Rücken geleitet werden sollte, gar nicht befestigt und dieser Umstand erst nach fast 16 Stunden bemerkt werden würde.

„Ich war schon immer sehr aktiv gewesen und hatte etliche Knochenbrüche und ein paar Gehirnerschütterungen hinter mir. Sie alle waren auf ihre Weise schmerzhaft gewesen, aber der Schmerz, den ich unmittelbar nach der Operation spürte, war der schlimmste, den ich je erlebt habe. Selbst meinem schlimmsten Feind würde ich solch ein Leiden nicht wünschen. Und es hörte einfach nicht auf. Während dieser 16 Stunden lag ich wimmernd und stöhnend auf meinem

Rücken. Durch meine liegende Position konnten die Krankenpfleger die nicht verbundene Kanüle nicht sehen. Ich war völlig erschöpft und litt unter höllischen Schmerzen. Ich flehte die Pfleger und meine Mutter an, mir mehr Schmerzmittel zu geben, aber sie wollten mir nicht zu viel Morphium durch den Infusionsschlauch in meinem Arm geben, also konnten sie kaum etwas tun, um meinen Schmerz zu lindern. Uns allen war nicht bewusst, dass die richtige Antwort auf meinen Schmerz direkt unter mir lag."

Während dieser 16 Stunden fragte Josh nach dem Warum. „Ich war verwirrt – warum waren diese Schmerzen so stark, wenn doch so viele Leute für mich beteten? Immer wieder fragte ich meine Mutter: ‚Betest du für mich? Betet Oma für mich? Beten die Leute für mich?'"

Sie alle beteten, aber der Schmerz hielt an. Selbst im Nachhinein ist das schwer nachzuvollziehen. Warum ließ Gott zu, dass die Kanüle sich löste? Wie konnte es sein, dass niemand bemerkte, was der Grund für Joshs anhaltende Schmerzen war?

Oft bleibt uns nichts anderes als das Warten auf Antworten.

Josh lernte, dass wir durch das Warten vor die Wahl gestellt werden, ob wir positiv oder negativ auf die Herausforderungen des Lebens reagieren. Da wir in einer unvollkommenen Welt leben, erlebt auch jeder von uns harte Zeiten. Wir können nicht entscheiden, welche Umstände uns begegnen, aber wir können sehr wohl darüber entscheiden, wie wir auf sie reagieren. Wenn wir uns für eine positive Reaktion entscheiden, werden wir staunen, worüber wir uns später noch freuen können.

„Ich verbrachte die folgenden fünf Tage im Krankenhaus", erzählt Josh weiter, „und alle freuten sich wahnsinnig, als ich am vierten Tag Blähungen hatte. Preis den Herrn für Blähungen! Dies war der Schlüssel zu meiner Heilung, denn es war das erste Anzeichen dafür, dass mein Körper in der Lage war, ohne starke Medikamente wieder zu funktionieren."

Ein weiterer unmittelbarer Vorteil der Operation war, dass Josh auf einmal 2 Zentimeter größer war, was eine große Sache für jemanden ist, der kleiner als die meisten seiner gleichaltrigen Freunde ist. Die Operation korrigierte die Verkrümmung auf erträgliche 37 Grad, wodurch Josh bereits 12 Monate nach der Operation wieder Fußball spielen, Gewichte heben und am Stabhochsprung teilnehmen konnte.

Warten macht uns bereit. Warten ist eine der wichtigsten Fähigkeiten im Leben, denn es bildet in uns den notwendigen Charakter, um unsere persönlichen Meisterstücke zu vollbringen. Und durch das Warten sind wir zur richtigen Zeit am richtigen Ort. Im Nachhinein sind wir entweder froh, dass wir gewartet haben, oder bereuen, dass wir es nicht getan haben.

Doch wenn wir mittendrin stecken, fühlt sich Warten qualvoll an. Wir sind frustriert, dass wir die Dinge nicht beschleunigen können, und fühlen uns mehr als Opfer denn als jemand, der eine schwierige Situation meistern wird. Wir kommen daher oft viel zu schnell zu dem Schluss, nichts oder das Falsche würde passieren, wenn wir nicht eingreifen und etwas machen.

Doch tatsächlich bereitet uns das Warten auf die schönsten Momente im Leben vor. Gott weiß, wann wir den Charakter und die Fähigkeiten besitzen, die für das nächste Abenteuer erforderlich sind, also lässt er uns warten. Wir denken, wir wären schon eher bereit, also geraten wir in Stress. Doch Gott lässt uns warten. Wir denken, dass sich zu wenig an unseren Umständen verändert, also geraten wir unter Druck. Doch Gott lässt uns warten. Wir machen uns große Sorgen darum, wo unser Leben hinführt, also werden wir unruhig. Doch unsere Ungeduld widersetzt sich dem, was Gott in uns tun will. Daher solltest du Gott danken, wenn du gerade warten musst, denn das bedeutet, dass er gerade an dir arbeitet.

Neue Ziele für Josh

Die wichtigste Auswirkung war wohl, dass Josh aufgrund seiner Erfahrungen in der Lage ist, mehr Verantwortung zu übernehmen und weniger schnell gestresst zu sein. „Vor und nach der Operation wurde mir Psalm 40 sehr wichtig, besonders die Verse 2 bis 4.

> Geduldig hoffte ich auf die Hilfe des Herrn, und er wandte sich mir zu und hörte mein Schreien. Er rettete mich aus dem Sumpf der Verzweiflung, aus Matsch und Schlamm. Er stellte mich auf festen Boden und gab meinen Füßen festen Halt. Er legte mir ein neues Lied in meinen Mund, mit dem ich unseren Gott loben kann. Viele werden sehen, was er getan hat, und darüber staunen. Sie werden dem Herrn vertrauen.

Man kann wohl sagen, dass ich ungeduldig war, als meine Schmerzen nach der Operation nicht behandelt wurden. Doch zur selben Zeit hörte Gott mein Schreien und gab mir durch meine Operation und die anschließenden Tage im Krankenhaus die Gelegenheit, im jungen Alter von 16 Jahren über meine Prioritäten im Leben nachzudenken. Dadurch erkannte ich, wie unbedeutend meine Sorgen und Wünsche waren, wie gesegnet ich war und dass sich meine Einstellung und mein Verhalten gegenüber Menschen ändern mussten."

Ein Rat von Josh

„Nimm die Dinge, wie sie sind. Optimistisch zu sein ist eine wunderbare Eigenschaft, die das Leben in den schlimmsten Zeiten erträglich macht und in den guten Zeiten noch viel besser. Als Christen können wir durch den Glauben optimistisch sein und Hoffnung für die Zukunft haben. Sicherlich ist es nicht immer leicht, Optimist zu sein, wenn wir im Leben auf Rückschläge und Enttäuschungen stoßen, aber Gott hat alles in der Hand. Wir können die Dinge nehmen, wie sie sind, weil er mit uns im Ring steht, und mit ihm auf unserer Seite kann uns niemand k. o. schlagen. Genau darum geht es meiner Meinung nach auch in Sprüche 3,5-6:

> Vertraue von ganzem Herzen auf den Herrn und verlass dich nicht auf deinen Verstand. Denke an ihn, was immer du tust, dann wird er dir den richtigen Weg zeigen."

Josh hatte Glück, denn er lernte bereits früh, wie wertvoll aktives Warten ist. Als wir Josh zum ersten Mal begegneten, waren wir sehr beeindruckt von seiner Reife und wie er als Leiter lebte. Er wartet immer noch aktiv darauf zu erkennen, ob Gott ihm erlaubt zu heiraten und wie Gott diese besondere Person in sein Leben führen könnte. Er wartet darauf zu erfahren, ob er als Armeeangehöriger weiterhin in den USA bleiben oder ins Ausland geschickt werden wird. Er wartet darauf zu sehen, wie Gott ihm an jedem Ort, an dem er stationiert wird, neue Freunde schenken wird. Er wartet darauf zu erkennen, wie sein Wunsch, in den vollzeitlichen Dienst zu gehen, mit seinem Wunsch verbunden werden kann, seinem Land zu dienen und für Recht und Ordnung zu sorgen.

Er hat gelernt, dass Warten immer dazugehört. Er studierte Jura, weil er erkannte, dass er in diesem Bereich eine Begabung hat. Doch er war sich nicht sicher, ob das wirklich das war, was er machen wollte. Er nahm an Seminaren und Vorlesungen teil und schrieb seine Hausarbeiten, während er um Weisheit bat, um Gottes Willen zu erkennen. Nach seinem zweiten Studienjahr dachte er ernsthaft darüber nach, das Jurastudium abzubrechen, um als Hauptamtlicher in einer Gemeinde oder Organisation zu arbeiten. Er betete und dachte lange über die verschiedenen Möglichkeiten nach, die sich ihm boten, suchte den Rat von Menschen, denen er vertraute, und führte schließlich ein Vorstellungsgespräch mit dem Personalchef der JAG Corps.

Er hatte stark den Eindruck, dass das JAG Corps Teil seiner Zukunft sei, doch er musste noch weiter warten. Möglicherweise würde er nämlich wegen seiner Wirbelsäulenversteifung nicht für den Militärdienst akzeptiert werden. Nach einer ärztlichen Untersuchung wurde er im Oktober 2008 aus gesundheitlichen Gründen ausgemustert. Routinemäßig ging seine Akte zur Überprüfung an die Sanitätskommission. Josh wartete und betete, und durch die Gnade Gottes erhielt er eine Sonderfreigabe.

Während er wartete, musste er in Form bleiben. Also machte Josh Sit-ups, und zwar auf seine ganz persönliche Art.

„Vor der Operation konnte ich wie jeder andere Mensch auch bei einem Sit-up meinen Rücken ein ganzes Stück beugen, bevor ich meinen Bauch und meine Hüftbeugemuskeln einsetzen musste, um den Sit-up zu Ende zu bringen. Das kann ich nun nicht mehr. Um wieder hochzukommen, setze ich nun fast zu 100 Prozent meine Bauch- und Hüftbeugemuskeln ein. Wer weiß, vielleicht motiviere ich andere, auch nach der Josh-Methode zu trainieren und den Rücken komplett flach zu halten. Mal sehen, ob sich das durchsetzt!"

Wir wissen nicht, ob Joshs besondere Art der Sit-ups sich durchsetzen wird, aber wir hoffen, dass sein Mut und seine Zielstrebigkeit sich weit verbreiten.

Nur so zum Spaß

Das Richtige zu tun, während man wartet, kann manchmal etwas zu weit gehen. Das mussten Lorna und ihre Freundin erkennen.

Meine Freundin Lorna stand vor mir an der Kasse des Supermarkts. Sie hatte ihren Einkauf mit ihrer EC-Karte bezahlt und wartete darauf, dass der Kassierer die Transaktion zum Abschluss brachte.

An der Kasse saß ein gut aussehender junger Mann namens Richard und er bat Lorna um einen Identitätsnachweis, wobei er auf die Unternehmensgrundsätze verwies.

Lorna war völlig verblüfft. Schließlich sagte sie: „Aber Richard, ich bin deine Mutter."

Kapitel 6

Entscheide dich, in deinen Beziehungen Grenzen zu setzen

„Die Frucht des Geistes aber ist … Freundlichkeit."
Galater 5,22 (ELB)

Beziehungen können aufregend, spannend und beglückend sein – und frustrierend, nervig, herzzerreißend und unvorhersehbar. Eine Frau erzählte zum Beispiel folgende Geschichte:

> Meine Großmutter erzählte mir einmal, wie sie dazu kam, Großvater zu heiraten. Sie war in den Zwanzigern und der Mann, mit dem sie sich traf, musste in den Krieg ziehen.
>
> „Wir waren verliebt", erinnerte sie sich, „und schrieben einander jede Woche Briefe. Während dieser Zeit merkte ich, was für ein toller Mann dein Großvater war."
>
> „Hast du Großvater geheiratet, als er nach dem Krieg wieder nach Hause kam?", fragte ich sie.
>
> „Oh, ich habe nicht den Mann geheiratet, der mir die Briefe geschrieben hat. Dein Großvater war der Postbote."

Wenn unser Herz unbeständig ist und unsere Gefühle von himmelhoch jauchzend bis zu Tode betrübt schwanken, wie kann man mit anderen wirklich freundlich umgehen? Wie wird man Teil eines guten Freundeskreises und wie führt man ein ausgewogenes Leben? Indem du in deinen Beziehungen Grenzen setzt! Alle guten, ausgewogenen Beziehungen, sowohl auf freundschaftlicher als auch auf partnerschaftlicher Ebene, werden von Grenzen bestimmt. In diesem Kapitel wollen wir genauer darauf eingehen, wie man das praktisch in Beziehungen lebt. Folgende Schritte machen diesen Prozess aus:

1. Bestimme deine Bindungstiefe.
2. Bewerte dein Umfeld.
3. Feile an deinen Grenzen.
4. Sorge gut für dich selbst.
5. Nutze dein Beziehungsnetzwerk.
6. Mache das Beste aus deinen Abschieden.

1. Bestimme deine Bindungstiefe

Jede gesunde Beziehung hat zwei wesentliche Elemente: zwei Menschen mit gefestigten Charakteren und eine klar kommunizierte Bindungstiefe, also das Engagement, mit dem jeder bereit ist, sich in die Beziehung einzubringen. Beide Seiten müssen wissen, wie tief sie in ihrer Beziehung gehen wollen, und jeder Ausdruck von Zuneigung – jedes Geschenk und jede Handlung – sollte daran angepasst sein.

Es kann sein, dass in einer Freundschaft oder einer Arbeitsbeziehung Grenzen verschwimmen. Wie viel vertraut man seinem Mitarbeiter, seinem Chef oder einem Freund an? An welchem Punkt gibt man persönliche Informationen über sich preis? Wann oder warum leiht man einer Person Geld oder bittet selbst darum? Wann darf man die Kleidung oder das Verhalten anderer kommentieren? Wer darf dein „Freund“ auf Facebook sein oder dir bei Twitter folgen und was sollte man twittern oder auf Facebook teilen und was lieber nicht?

Man muss so viele Entscheidungen in Beziehungen treffen. Daher liegt es doch nahe, sich zum Schutz ein paar Wegweiser aufzustellen. Sie geben an, wie viel man mit anderen teilen sollte. Mit diesen vier Punkten gehst du auf Nummer sicher:

Erzähle nach und nach von dir.
Halte dir immer einen Fluchtweg offen.
Gehe in der Beziehung voran.
Überlege dir gut, ob du jemand einen Gefallen tust.

Erzähle nach und nach von dir

Das Vertrauen in deinen Beziehungen sollte sich langsam entwickeln. Gib nicht zu viel Persönliches von dir preis, wenn du jemandem zum ersten Mal begegnest. Wenn man dich fragt: „Wo wohnst du?", gib die Stadt oder das Bundesland an, nicht den Straßennamen. Wenn jemand dir bei Facebook eine Freundschaftsanfrage schickt, frage ihn, woher er dich kennt, und stelle sicher, dass die Verbindung zwischen euren Freundeskreisen stimmt, bevor du ihn in deine Freundesliste aufnimmst. Wenn du jemanden näher kennenlernen willst, sucht euch einen geschützten Rahmen: Geht in denselben Hauskreis, engagiert euch in einer Gruppe gemeinsam ehrenamtlich, geht zusammen einem Hobby mit anderen nach. Dann könnt ihr langsam die Gruppengröße kleiner werden lassen – ein gemeinsames Essen oder Treffen mit ausgesuchten Freunden. Anschließend könnt ihr über eine Verabredung zu viert nachdenken, um zu sehen, wie wohl ihr euch damit fühlt, bevor ihr allein ausgeht.

Halte dir immer einen Fluchtweg offen

Am Anfang ist es besser, wenn du mit deinem eigenen Auto oder öffentlichen Verkehrsmitteln zu den Verabredungen fährst und sie auch allein wieder verlässt, bis du die Person weitestgehend überprüft hast. Wie überprüft man jemanden? Wendet man sich an einen Privatdetektiv? Das wäre die gründlichste Variante, könnte aber sehr teuer werden, wenn du dich oft mit verschiedenen Leuten verabredest, und es ist vielleicht auch nicht die netteste Art. Doch du kannst als normaler Mensch auch selbst einen Blick in den Hintergrund einer Person werfen:

- Wie viel von der Person ist online zu finden?
  - Was postet sie bei Facebook? Was twittert sie?
  - Mit wem ist sie befreundet und worum drehen sich ihre Gespräche?
  - Wird sie positiv auf der Website ihrer Firma hervorgehoben?

- Wie sind die Beziehungen der Person zu ihren Arbeitskollegen?
  - Kennst du jemanden aus ihrem Betrieb?
  - Kennst du ihren Werdegang und weißt du, ob sie bereits befördert wurde?

- Wie sehen die familiären Beziehungen der Person und ihre Freundschaften aus?
  - Stehen sie sich nahe? Hast du bereits jemanden aus ihrer Familie kennengelernt?
  - Wer sind ihre Freunde? Fühlst du dich wohl in ihrer Nähe?
  - Wo verbringt diese Person ihre Freizeit?
  - Scheint es so, als hätte sie Freunde, die du nicht kennenlernen sollst?

- Wie sieht die finanzielle Situation der Person aus?
  - Lebt sie entsprechend ihren Einkommensverhältnissen oder ist sie hoch verschuldet?

  - Hat sie ihre Studienkredite bereits zurückgezahlt?
  - Kauft sie öfter Dinge auf Raten, als du es tun würdest?

- Wie geht die Person mit Verantwortung um?
  - Investiert sie sich? Wie sehr?
  - Ist diese Person alkohol-, drogen- oder nikotinabhängig? Oder konsumiert sie diese Dinge oft?
  - Wie sauber ist ihr Auto? (oder später: Wie sauber ist ihr Zuhause, ihre Terrasse, ihr Garten?)
  - Wie sieht es mit ihrer Körperpflege aus?

Auch wenn du bereits ein deutlicheres Bild von der Person hast, mit der du ausgehst oder die du näher kennenlernst, ist es immer gut, wenn du am Anfang der Beziehung mit deinem eigenen Wagen zu einer Veranstaltung, die ihr gemeinsam besucht, oder einer Verabredung fährst. Du wirst dankbar für einen Fluchtweg sein, wenn das Treffen in die Hose geht.

Gehe in der Beziehung voran

Es geschieht oft, dass sich zwischen engen Freunden ungesunde Verhaltensmuster entwickeln. Viele der Frauen, die zu mir (Pam) in die Beratung kommen, erzählen mir frustriert von ihren männlichen Freunden, für die sie gekocht, geputzt oder sogar gewaschen haben und doch von ihnen immer nur als platonische Freundin betrachtet wurden. Wenn du die Aufgaben eines Ehemanns oder einer Ehefrau übernimmst, aber kein Interesse an einer Beziehung besteht, kannst du dich darauf einstellen, verletzt zu werden. Manchmal ist es gut, wenn du Freunde hast, die nach dem Geben-und-Nehmen-Prinzip leben, aber sei vorsichtig, wenn du die Person bist, die immer nur *gibt* und der andere immer nur *nimmt*.

Vielleicht hat deine Großmutter dich früher durch folgendes Sprichwort daran erinnert, wie wichtig es ist, gute moralische Entscheidungen zu treffen: „Warum sollten sie die Kuh kaufen, wenn sie die Milch umsonst haben können?" In den meisten Fällen bezog sich dieser Satz darauf, sich einem anderen Menschen sexuell hinzugeben, aber man kann ihn auch weiter fassen: Man tut Dinge für den anderen, die man normalerweise nur als Ehepartner tun würde, ohne dass es mit der Beziehung tatsächlich vorangeht. Wenn du dich in dieser Weise in eine Freundschaft investierst, solltest du deutlich machen, dass du dies entweder deshalb tust, weil du dafür eine Gegenleistung erwartest, oder weil du es als Einsatz für Jesus betrachtest.

Es ist völlig in Ordnung, wenn du deine Zeit, deine Fähigkeiten oder dein Geld verschenkst, sofern sie wirklich ein völlig uneigennütziges Geschenk sind und du damit nicht die Absicht hast, dir das Herz des anderen zu kaufen. Wenn du möchtest, dass beide Seiten wissen, wie sie zueinander stehen, dann achte darauf, dass ihr klare Vereinbarungen trefft.

Überlege dir gut, ob du jemandem einen Gefallen tust

Beim finanziellen Einkommen müssen Singles sich der harten Realität stellen: „Wir müssen für uns selbst sorgen!" Kein Sugardaddy kommt für die Erfüllung deiner Träume auf – so sollte es zumindest nicht sein. Es ist auf die Dauer äußerst schädlich, von dem Geld eines anderen abhängig zu sein, damit man seinen Lebensstandard aufrechterhalten kann. Geld ist immer an eine Bedingung geknüpft – auf irgendeine Art muss immer dafür bezahlt werden.

Sarah hat das auf die harte Tour gelernt. Als junge, hübsche, aber finanziell klamme Studentin traf sie sich mit einem Mann in den Vierzigern. Er war sehr erfolgreich und überschüttete sie mit Geschenken, bezahlte ihre Studiengebühren, ließ sie zu sich in seine Luxuswohnung einziehen – und erwartete dafür eindeutig sexuelle Gefälligkeiten. Zuerst fühlte sie sich entlastet, aber bald wurde er immer fordernder, kontrollierender und ihr kam es zum Schluss so vor, als führe sie das luxuriöse Leben einer Edelhure. Sie wollte ihn verlassen, aber es war nicht so leicht, aus dieser Beziehung herauszukommen, wie sie hineingerutscht war. Ihr „Freund" hielt sie an der kurzen Leine, also musste sie sich etwas einfallen lassen. Als er eines Tages bei einem geschäftlichen Treffen war, packte sie ihre Koffer und verließ ihn.

Als ich (Pam) sie kennenlernte, sagte Sarah zu mir: „An meinem Kontostand gemessen bin ich nun definitiv ärmer, aber in Bezug auf mein Selbstwertgefühl doch um Längen reicher. Gott geht mit mir durch diese Phase und sorgt dafür, dass es mir wieder besser gehen wird. Ich habe gelernt, dass es im Leben keine Abkürzungen gibt. Ich habe ein besseres Bild von mir und meinem Leben, seit ich für mich selbst aufkomme."

John wurde auch hereingelegt, und zwar von einer Gönnerin, der seine Kunst gefiel. Die ältere Frau schien an seine Arbeit zu glauben und wollte ihm dabei helfen, seine eigene Produktlinie zu entwickeln und auf den Markt zu bringen. Zunächst genoss er den Luxus, in schicken Restaurants essen zu gehen, aber als er eines Tages sagte, dass er später noch eine Verabredung habe, fuhr seine Gönnerin scharfe Geschütze auf. Sie wurde laut und warf ihm vor, dass er an ihrer Seite sein müsse und nicht an der einer anderen. Schließlich habe sie doch so viel in ihn investiert.

Aus Gefallen können schnell Bedingungen werden und manchmal merkt man gar nicht, dass die Regeln sich verändert haben. Dieses Prinzip solltest du auch auf Geschenke anwenden, die du von den Freunden und der Familie deines potenziellen Partners bekommst. Wenn es ein teures Produkt ist, kann es sein, dass dieser Mensch Druck ausüben möchte, damit du eine stärkere Bindungstiefe eingehst, als du eigentlich möchtest. Vielleicht fühlst du dich verpflichtet, dich weiterhin mit einer Person zu treffen, da jeder in ihrem Umfeld so nett zu dir gewesen ist. Sei also vorsichtig, wenn du Geschenke annimmst, die dich mitten in die Familie hineinkatapultieren könnten. Jeder Gefallen, jedes Geschenk, jede Minute, die du der anderen Person gibst, bindet dich emotional an den anderen. Je ernster die Beziehung wird, umso schwerer ist es daher, den anderen zu verlassen, ohne dass du ihn verletzt – oder dich selbst.

Es ist wie mit einer Spinne und ihrem Netz. Wenn eine Spinne ihre Beute in ihrem Netz fängt, spinnt sie ihr Netz immer enger darum, damit ihr Opfer sich völlig darin verstrickt. Wenn du dich wirklich auf die Person einlassen willst, mit der du dich triffst, ist das eine gute Sache. All diese Verbindungen spinnen ein immer stärker werdendes Netz um eure Liebe. Ihr beide seid in diesem starken Kokon und es fühlt sich einfach großartig an. Doch wenn du noch nicht bereit bist für eine enge Bindung, aber Geschenke und Gefallen annimmst und ständig Zeit mit der anderen Person verbringst, wird es sehr schmerzhaft sein, wenn du gehst.

Jeremy war seit einigen Jahren mit Claire zusammen, und ihre Beziehung wurde langsam ernst. Er ging noch zur Uni, daher boten Claires Familie und ihre Freunde ihm Möbel für seine Wohnung an. Diese Geschenke nahm er gern an. Zum Geburtstag machten ihre Eltern ihm ein Geschenk, das mehrere Hundert Dollar gekostet hatte. Das Geburtstagsgeschenk seiner Familie für Claire war ein deutlich günstigeres, freundschaftliches Geschenk. Als Jeremys Auto Probleme machte, bot Claires Familie an, ihm ihr Auto deutlich unter Wert zu verkaufen, und zwar mit der Bedingung, ihnen Geld dafür zu geben, „wenn du es hast".

All das erschien sehr großzügig, bis Jeremy auffiel, dass Einladungen zu Familientreffen mehr einer Verordnung als einer Einladung gleichkamen. Es fühlte sich auf einmal an, als bestünde die Beziehung aus mehr als zwei Personen, da Claires Eltern und ihre Verwandtschaft immer darüber bestimmten, wie Jeremy und Claire ihre gemeinsame Zeit verbrachten. Je mehr Geschenke Claires Familie ihm machte, umso mehr kritisierten sie ihn. Was anfangs wie Gefallen und großzügige Geschenke ausgesehen hatte, wurde nun gegen ihn verwendet.

„Ich hielt es nicht mehr aus“, erzählt Jeremy. „Alles, was sie zu mir sagten, war negativ, und ihre Erwartungen und Forderungen häuften sich. Ich hatte gedacht, dass Claire die Frau war, die ich heiraten wollte. Als ich jedoch erkannte, dass ich auch ihre Familie heiratete, konnte ich mir einfach nicht vorstellen, den Rest meines Lebens mit diesen negativen Bemerkungen und stetig wachsenden Erwartungen und Forderungen zu verbringen. Ich hätte auf mein Bauchgefühl hören sollen, als ich das erste teure Geschenk erhielt. Ich hätte es ablehnen sollen. Manchmal war mir nicht wohl bei ihren Geschenken oder ihren Hilfsangeboten, aber Claire sagte dann immer: ‚Sie lieben dich. Sie machen das gern.‘

Es kann sogar sein, dass es so war. Ich glaube, auf ihre Art haben sie mich geliebt, aber der Preis dafür war zu hoch und an zu viele Bedingungen geknüpft. Wenn mir so etwas noch einmal passieren sollte, werde ich sehr vorsichtig damit sein, was und wie ich es annehme, weil es im Leben nichts umsonst gibt. Alles hat seinen Preis. Manchmal weiß man allerdings nicht, wie viel es einen kosten wird oder wann man die Rechnung bezahlen muss.“

2. Bewerte dein Umfeld

Manche Menschen sind für andere schädlich und wirken sich grundsätzlich schädlich auf ihr Umfeld aus. In der Comicserie *Die Peanuts* gibt es Pig-Pen, der nie ein Bad nimmt. Wohin er auch geht, er ist immer von einer Schmutzwolke umgeben. Auch im echten Leben können Menschen so sein. Stell dir vor, das Leben wäre wie eine Tasse Kaffee. Die Verletzungen, die wir erleben, steigen darin immer höher und höher, und wenn sie den Rand der Tasse erreichen, schwappt der Schmerz über und ergießt sich über jeden, der uns zu nahe kommt. Dieses schädliche Gift schwappt aus der Tasse mancher Leute über und schadet ihrem Umfeld, auch den Menschen, die sie lieben. Kaffeetassen sind dazu da, damit Kaffee in sie gegossen wird und nicht schädliches Gift. Ebenso sind Menschen dazu gemacht, Gefäße der Liebe zu sein und nicht Gefäße voll emotionalen Giftes.

Manche Menschen sind einfach noch nicht bereit für eine Beziehung, weil sie nicht offen dafür sind, sich ihrem persönlichen Gift zu stellen. Dieses Gift kann verschiedene Formen annehmen. Für manche Menschen ist das Glas immer halb leer, sodass ihre erste Reaktion immer negativ ausfällt. Andere haben einen Hang zum Sarkasmus und zerfleischen andere mit ihren Worten. Manche Menschen können sich selbst nicht beherrschen, und ihre Abhängigkeit von bestimmten Dingen lässt ihr gesamtes Umfeld im Chaos versinken. Andere wiederum sind so selbstbezogen und narzisstisch, dass sie jedes Mal ein großes Drama veranstalten, wenn etwas nicht so läuft, wie sie möchten. Und noch andere wiederum kontrollieren ihr Umfeld durch Einschüchterung, indem sie andere körperlich oder verbal missbrauchen oder damit drohen, sich selbst etwas anzutun. Dadurch ist das Leben der anderen entweder von Furcht oder Schuldgefühlen geprägt. Diese Liste ließe sich noch weiter ausführen.

Wenn eine gesunde Beziehung von der Liebe gekennzeichnet ist, mit der Gott uns liebt, dann ist eine schädliche Beziehung vom Gegenteil dieser Liebe gekennzeichnet. Schreiben wir doch mal die bekannte Passage aus 1. Korinther 13 über die Liebe um, und zwar so, als hätte Satan sie neu formuliert:

> Das Gift ist ungeduldig und unfreundlich. Das Gift ist ständig neidisch und eifersüchtig. Das Gift tut groß und bläht sich auf. Das Gift ist arrogant und stolz, selbstbezogen und grob. Das Gift verliert schnell die Beherrschung, lässt sich erbittern und rechnet Böses zu. Das Gift freut sich, wenn Menschen dumm aussehen und sich so fühlen. Das Gift liebt Fehler, denn es kann jedem davon erzählen und immer wieder davon anfangen. Das Gift unterstützt jedes Unrecht, beschützt niemals andere Menschen und gibt sie und seinen Glauben an das Leben sehr schnell auf.

Das Gift verdreht die Goldene Regel und macht aus ihr: *Was du nicht willst, das andere tun, das füge ihnen vorher zu. Nutze andere aus, bevor sie dich ausnutzen können.* Und es spottet über das Vorbild von Jesus, der sich selbst für andere geopfert hat. Das Gift würde vielmehr andere für seinen eigenen Vorteil oder seinen eigenen Spaß opfern.

Das Gift ist genau das, wonach es klingt: eine Müllhalde, Giftmüll, ein gefährlicher Stoff, giftiges Abwasser. Jesus kommt, um Leben in Fülle zu geben, der Dieb (Satan) kommt, um zu rauben, zu morden und zu zerstören (vgl. Johannes 10,10). Wenn jemand deine Hoffnungen, Träume und dein Selbstwertgefühl kaputt macht, wenn er dir deine Zukunft, deine Sicherheit oder dein Geld stiehlt, wenn er deinen Ruf, deinen inneren Frieden oder deinen Besitz zerstört … tut er dir aller Wahrscheinlichkeit nach nicht gut und hat einen schwachen Charakter!

Wenn du mit einem anderen Menschen Zeit verbracht hast und du dich nach dieser Begegnung Gott näher fühlst, ist das ein Zeichen für eine gute Beziehung. Wenn du dich jedoch anschließend fühlst, als hätte Satan dir eine Tracht Prügel verpasst, tut dieser Mensch dir nicht gut. Man kann einem Menschen mit einem schwachen Charakter helfen, aber du bewegst dich auf dünnem Eis, wenn du dich mit so einem Menschen verabredest oder ihn heiratest. Es ist sogar schwer, mit jemandem eng befreundet zu sein, wenn er sich seinem schwachen Charakter entsprechend verhält und sich nicht helfen lassen will.

Leslie Vernick hat in ihrem Buch *Emotionally Destructive Relationships* („Gefährliche Beziehungen für Ihre Seele") folgende Kriterien entwickelt, um zu überprüfen, ob bzw. wann eine Beziehung zwischen zwei Menschen negative Auswirkungen hat:

1. Einer von beiden oder beide missbrauchen den anderen körperlich, seelisch, verbal oder sexuell.
2. Einer von beiden ist oft überfürsorglich, herrisch oder beides im Umgang mit dem anderen.
3. Einer von beiden ist übermäßig davon abhängig, dass die andere Person ihn bestätigt, seine Bedürfnisse befriedigt und die meisten Entscheidungen für ihn trifft.
4. Einer von beiden hintergeht den anderen regelmäßig, in dem er lügt, Dinge verschweigt oder zurückhält, dem anderen etwas vorspielt, ihn täuscht oder die Wahrheit verdreht.
5. Einem von beiden sind die Gedanken, Gefühle oder das Wohlergehen des anderen permanent egal oder nur eine Nebensache für ihn.

Leslie ist ausgebildete Sozialarbeiterin und sie ist Expertin darin, Menschen zu helfen, die in problematischen Beziehungen stecken. Doch ihre ersten Erfahrungen damit hat sie im Umgang mit ihrer eigenen zerrütteten Familie gemacht. Kurz und bündig erzählt Leslie, wie sie mit der Person umgegangen ist, die ihr selbst nicht guttat, und wie man selbst mit seiner Person umgehen kann, die einem nicht guttut, und zwar in einem leicht zu merkenden Drei-Schritte-Prozess. Dieser Prozess stammt von Leslie, wir fassen ihn jedoch hier in unseren eigenen Worten zusammen:

Mach den Mund auf. Erzähle dem Menschen, der dich verletzt, von deiner Verletzung, deinem Schmerz oder deinem Unbehagen. Wenn man einer innerlich gesunden Person von seiner Verletzung, seinem Schmerz oder seinem Frust erzählt, möchte diese Person die Beziehung verbessern und es irgendwie wiedergutmachen. Eine Person mit einem schwachen Charakter wird deinen Schmerz jedoch nicht ernst nehmen. Überlege, was du tun wirst, wenn dieser Mensch dich weiterhin verletzt. Wenn er damit weitermacht, wirst du …

… ihm die Stirn bieten. Sage diesem Menschen, was es für Konsequenzen hat, wenn er sich weiterhin so verhält. Wenn er dich weiterhin verletzt, wirst du …

… dich zurückziehen. Ziehe dich weit genug aus der Beziehung zurück, damit du dich sicher fühlst. Handle entsprechend der Konsequenzen, die du im vorherigen Schritt angekündigt hast. Setze Grenzen, damit du das, was von eurer Beziehung noch übrig ist, schützen kannst, und gib Gott Zeit, an diesem Menschen zu arbeiten, damit er ihn heilt – und deine eigenen Verletzungen und Wunden.

3. Feile an deinen Grenzen

Durch einen allgemeingültigen Maßstab und durch Grenzen bleibt eine Beziehung ehrlich. Wenn die Karten schon früh auf den Tisch gelegt werden, weiß der andere, was er erwarten kann. Doch damit du deinen persönlichen Maßstab begründen kannst, musst du erst einmal einen haben! In einem Zeitalter der Sexfreunde, Sugardaddys und einer

Medienlandschaft voller Pornografie, Freizügigkeit, Obszönität und dem alles beherrschenden Gedanken an Sex ist es sehr wichtig, dass du deinen eigenen inneren Kompass entwickelst. Du kannst dein Herz nur dann schützen, wenn du deine Maßstäbe vor deinen Freunden und potenziellen Partnern laut äußerst.

Was wir für die Liebe tun

Wir wollen uns kurz ansehen, wie Gott Sex sieht. In unserem Buch *Feuer und Flamme – Liebe, die unter die Haut geht*[19] erläutern wir fünf Gründe, warum Gott Sex für die Ehe geschaffen hat:

- Fortpflanzung – Gott hat festgelegt, dass sich Menschen auf diese Weise vermehren.

- Entspannung – Sex macht Spaß, wenn man ihn im sicheren Rahmen einer Ehe genießt.

- Regeneration – Durch Sex werden Endorphine freigesetzt, die unsere Gesundheit stärken (sofern er auf die Ehe beschränkt ist, wodurch es wiederum nicht zu unerwünschten Nebenwirkungen wie sexuell übertragbaren Krankheiten kommt).

- Stärkung der Bindung – Selbst in harten Zeiten bleiben Ehepaare dadurch miteinander verbunden.

- Demonstration – Die enge Beziehung eines Ehepaares spiegelt Gottes Liebe wider.

---

19 Erschienen in der 1998 (2. Auflage) bei Gerth Medien, Asslar (nur noch antiquarisch erhältlich)

Du kannst auch als Single Gottes Herrlichkeit widerspiegeln, nämlich dann, wenn du verantwortungsbewusst mit deiner Sexualität umgehst. Gott will, dass Menschen durch Beziehungen geschützt und gestärkt werden. Dadurch sind Gesellschaften, Gemeinden und Familien stark und stabil. Jemanden abzuschleppen, eine Sexfreundschaft oder Sex mit vielen verschiedenen Partnern zu haben, eigene Nacktfotos per SMS zu verschicken, Pornografie oder auch Sex mit einer einzelnen Person außerhalb der Ehe bietet weder Schutz noch stärkt es.

Willst du Gott schauen?

In den Seligpreisungen sagt Jesus: „Selig sind, die reinen Herzens sind; denn sie werden Gott schauen" (Matthäus 5,8; LUT). Stell dir Sexualität mal als eine zusammenhängende, aufeinanderfolgende Skala vor. An einem Ende steht das Händchenhalten, am anderen Ende Sexualverkehr und Oralsex. Laut 1. Thessalonicher 4,3 ist es Gottes Wille, dass wir uns von jeder Unzucht fernhalten (womit jede Form von Sex außerhalb der Ehe gemeint ist). Gott also weiß: Damit wir uns ein reines Herz bewahren, müssen wir Grenzen setzen, bevor es zu Oralsex oder Sexualverkehr kommt. Doch wie weit von dieser letzten Stufe entfernt solltest du die Grenze ziehen, damit du dir die Fähigkeit erhältst, „Gott zu schauen", oder du dir ein reines Herz bewahrst und demjenigen, mit dem du dich triffst?

Wenn Geschlechtsverkehr vor der Ehe nicht Gottes Wille ist, dann sind die Dinge, die deinen Körper auf Sex einstimmen, wie Glatteis. Sexualorgane unter oder über der Kleidung zu stimulieren ist ein Teil des Liebesspiels. Daher ist es sinnvoll, die Grenze für Reinheit vor dem sexuellen Vorspiel zu ziehen.

Doch wie weit davor sollte deine Grenze gezogen werden? Für manche weckt Kuscheln das starke Verlangen nach dem Liebesakt. Andere denken, sie kommen mit intensiverem Kuscheln und Knutschen klar, ohne dabei in Versuchung zu geraten. Doch die meisten Leute sehnen sich ständig nach mehr und verschieben ihre Grenze immer weiter nach hinten, sobald sie anfangen zu kuscheln. Also sollte man die Grenze zurücksetzen.

Manche können sich einen Gutenachtkuss geben oder einen Kuss zur Begrüßung. Manche küssen sich auch, nachdem sie zusammen gebetet haben, und behalten dabei ein reines Herz. Doch andere erkennen, dass jeder Kuss – und wenn es nur ein einziger ist – das Feuer der Leidenschaft in ihnen weckt. Um wirklich bis zur Ehe zu warten, sollte man sich selbst kennen, damit man seine persönlichen Grenzen weise festlegt. Die meisten Menschen versagen darin, weil sie nicht ehrlich *zu sich selbst* sind, geschweige denn ihrem Partner gegenüber.

Die Ärzte Joe S. McIlhaney Jr. und Freda McKissic Bush beschreiben in ihrem Buch Hooked („Süchtig"), wie Sex sich auf unser Gehirn auswirkt. Sie beschreiben Sex als „jeden intimen Kontakt zwischen zwei Individuen, der mindestens einen von beiden erregt, stimuliert hat und/oder auf den er oder sie reagiert hat". Im Grunde verlagert sich intimer Kontakt an einem bestimmten Punkt auf das Ziel und die Absicht, Geschlechtsverkehr zu haben. Was ist dein Ziel? Was ist deine Absicht? Kennzeichne in der folgenden Abbildung die Stufe mit einem Herz, worauf du körperlichen Kontakt beschränken solltest, um dir ein reines Herz zu bewahren. Kennzeichne anschließend mit einem Stern, ab wann es dir nicht mehr um Zärtlichkeit, sondern um Sex geht.

Wie weit will ich gehen?

✓ Setze die Grenze vor den Geschlechtsverkehr (vgl. 1. Thessalonicher 4,3).

✓ Setze die Grenze so weit wie nötig zurück, damit du dir ein reines Herz bewahren kannst (vgl. Matthäus 5,8).

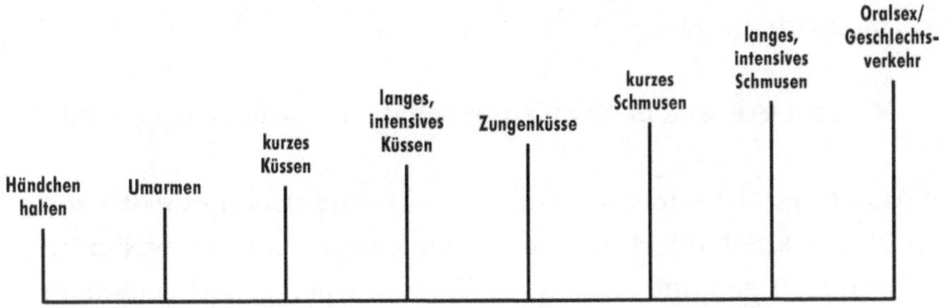

Dein Herz sollte vor deinem Stern stehen. Wenn zum Beispiel langes, intensives Küssen in dir die Sehnsucht nach Sex weckt (der Stern), dann gib dir selbst eine Grenze und markiere kurzes Küssen mit dem Herzen. Wir alle brauchen eine Grenze, um unser Herz und den weiteren Verlauf unseres Lebens zu schützen.

Wir wollen ehrlich sein: Etwa 70 Prozent aller Singles haben mindestens eine sexuelle Erfahrung außerhalb der Ehe gemacht, aber die Menschen, die ihren Sex als sehr erfüllend bezeichnen (und auch öfter miteinander schlafen), sind seit vielen Jahren verheiratet. Als Single Sex zu haben birgt zu viele Risiken in sich, einschließlich des Risikos, dass dein Partner dich verletzt oder verlässt. Und hier noch einige weitere Risiken, die statistisch belegt sind:

- In jedem Jahr infizieren sich etwa 12 Millionen US-Amerikaner mit sexuell übertragbaren Krankheiten.[20]
- Jedes Jahr kommen in den USA etwa 40.000 neue HIV-Infektionen hinzu.[21]
- Jedes Jahr kommt es in den USA zu ca. 1,37 Millionen Abtreibungen.[22]
- Fast jede zweite Schwangerschaft weltweit ist ungewollt.

Laut der US-amerikanischen Gesundheitsbehörde breiten sich sexuell übertragbare Erkrankungen immer weiter in den USA aus und etwa 65 Millionen Amerikaner[23] leiden an einer unheilbaren Form.[24]

Du kannst eine Erfahrung nur schwer genießen, die so sehr das Potenzial in sich birgt, dein Herz und Leben in Stücke zu reißen. Doch egal, wie deine Vergangenheit ausgesehen hat, jetzt kannst du entscheiden, wie du deine Zukunft gestalten möchtest. Wenn du dir selbst eine Grenze setzt, wirst du deine Zukunft schützen.

Was die Wissenschaft dazu sagt

Es gibt einen Grund, warum es so schwer ist, sich seine sexuelle Reinheit zu bewahren. Die Gynäkologen Joe S. McIlhaney Jr. und Freda McKissic Bush erklären in ihrem Buch *Hoo-*

---

20 In Deutschland infizieren sich einschlägigen Quellen zufolge jährlich über 350.000 Menschen neu mit einer Geschlechtskrankheit; Anm. d. Übers.

21 In Deutschland sind es ca. 3.000; Anm. d. Übers.

22 Laut dem Statistischen Bundesamt wurden im Jahr 2012 insgesamt 106.815 Kinder in Deutschland abgetrieben; Anm. d. Übers.

23 Von ca. 314 Millionen Gesamteinwohnern; Anm. d. Übers.

24 Auch in Europa und Deutschland wird eine zunehmende Verbreitung von Behörden registriert; Anm. d. Übers.

ked („Süchtig“) den Zusammenhang von Glücksgefühlen und Sexualverhalten: Wenn etwas bewirkt, dass wir uns gut fühlen, „belohnt Dopamin uns, indem unser Gehirn von diesem Glückshormon überschwemmt wird. Deshalb produzieren unsere Gehirnzellen ein Gefühl der Begeisterung oder des Wohlbefindens ... Wir haben dadurch das Bedürfnis oder Verlangen, angenehme, erregende oder Freude auslösende Handlungen zu wiederholen ... Wichtig ist an dieser Stelle, dass Dopamin wertneutral ist. Anders ausgedrückt ist es eine unfreiwillige Reaktion, die Gutes nicht vom Schlechtem unterscheiden kann.“ Die Autoren führen weiter aus, dass Sex einer der stärksten Erzeuger für Dopamin ist, sodass der Mensch „anfällig dafür ist, in einen Kreislauf zu geraten, in dem Dopamin durch unkluges Sexualverhalten ausgelöst wird – sie werden süchtig danach“.

Außerdem wird im weiblichen Gehirn während des Geschlechtsverkehrs das Neuropeptid Oxytocin freigesetzt, das für die innere Verbindung zwischen zwei Menschen verantwortlich ist. Es wirkt wie Sekundenkleber, ist jedoch auch wieder wertneutral. Diese innere Verbindung wird gespeichert, sodass die Frau dazu neigt, aufgrund der sexuellen Beziehung bei ihrem Partner zu bleiben, selbst wenn er in anderen Bereichen unattraktiv erscheint – sogar wenn er gewalttätig oder aggressiv ist oder ihr anderweitig schadet. Durch Oxytocin kann eine Frau das Gefühl haben, ihrem Sexualpartner trauen zu können, selbst wenn das nicht der Fall ist!

Doch nicht nur Frauen können diese irrationale Verbindung durch Sex erleben. Das Antidiuretische Hormon (ADH) ruft bei Männern ein sehr ähnliches Bindungsgefühl hervor. Diese innere Verbindung wurde von Gott geschaffen, um einer Ehe Stabilität zu schenken, doch bei Singles kann sie bewirken, dass ein Mensch sich an jemanden hängt, der nicht gut für ihn ist.

Wenn ein Mensch beschließt, dass er keine feste Bindung eingehen will, aber süchtig nach dem Dopamin-Rausch ist, der durch Sex ausgelöst wird, wechselt er womöglich ständig seine Partner. Solch ein Verhalten kann bewirken, dass „sein oder ihr Gehirn sich dieser Form anpasst und dieses sexuelle Verhaltensmuster schließlich als normal akzeptiert. ... Daher zerstört scheinbar das Verhaltensmuster, häufig wechselnde Sexualpartner zu haben, die Fähigkeit, dass man eine feste Bindung eingehen kann." Der Pastor und Berater Dave Carder kommt in seinem Buch *Close Calls* („Das war aber knapp!") zu dem Schluss, dass eine Beziehung nicht weiter wächst, wenn man intim miteinander wird, weil von nun an in der gemeinsam verbrachten Zeit Sex den größten Stellenwert hat.

Sex ist heiß, Krankheit eher nicht

Mehr als 70 Millionen US-Amerikaner leben mit sexuell übertragbaren Erkrankungen. Jedes Jahr kommen etwa 19 Millionen hinzu, die meisten von ihnen sind unter 25 Jahre alt. Dave Carder schreibt: „Heutzutage gibt es mehr als fünfundzwanzig sexuell übertragbare Infektionen, die Anlass zu ernsthaften Bedenken geben. Die meisten davon sind Viruserkrankungen, und obwohl man einige von ihnen mit Medikamenten in Schach halten kann, ist keine der Virusinfektionen heilbar." Jeder vierte Teenager hat sich bereits angesteckt. Marian Wallace und Vanessa Warner schreiben in ihrem Artikel *Abstinence: Why Sex Is Worth the Wait* („Abstinenz: Warum es sich lohnt, auf Sex zu warten"): „Die Zahl vieler sexuell übertragbarer Erkrankungen steigt sehr schnell, einschließlich Tripper, Genitalherpes und HPV. Darüber hinaus wird das Bakterium Chlamydia Trachomatis mit Unterleibsentzündungen in Verbindung gebracht, der am schnellsten zunehmenden Ursache für Unfruchtbarkeit. Sexuell übertragbare Krankheiten sind faktisch eine unmittelbare Ursache für Unfruchtbarkeit, sowohl für Frauen als auch für Männer, und es wird geschätzt, dass 95 Prozent des Gebärmutterhalskrebses mit HPV in Verbindung stehen."

Ich (Pam) erlebte einen der traurigsten Momente während meiner Arbeit, als ich auf einer Veranstaltung für Mütter einen Vortrag hielt. Nachdem ich zu einer Gruppe von verheirateten Frauen über das Thema „Feuer und Flamme für die Ehe" gesprochen hatte, kam eine Mutter mit einer Reihe kleiner Kinder zu mir nach vorn. Unter Tränen sagte sie:

> „In meiner Ehe herrschen nicht Feuer und Flamme. Es geht einfach nicht, weil ich vor unserer Heirat mit jemandem geschlafen hatte, durch den ich Herpes bekam. Jetzt leidet mein ganzes Eheleben darunter, weil ein Mensch aus meiner Vergangenheit indirekt darüber bestimmt, wann ich mit meinem Ehemann schlafen kann. Jeder Ausbruch der Krankheit erinnert mich an meinen Fehler. Jeder Herpesausbruch erinnert mich daran, dass ich mein Herz und meinen Körper an einen Menschen verschenkt habe, der mir dafür eine Krankheit gegeben hat. Wenn kein Wunder geschieht, werde ich niemals wirklich frei in meiner Ehe sein."

Die Konsequenzen sexuell übertragbarer Krankheiten reichen von Schmerzen über Unfruchtbarkeit zu Krebs und bis hin zum Tod (durch HIV/Aids). Ein durchschnittlicher Orgasmus dauert nur etwa 90 Sekunden und ein Schäferstündchen dauert im Durchschnitt weniger als eine Stunde. Wie viel von deiner Zukunft willst du für ein paar Augenblicke Dopamin-Rausch aufs Spiel setzen?

Sich festzulegen ist cool

Was Sex wirklich erfüllend macht, ist Vertrauen. Als wir für unser erstes Buch *Feuer und Flamme* recherchierten, entdeckten wir einen entscheidenden Faktor: Damit eine Frau ihre sexuelle Erfahrung genießen kann, muss sie dem Mann, mit dem sie schläft, vertrauen können. Eine Bindung wie in der Ehe, in der zwei Menschen vor Gott und der Welt einen Bund eingegangen sind, wirkt wie ein Sicherheitsnetz, das diese Atmosphäre für Vertrauen schafft.

Barbara Wilson, die das Buch *The Invisible Bond: How to Break Free from Your Sexual Past* („Die unsichtbare Verbindung. Wie Sie von Ihrer sexuellen Vergangenheit frei werden“) geschrieben hat, wurde von den Vereinten Nationen zu diesem Thema als Referentin eingeladen. In ihrem Vortrag stellte sie ihre Schlussfolgerung vor, dass die Mehrheit der Menschen, die Sex außerhalb der Ehe haben, enttäuscht sind und sogar verletzt wurden:

> Nachdem ich Hunderten von Frauen geholfen habe, sexuell heil zu werden, kam ich zu dem Schluss, dass ihre erste sexuelle Erfahrung außerhalb der Ehe selten das war, was sie erwartet hatten. In vielen Fällen war sie erzwungen, ungeplant, geschah hastig und war nicht sexuell befriedigend für sie … Darüber hinaus können die negativen Assoziationen durch diese erste sexuelle Erfahrung ihnen in die Ehe folgen und bewirken, dass sie sich körperlich verschließen, und ihnen so die Art von Intimität rauben, die Gott ihnen in der Ehe schenken will. Diese Erfahrung habe nicht nur ich gemacht. Studien zeigen, dass die meisten jungen Menschen sich wünschen, sie hätten mit dem Sex gewartet. Laut der National Campaign to Prevent Teen Pregnancy[25] sagen 55 Prozent der sexuell aktiven Männer und 72 Prozent der sexuell aktiven Frauen unter 20, dass sie sich wünschen, sie hätten mit dem Sex gewartet.

25 Organisation in den USA, die sich für die Verhütung von Teenagerschwangerschaften einsetzt; Anm. d. Übers.

Das Zusammenleben-Phänomen

Vielleicht denkst du jetzt: „Okay, dann werde ich mich nicht durch die Betten schlafen. Ich schlafe nur mit der Person, mit der ich zusammen bin, und wir ziehen einfach zusammen, bis wir uns entscheiden zu heiraten. Die Ehe ist doch nur ein Stück Papier, oder?" Das klingt recht vernünftig, mal abgesehen von ein paar handfesten Fakten:

- Sex, den man in einer festen Beziehung und mit einer Person hat, mit der man zusammenlebt, ist immer noch Sex, der dich mit einer Person verbinden kann, die dir nicht guttut. Wenn du bereits viele Sexualpartner vor deinem jetzigen Partner hattest, ist dein Gehirn immer noch darauf eingestellt, dass man sich liebt und dann wieder geht. Zusammenzuleben, statt sich ein Eheversprechen zu geben, verstärkt das Denken, dass es „immer eine Hintertür gibt". Das kann die Liebe zerstören.

- Die Mehrheit der unverheiratet zusammenlebenden Paare bezeichnet ihre Beziehung selbst als „kurz vor dem Aus".

- Bei Paaren, die bereits vor ihrer Hochzeit zusammengelebt haben, ist es im Vergleich zu Paaren, die vor der Ehe nicht zusammengelebt haben, doppelt so wahrscheinlich, dass sie sich später scheiden lassen.

- Bei unverheiratet zusammenlebenden Paaren kommt es eher zu häuslicher Gewalt.

- Bei Paaren, die unverheiratet zusammenleben, ist es im Vergleich zu den Ehepaaren vier Mal wahrscheinlicher, dass sie einander betrügen.

- Unverheiratet zusammenlebende Paare bekommen öfter Kinder, was wiederum übermäßigen Stress für eine Beziehung bedeuten kann, die eigentlich erst noch wachsen und gestärkt werden muss.

- Die Liebe von unverheiratet zusammenlebenden Paaren ist zeitlich begrenzt. Nur eins von sechs Paaren wird drei Jahre zusammenbleiben und nur eins von zehn wird zehn Jahre und länger zusammenbleiben. Die meisten Beziehungen von unverheirateten Paaren halten nur 18 Monate.

Als Pastoren und Paarberater haben wir die Erfahrung gemacht, dass die Mehrheit der Paare, die zusammenziehen, nicht heiraten. Manche tun es und von ihnen bleiben auch einige verheiratet, aber sie sind die Ausnahme von der Regel. Die meisten der unverheiratet zusammenlebenden Paare, die wir kennengelernt haben, verbringen ein paar Jahre miteinander und ziehen dann weiter. Manchmal warten Frauen jahrelang darauf, dass ihr Freund, mit dem sie zusammenleben, ihnen einen Antrag macht, aber die meisten tun es nie. Dann erkennen diese Frauen, dass sie die besten Jahre ihres Lebens und einen großen Teil ihres Herzens an einen Mann verschenkt haben, der sie nicht genügend liebt, um sich an sie und eine Zukunft mit ihr zu binden. Manchmal will auch der Mann in so einer Beziehung heiraten, doch seine Partnerin hat aus irgendeinem Grund Angst vor der Ehe. Er hat dann das Gefühl, dass jemand in seinem Leben die „Pause-Taste" gedrückt hat und er wie ein Flugzeug über einem Flughafen schwebt, aber nicht landen kann.

Unverheiratetes Zusammenleben wirkt sich negativ auf eine langfristige Liebesbeziehung aus, und zwar mindestens aus den folgenden Gründen:

1. Ihr entscheidet euch gemeinsam dafür, Gott ungehorsam zu sein. Das ist kein guter Start und kein gutes Fundament für eine Beziehung.

2. Ihr entscheidet euch, keine Entscheidung in dem Bereich zu treffen, der euch wirklich voranbrächte. Bist du bereit, ganz auf diese Beziehung zu setzen, auch wenn du weißt, dass dein Partner von heute auf morgen in eine andere Stadt, zu einem anderen Lebenspartner oder in eine andere Wohnung ziehen könnte? Unverheiratet zusammenzuleben ist per Definition eine unsichere Angelegenheit, daher kann sich dein Leben über Nacht drastisch verändern. Auszuziehen ist nicht das Gleiche wie eine Scheidung. Ein Scheidungsverfahren gibt einem Menschen, der gerade erlebt hat, wie seine Beziehung zerbrochen ist, durch gesetzliche Regelungen wie Gütertrennung und Unterhaltungszahlungen wenigstens etwas Rückhalt.

3. Unverheiratet zusammenzuleben ist kein guter Test, um zu sehen, ob man zueinanderpasst. Mit einer offenen Hintertür, einem Fluchtweg, einem Notfallplan zu leben ist nicht das Gleiche wie eine Ehe.

Wenn du die Beziehung einem Test unterziehen möchtest, wird dir unverheiratetes Zusammenleben nicht dabei helfen, zu einem realistischen Urteil zu kommen.

4. Sorge gut für dich selbst

Wenn wir über Sexualität reden, sollten wir auch über ein Thema sprechen, das für die meisten Singles ein Problem darstellt: Selbstbefriedigung. Fast jeder macht sich Gedanken darüber, aber die wenigsten reden darüber. Es ist kein

Geheimnis, dass wir alle als sexuelle Wesen geschaffen wurden. Wir alle haben Sexualorgane, wir alle denken an Sex und wir alle müssen die Entscheidung treffen, wie und wann wir unsere Sexualität ausüben. Daher lautet eine der wichtigsten Fragen, die wir uns selbst stellen sollten: „Wie gehe ich mit dem Sexualtrieb um, den Gott in mir geschaffen hat?" Diese Frage taucht in ganz unterschiedlichen Variationen auf und ist abhängig von deiner aktuellen Lebensphase und deinem Beziehungsstatus:

- Wenn ich keinen Partner habe und mein Sexualtrieb sehr stark ist, wie gehe ich damit um?

- Wenn ich einen Partner habe und versuche, verantwortlich mit ihm umzugehen, sodass wir vor der Ehe keinen Sex haben, wohin dann mit meinen sexuellen Gedanken und meinem Verlangen?

- Ist es überhaupt okay, wenn ich mir selbst einen Orgasmus verschaffe? Wenn ja, wann/in welchem Fall?

- Schützt mich Selbstbefriedigung davor, die Grenze zur Unzucht (sexuelle Handlungen vor der Ehe) zu überschreiten?

- Wie denkt Gott über Selbstbefriedigung?

Interessanterweise sagt die Bibel nicht direkt etwas zu Selbstbefriedigung. Damit wir auf diese Fragen eingehen können, müssen wir uns die grundlegenden Prinzipien ansehen, die damit zusammenhängen. Wir suchen also nicht einfach nach einem Gebot nach dem Motto „Du sollst" oder „Du sollst nicht".

Vermeide es, Selbstbefriedigung ins Lächerliche zu ziehen

Im Verlauf der Geschichte hat es einige gut gemeinte, aber letztlich doch lächerliche Ansichten über Selbstbefriedigung gegeben. Eine kalte Dusche verdirbt dir vielleicht die Stimmung, aber sie löscht deinen Sexualtrieb nicht aus. Du wirst auch nicht blind, wenn du masturbierst. Ebenso wenig wirst du verrückt. Und es ist auch nicht zwangsläufig so, dass du dadurch dein Interesse an einer guten Beziehung verlierst.

Wusstest du, dass es eine historische Verbindung zwischen Selbstbefriedigung und Cornflakes gibt? Im Jahr 1884 erfand Dr. John Harvey Kellog die heute so bekannten Cornflakes, um bei Kindern die Lust auf Masturbation einzudämmen. Unser Rat lautet daher: Kalte Duschen und nur noch von Cornflakes ernähren! (Nein, das war nur ein Witz.)

Wir sind uns sehr sicher, dass Cornflakes nicht wirklich eine Lösung für dieses Problem sind. Wenn du nach realistischen Lösungen suchst, wie du mit deinem persönlichen Sexualverhalten umgehen kannst, solltest du alles, was Selbstbefriedigung ins Lächerliche zieht, im Gespräch vermeiden.

Sei besonnen

Der menschliche Sexualtrieb ist einer der mysteriösesten und unerbittlichsten Aspekte des Lebens. Frauen sehnen sich danach, auf der Beziehungsebene miteinander verbunden zu sein. Als kleine Mädchen träumen sie davon und als Erwachsene sehnen sie sich danach. Es gibt viele anrührende und traurige Geschichten von Frauen, die im Laufe der Geschichte viel geopfert haben, nur um in einer Beziehung zu stehen. Wenn man dieses Verlangen nicht unter Kontrolle hält, kann es den gesunden Menschenverstand ausschalten und natürliche Hemmungen außer Kraft setzen. Männer werden davon getrieben, das Sperma abzugeben, das sich in regelmäßigen Abständen in ihrem Körper aufbaut. Durch einen hohen Testosteronspiegel denken Männer oft an Sex und reagieren auf fast jeden visuellen Reiz. Wenn man dieses körperliche Verlangen nicht unter Kontrolle hat, wird es moralische Werte verdecken und natürliche Hemmungen außer Kraft setzen.

Wie schon angemerkt sind bei jeder sexuellen Ausdrucksform sehr starke chemische Verbindungen im Spiel, weshalb wir in diesem Bereich stark kämpfen müssen. Damit du dir deine sexuelle Reinheit bewahren kannst, solltest du wachsam und besonnen sein.

> Also lasst uns nun nicht schlafen wie die Übrigen, sondern wachen und nüchtern sein! (1. Thessalonicher 5,6; ELB)

> Seid besonnen und wachsam und jederzeit auf einen Angriff durch den Teufel, euren Feind, gefasst! Wie ein brüllender Löwe streift er umher und sucht nach einem Opfer, das er verschlingen kann. (1. Petrus 5,8)

Damit du sexuell rein bleibst, ist mehr nötig als nur eine gelegentliche Entscheidung von dir. Vielmehr solltest du dich bewusst und mit klarem Verstand dazu verpflichten und dir dabei der Gefahren bewusst sein.

Schuld ist nicht dein Freund und Helfer

Sicherlich denken die meisten Menschen, dass man Selbstbefriedigung entweder völlig vermeiden oder nur wenig darauf zurückgreifen sollte. Wir bezweifeln, dass jemand sagen würde: „Ich glaube, Selbstbefriedigung gehört zu den geistlichen Übungen. Dadurch komme ich Jesus näher und es hilft mir bei Entscheidungen." Vielmehr hören wir öfter: „Ich habe so ein Problem damit. Manchmal scheint es mir zu helfen, aber ich glaube eigentlich nicht, dass ich es tun sollte." Eine Frau hat diese Perspektive in einem Onlineforum gut zusammengefasst:

> Vor anderthalb Jahren wurde ich zur Witwe. Mein Ehemann und ich hatten es geliebt, miteinander zu schlafen. Wir haben einander gern gezeigt, wie sehr wir uns liebten, und es war etwas, das nur wir zwei miteinander teilten. Nun ist er nicht mehr da und ich sehne mich nach ihm und habe von ihm geträumt, als ich mich selbst befriedigte. Ich fühle mich ihm sehr nah, wenn ich es tue, aber danach fühle ich mich schuldig, weil ich Gott keine Freude gemacht habe. Ich mache das nicht oft, vielleicht einmal im Monat, aber es beschäftigt mich, seit mein Mann verstorben ist. Die Liebe zu ihm ist noch genauso stark wie früher. Gibt es auch Ausnahmen????

Wir würden dir nie dazu raten, alle Hemmungen fallen zu lassen und dich jederzeit selbst zu befriedigen, wenn du es willst. Aber wir wollen dich auch nicht darin ermutigen, in Schuldgefühlen zu ertrinken. Es ist gut, wenn wir unsere schlechten Entscheidungen bereuen, aber chronische Schuldgefühle können eine zerstörerische Macht entwickeln, die dazu führt, dass Menschen sich nur noch mit sich selbst beschäftigen und langsam aber sicher sich selbst ruinieren. Jesus ist gestorben, weil er uns von unserer Schuld befreien möchte, und er ruft uns dazu auf, aus seiner Gnade heraus zu leben. Wenn wir ständig bei unserem Schuldgefühl stehen bleiben und nicht unsere Sünden bekennen und Gottes Vergebung empfangen, kämpfen wir gegen das innere Wachstum, das er in uns hervorbringen möchte.

- **Schuld konzentriert sich auf unser Versagen.
Gnade konzentriert sich auf Gottes Kraft.**

- **Schuld bewirkt, dass wir schlecht über uns selbst denken.
Gnade bewirkt, dass wir gut über Gott denken.**

- **Schuld lässt uns über unser Fehler nachdenken.**
  Gnade lässt uns über Gottes Wahrheit nachdenken.

- **Schuld treibt uns dazu, unsere Unvollkommenheit zu verachten.**
  Gnade bringt uns dazu, über Gottes Schöpfung zu staunen.

- **Schuld raubt uns die Kraft.**
  Gnade verleiht uns neue Energie und lenkt unsere Gedanken auf ein Ziel.

Das Ziel ist daher Folgendes: Triff deine Überzeugungen so, dass sie dir dabei helfen, dich auf Gottes Gnade zu konzentrieren. Dabei solltest du auch berücksichtigen, dass es wichtig ist, schnell wieder auf die Beine zu kommen, wenn du deinem eigenen Maßstab nicht entsprichst. Zu den Schritten auf diesem Weg gehört in jedem Fall das Bekennen (vgl. 1. Johannes 1,9): Du gibst zu, dass du deinen Überzeugungen zuwidergehandelt hast. Ebenso gehört der Dank für die Vergebung dazu und die Bitte an Gott, dich mit seinem Heiligen Geist zu erfüllen (vgl. Epheser 5,18). Ein weiterer hilfreicher Schritt wurde uns von unserem Mentor Jim Conway genannt. Er las uns Galater 5,16 (ELB) vor: „Wandelt im Geist, und ihr werdet die Begierde des Fleisches nicht erfüllen" und empfahl uns zu beten: „Jesus, bitte stille du das Bedürfnis in mir, von dem ich denke, dass es von dieser Handlung (oder Person) erfüllt werden kann." So ein ehrliches Gebet hilft dir, deine Gedanken auf Jesus zu richten, statt auf das, was du bereust.

Zeige Stärke

Unser Ziel im Leben auf dieser Erde ist nicht Perfektion, da wir bis zu dem Tag, an dem wir Jesus von Angesicht zu Angesicht sehen, mit unserer menschlichen Natur kämpfen. Doch wir sind dazu berufen, in unserem Leben Stärke zu zeigen. „Denn die Gnade Gottes, die allen Menschen Rettung bringt, ist sichtbar geworden. Sie bringt uns dazu, dem Leben ohne Gott und allen sündigen Leidenschaften den Rücken zu kehren. Jetzt, in dieser Welt sollen wir besonnen, gerecht und voller Hingabe an Gott leben" (Titus 2,11-12). Die Gnade lehrt uns, zu einigen Dingen Nein zu sagen und zu anderen Dingen Ja. Paulus erinnert Titus und uns alle daran, dass wir frei sind – und es daher besser ist, auch frei zu leben.

Wie zeigen wir also Stärke, wenn es um unser Sexualverhalten geht?

Stärke schützt das Herz und den Verstand. Der eigentliche Kampf um sexuelle Reinheit findet in unserem Inneren statt. Jesus hat das sehr deutlich gemacht: „Ich aber sage: Wer eine Frau auch nur mit einem Blick voller Begierde ansieht, hat im Herzen schon mit ihr die Ehe gebrochen" (Matthäus 5,28). Ist jemand auf diese Weise schuldig geworden, so hat er nichts getan, außer zu denken, und doch sagt Jesus, dass sein Herz von dem beeinträchtigt wird, was er sich in seinem Denken vorgestellt hat. Der Apostel Paulus bekräftigte, dass das Entscheidende in unserem Denken passiert, als er schrieb: „Konzentriert euch auf das, was wahr und anständig und gerecht ist. Denkt über das nach, was rein und liebenswert und bewunderungswürdig ist, über Dinge, die Auszeichnung und Lob verdienen" (Philipper 4,8).

Wir glauben, dass dort das größte Problem liegt. In unserer heutigen Welt werden unsere Gedanken permanent mit sexuellen Botschaften gefüttert. Pornografie ist der offensichtlichste Auslöser für lüsternes Denken, aber mit Sicherheit nicht der einzige. Filme mit sexuellen Inhalten, erotische Werbespots, Romane, Zeitschriften, Anspielungen in Fernsehsendungen und Comedians ermutigen uns alle dazu, Sex als Mittel zur eigenen Befriedigung zu sehen. Wenn du anders denken willst, wirst du stetig gegen den Strom schwimmen müssen. Es wird wesentlich schwerer, dem Hang zur

Selbstbefriedigung zu widerstehen, wenn dein Verstand randvoll mit sexuellen Bildern oder Erinnerungen ist.

Der wahre Kampf findet im Kopf statt, daher können wir nur Stärke zeigen, wenn wir unseren Verstand regelmäßig mit der Wahrheit füllen.

Abhängigkeit nervt

Ebenso musst du davon überzeugt sein, dass es für dich nie infrage kommt, von irgendetwas abhängig zu sein. Die mächtigen chemischen Prozesse, die unser sexuelles Verlangen prägen, können unser Leben und unseren Terminkalender bestimmen. Wenn es so weit kommt, wird jede sexuelle Aktivität, einschließlich Selbstbefriedigung, zu einer nervigen, enttäuschenden Erfahrung. Wenn man von etwas abhängig wird, braucht man mehr und mehr davon, um die gleiche Reaktion hervorzurufen. Was mal Spaß gemacht hat, wird nun zu einer Last, die nicht mehr befriedigt.

Paulus führt uns im Korintherbrief zu der Schlussfolgerung, dass wir uns nie damit abfinden sollten, von schlechten Gewohnheiten bestimmt zu werden: „Mir ist alles erlaubt. Aber nicht alles ist gut. Es ist mir zwar alles erlaubt, doch ich will mich von nichts *beherrschen* lassen" (1. Korinther 6,12). Wenn Selbstbefriedigung oder irgendeine andere Gewohnheit anfängt, dein Leben zu beherrschen, ist es an der Zeit, dass du dir Hilfe suchst. Wenn du deine Termine so planst, dass du genügend Gelegenheiten hast, um einer Abhängigkeit nachzugehen, solltest du dir dringend Hilfe suchen. Das Gleiche gilt, wenn du zu einer gewissen Verhaltensweise nicht mehr Nein sagen kannst.

Lass nicht zu, dass irgendjemand oder irgendetwas außer Jesus über dein Leben bestimmt. Alles andere wird letztlich dazu führen, dass du dich leer fühlst und frustriert und genervt bist. Nur Jesus weiß, wie er dich durch dein Leben leiten kann, ohne dir dabei deine Freiheit zu nehmen.

5. Nutze dein Beziehungsnetzwerk

Für eine Partnerschaft ist es gut, wenn du auf dein bereits bestehendes Beziehungsnetzwerk baust. Niemand kennt dich so gut wie deine Freunde und deine Familie. Wenn du nicht länger einsam sein willst, dann solltest du den Menschen vertrauen, die dir am nächsten stehen und dich ermutigen:

„Versuch's doch mal mit diesem Hauskreis."

„Du solltest dich dieser Gruppe anschließen oder dich für diese Sache ehrenamtlich engagieren."

„Du solltest diese Person mal kennenlernen."

Die Menschen, die dich lieben, wollen nur das Beste für dich.

Als wir Singles befragten, waren „Verkupplungsaktionen" oft ein Thema. Du weißt sicherlich, wovon wir sprechen. Man geht zu einer Party und jemand dort sagt: „Oh, das hier ist mein Freund Soundso. Ihr beide werdet euch super verstehen. Ich muss los! Lernt ihr zwei euch doch einfach mal kennen." Wie peinlich!

Während die meisten unserer Befragten sich sehr unwohl mit „offensichtlichen Verkupplungsaktionen" fühlten, fanden die meisten „indirektes Verkuppeln" gut. Ein Abendessen mit vielen Leuten, mit denen man Freundschaften schließen könnte, wurde im Allgemeinen als gute Idee befunden. Wenn du Freunde zu dir einlädst und ihnen sagst, sie sollen auch Freunde mitbringen, könnt ihr ganz entspannt Zeit miteinander verbringen und neue Freundschaften schließen. Es ist einfach viel angenehmer, wenn man bereits bestehende Freundeskreise nutzt.

Ebenso bieten Organisationen ein breiteres soziales Umfeld und eine gute Möglichkeit, Kontakte zu knüpfen. Wenn du mit Leuten zusammenarbeitest oder dich mit ihnen gemeinsam ehrenamtlich engagierst, lernst du sie auch in manchmal stressigen Situationen kennen. Da sich unter Stress oft unser wahrer Charakter zeigt, kann solch ein Arbeitsumfeld der perfekte Ort zu sein, um zu erkennen, ob jemand einen gefestigten Charakter hat oder nicht. Aus diesem Grund finden so viele Menschen ihre besten Freunde oder ihren Partner in der Gemeinde oder auf der Arbeit.

Um deinen Freundeskreis und den deiner engsten Freunde ganz leicht zu vergrößern, kannst du eine Party veranstalten oder auch ein Seminar oder ein gemeinsames Projekt initiieren, zu dem jeder von euch drei bis fünf Singles einlädt, die er gut kennt und denen er vertraut. Lade dazu nicht auf Facebook ein, drucke und verteile auch keine Flyer und kündige dieses Treffen nicht öffentlich an. Alle sollten durch eine persönliche E-Mail oder SMS oder im persönlichen Gespräch eingeladen werden. Wenn das Essen aufwendiger ist und eine Kleinigkeit kostet oder euer gemeinsames Projekt einen Spendenbeitrag erforderlich macht, werden sich die richtigen Leute von diesem Treffen angezogen fühlen. Fordere noch etwas körperlichen Einsatz von den Teilnehmern und schon werden die Leute, denen es nicht so wichtig ist, etwas anderes vorhaben.

Das Ziel solch eines Treffens ist, die Singles auf den Plan zu rufen, die am meisten Verantwortung übernehmen, sich ganz einbringen, zielgerichtet sind und allgemein einen guten Charakter haben. Denn diese Leute werden nicht kommen, weil sie nach einem Partner Ausschau halten. Sie werden kommen, damit sie sich einbringen können, und ganz nebenbei werden auf natürliche Weise Freundschaften entstehen – und vielleicht kommt es auch zu ein paar Verabredungen. Deinen Freundeskreis auf diese Weise zu vergrößern legt die Messlatte für Beziehungen höher.

6. Mache das Beste aus deinen Abschieden

Viele von uns haben bereits Erfahrungen mit einer echten Psycho-Beziehung gemacht. Der dramatischste Teil der Geschichte beginnt meist dann, wenn man sich trennt. Nach etwa vier Verabredungen erkannte Jake, dass Julie zu kompliziert für ihn war. Den ersten Hinweis hätte er vielleicht erkennen sollen, als sie sagte: „Meinen Vater und meinen Opa habe ich um meinen kleinen Finger gewickelt. Sie tun alles, was ich will." Ja, genau, da schrillen alle Alarmglocken und der Heilige Geist hat wahrscheinlich etwas geschrien wie: „Lauf um dein Leben."

Aber Jake verabredete sich trotzdem noch ein paar Mal mit ihr.

Dann sagte er eines Abends am Ende eines Treffens einfach: „Julie, ich glaube, es klappt nicht mit uns. Ich denke, wir passen nicht zusammen. Wir sollten uns nicht mehr weitertreffen."

Damit ließ er sie stehen und fuhr nach Hause. Unterwegs hielt er noch kurz an, um sich für den nächsten Tag etwas zu essen zu kaufen. Als er zu Hause ankam, ging er in sein WG-Zimmer und dort stand Julie auf seinem Bett.

„Du kannst nicht mit mir Schluss machen! Ich geh hier nicht wieder weg, bis du mir sagst, dass du bei mir bleibst. Du kannst mich einfach nicht verlassen!" Sie klammerte sich an ihm fest, schrie und weinte.

Jake machte sich von ihr los, ging auf den Flur hinaus, ließ die Tür offen und nahm sein Handy heraus. Dann sagte er ruhig: „Es tut mir leid, dass du so empfindest. So solltest du aber nicht mit deinen Gefühlen umgehen. Dein Verhalten hat mich in meiner Entscheidung bestärkt, mich nicht mehr mit dir zu treffen. Du hast jetzt die Wahl: Ich kann die Polizei anrufen und dich wegen Einbruchs anzeigen oder du kannst dich beruhigen und dich leise aus dem Staub machen."

Jakes Mitbewohner war inzwischen auf den Flur gekommen, um ihm beizustehen.

Es dauerte ein bisschen, doch schließlich sagte Julie: „Okay." Dann rannte sie aus der Wohnung.

Ja, alle Singles brauchen etwas Nachhilfe in Sachen „Trennung". Nicht jede Beziehung ist dazu bestimmt, zu einer lebenslangen Freundschaft zu werden. Manche Leute werden Freunde fürs Leben, andere wiederum sind nur Freunde für einen Teil des Weges. Du hast vielen etwas voraus, wenn du dich von Menschen verabschieden und ihnen erlauben kannst, dass sie sich aus deinem Leben zurückziehen. Aber diese Fähigkeit muss man entwickeln. Den meisten Leuten fällt das sehr schwer. Es ist vielleicht ein netter Versuch, wenn man sagt: „Es liegt an mir, nicht an dir" oder „Nein, so denke ich nicht über dich" oder „Ich will unsere Freundschaft nicht aufs Spiel setzen", aber es ist letztlich nicht das, was wirklich hilfreich ist.

Wie sieht also eine gute Trennung in Gottes Sinn aus? Wie hört man auf, sich mit jemandem zu treffen? Dazu haben wir vier Punkte entwickelt. Man kann sie mit **S.T.O.P.** abkürzen:

S*age klar und deutlich, was dieser Mensch dir bedeutet hat und wie sehr du ihn schätzt.* Sage dann so schlicht wie möglich, dass du dich nicht mehr mit ihm verabreden willst. Rede nicht um den heißen Brei herum. Die Person sollte wirklich wissen, dass du die Beziehung beenden möchtest. Sie sollte auch wissen, dass sie von Gott geschätzt wird und ein wertvoller Mensch ist, aber einfach nicht die Person ist, die am besten zu dir passt. Oft sind zwei tolle Menschen nicht unbedingt auch eine tolle Kombination.

Gehe ***t****aktvoll mit den Gefühlen des anderen um.* Erkläre ihm, dass du ihn nicht verletzen möchtest, aber dass das, was du zu sagen hast, für ihn vielleicht schwer zu akzeptieren ist. Gib ihm Raum, seine Gefühle auszudrücken. Halte für den Fall der Fälle Taschentücher bereit.

Gehe ***o****ffen auf die Probleme ein.* Es ist nur fair, wenn du erklärst, warum du denkst, dass diese Beziehung nicht funktioniert. Manchmal kann ein bisschen Seelsorge einen Menschen fit für eine großartige Beziehung machen. Gott gebraucht dich vielleicht, um Eisen mit Eisen zu schärfen, also um dieser Person zu helfen, ausgewogenere Beziehungen zu entwickeln.

Erläutere deinen ***P****lan, wie es nun mit euch weitergeht.* Mache deutlich, welche Art von Beziehung, Freundschaft oder Arbeitsbeziehung du in Zukunft mit dem anderen führen willst.

Beziehungen können wirklich eine komplizierte Angelegenheit sein, aber wenn man Grenzen setzt, sind das Leben und die Liebe weniger stressig und wesentlich angenehmer.

Nur so zum Spaß

Wenn du einen Rat brauchst, schreib mir eine SMS …
Wenn du einen Freund brauchst, ruf mich an …
Wenn du mich brauchst, besuch mich …
Wenn du Geld brauchst … KEIN ANSCHLUSS UNTER DIESER NUMMER!

Kapitel 7

Entscheide dich, ein gutes Leben zu führen

„Die Frucht des Geistes aber ist … Güte."
Galater 5,22 (ELB)

Was ist ein gutes Leben? Tausend Lieder und Gedichte wurden und werden darüber geschrieben und jeder Mensch sucht danach. Aber was genau ist gut? Das ist schwer zu definieren, da wir alle eine andere Vorstellung davon haben. Was für den einen gut ist, flößt dem nächsten Angst ein. Was für die eine Frau gut erscheint, ist für die nächste leichtsinnig.

Auch die Bibel gebraucht verschiedene Worte, um auszudrücken, dass etwas gut ist. Es gibt im Grunde zwei Wörter dafür – das eine bezieht sich auf nützliche Dinge, das andere auf schöne Dinge. In 2. Petrus 1,5 findet sich ein weiteres Wort dafür, das mit „Tugend", „Vollkommenheit" oder „Vorbildlichkeit" übersetzt wird. Es geht hier in erster Linie um gute Taten. Wirklich gut ist also eine Kombination aus etwas, das wahr ist und unser Herz auf individuelle Weise anspricht, da Gott uns alle unterschiedlich gemacht hat. Was ist für dich persönlich gut?

- Eis mit Schokoladensoße?

- Ein heißer Milchkaffee an einem kalten Tag?

- Selbst gemachte, eisgekühlte Limonade an einem glühend heißen Sommertag?
- Ein perfekt gekochtes Essen für Feinschmecker?
- Ein heißes Bad oder eine heiße Dusche nach einem anstrengenden Fitnesstraining?
- Die salzige Luft des Meeres an einem warmen Sandstrand – mit vielen Muscheln?
- Eine unerwartete Gehaltserhöhung oder ein überraschendes Kompliment oder dass dir jemand unaufgefordert einen Gefallen tut?

Vielleicht ist „gut" auch das Gefühl, das du nach einer Fahrradtour, einer Tanzstunde, einer Runde Joggen oder Paddeln auf einem glasklaren See hast. Vielleicht ist „gut" die klassische Musik, die dir beim Entspannen hilft, oder der melodische Jazz, der deine Seele zum Klingen bringt, oder die Rock- oder Metalmusik, die in deinen Ohren hämmert. „Gut" kann auch das tiefenentspannte Gefühl nach einer Massage sein oder die Begeisterung, wenn deine Lieblingsmannschaft gewinnt und du mit Tausenden anderen Fans in einem vollen Stadion den Sieg feierst. „Gut" kann auch das Einserzeugnis sein, die glänzende Empfehlung eines Arbeitgebers oder eine erste Verabredung mit einem interessanten Menschen. „Gut" kann das Gefühl sein, etwas erreicht zu haben, wenn man eine Aufgabe erledigt hat, oder der Stolz, den man empfindet, wenn man ein Kunstwerk vollendet hat. „Gut" kann auch das Gefühl sein, das du nach einer tief gehenden Unterhaltung mit einem guten Freund empfindest oder nach einem tollen Tag mit einem deiner Eltern, einer Nichte oder einem anderen Verwandten.

„Gut" ist also in gewisser Weise sehr subjektiv, weil es darauf gründet, wie wir unser Leben sehen. Doch die Bedeutung von „gut" hört dort nicht auf, denn es gibt auch eine objektive Sicht von „gut". Etwas, das dich ruiniert oder verletzt, kann nicht gut sein, egal, wie es sich anfühlt. Damit etwas als gut betrachtet werden kann, muss etwas wenigstens (auf seine ganz eigene Art) schön, sinnvoll und vorbildlich sein. Aus diesem Grund ist Gott zutiefst gut, denn er ist schöner als alles, was er geschaffen hat, in ihm ist mehr Sinn verborgen als in jedem seiner Geschöpfe und er ist das Vorbild schlechthin. Da wir nach seinem Bild geschaffen wurden, können wir dieses Gute in unserem Handeln widerspiegeln.

Gut sein in zentralen Lebensbereichen

Im Laufe der Jahre haben wir einige Erfahrungen mit Fahrrädern gemacht. Wir haben Fahrradtouren mit Jugendlichen unternommen, unsere Fahrräder statt des Autos benutzt und können auf schöne Erinnerungen zurückblicken, die auf dem Sattel eines Fahrrads ihren Anfang nahmen. Eines der wichtigsten Dinge bei Fahrrädern ist, dass die Räder „zentriert" sein müssen, wenn wir eine gute Fahrt haben wollen. Das Rad muss demnach so angepasst werden, dass auf allen Speichen die gleiche Spannung ruht und die Felge wirklich rund ist. Wenn dem nicht so ist, wird es eine sehr unsichere, holprige Fahrt. Mit deinem Leben verhält es sich ähnlich. Wenn deine Ziele im Leben aufeinander abgestimmt sind, wird auch dein Leben „zentriert" sein und es ist wesentlich leichter zu lenken. Wenn dem nicht so ist, läufst du Gefahr, dass es eine sehr holprige Fahrt wird.

Dein Leben ist einzigartig; daher hast du ganz persönliche Verpflichtungen und Ziele, die du aufeinander abstimmen musst. Doch es gibt ein paar Bereiche im Leben, denen wir uns alle widmen müssen. Das sind die Speichen des Rads, die die Grundform deines Lebens bilden. Du kannst zusätzliche Speichen einbauen, aber dein Leben wird am besten verlaufen, wenn du in diesen wichtigen Bereichen gut bist. Wenn das Leben unausgewogen ist, gerätst du leichter in die Versuchung, Abkürzungen zu nehmen, damit du deine Bedürfnisse befriedigen kannst. Die Speichen bleiben aufeinander abgestimmt, wenn du dir Ziele setzt, deine Gaben entdeckst und mit einem guten Plan vorangehst.

Wer wird Millionär? – Gut sein in finanzieller Hinsicht

In unserem Leben ist Geld eines der besten Mittel, denn abgesehen von dem Lebensnotwendigen hat Gott in das Herz jedes Menschen Träume hineingelegt, die durch Geld verwirklicht werden. Wenn du also den Plan Gottes für dein Leben erfüllen möchtest, musst du gut mit Finanzen umgehen können. Allerdings haben wir alle Probleme damit, Geld den richtigen Stellenwert in unserem Leben zuzuweisen.

Der erste Teil des Problems ist, dass wir Geld für mehr als ein Mittel halten. Wir glauben daran, dass es uns Glück, Gemeinschaft und Erfüllung bringen wird – all die Dinge, die wir eigentlich in Beziehungen finden sollten. Daher sehnen sich viele von uns danach, reich zu sein, wie man an allen Ecken und Enden unserer Welt sehen kann.

Doch Millionäre sind nach wie vor eine Seltenheit und die meisten Menschen finanzieren sich durch Schulden, statt für ein gesichertes Einkommen zu sorgen. Laut der Website der amerikanischen Schuldnerberatung haben 80 Prozent der US-Amerikaner Schulden, „wenn man verbriefte Schulden auf Häuser und Autos mitrechnet. Lässt man diese außen vor, sind es etwa 50 Prozent der Bevölkerung und die

Hälfte dieser 50 Prozent hat mehrere Tausend Dollar Schulden".[26]

Wir haben nichts daran auszusetzen, wenn Menschen viel Geld verdienen wollen, denn es kann ein sehr nützliches Mittel sein. Regelmäßig beten wir dafür, dass Gott seine Gemeinde mit Finanzen segnet, damit sie sein Geld an Missionsgesellschaften, christliche Einrichtungen und wohltätige Organisationen spenden kann, die Menschen in Not helfen. Es geht nicht darum, wie viel ein Mensch besitzt. Es geht um das Herz. Jesus sagte: „Niemand kann zwei Herren dienen. Immer wird er den einen hassen und den anderen lieben oder dem einen treu ergeben sein und den anderen verabscheuen. Ihr könnt nicht gleichzeitig Gott und dem Geld dienen" (Matthäus 6,24). Der Apostel Paulus wiederholte Jesu Worte, als er uns daran erinnerte: „Denn die Liebe zum Geld ist die Wurzel aller möglichen Übel; so sind manche Menschen aus Geldgier vom Glauben abgewichen und haben sich selbst viele Schmerzen zugefügt" (1. Timotheus 6,10). Er sagte nie, dass Geld etwas Schlechtes ist, aber er warnte davor, dass die Liebe zum Geld das Herz verdirbt.

Wie geht man also gut mit Geld um?

Setze dir finanzielle Ziele

Wir leben in einer Welt, in der ständig etwas unsere Aufmerksamkeit erregen will. Kauf dir ein Haus, kauf dir ein neues Handy, nimm einen Kredit auf, um dir ein neues Auto zu leisten, trage neue Klamotten, kauf dir mehr elektrischen Schnickschnack und verbring deinen Urlaub unbedingt an einem exotischen Ort! Diese Botschaften werden jeden Tag auf jede nur erdenkliche Art gesendet und sie versuchen,

26 In Deutschland galten 2012 6,67 Millionen Privatpersonen als überschuldet, d. h., ihre Ausgaben für die Lebenshaltung und die Tilgung von Krediten überstiegen ihre Einnahmen. Das ist etwa ein Zehntel der Bevölkerung; Anm. d. Übers.

dein Herz in Beschlag zu nehmen. Du kannst dir eine realistische Sicht auf diese Riesenauswahl nur dann bewahren, wenn du dir Ziele setzt, auf die du dich konzentrieren kannst.

Ellie Kay empfiehlt in ihrem Buch Living Rich for Less („Mit weniger Geld reich leben") einem Haushalt mit nur einem Einkommen das Ziel, die Lebenshaltungskosten für zwölf Monate auf ein verfügbares Sparkonto einzuzahlen. Dieses Ziel hat Ellie dabei geholfen, ein echter Sparfuchs zu werden. Der Finanzberater Dave Ramsey ermutigt uns in seinem Buch Financial Peace („Finanzieller Friede") zu dem Ziel, unsere Schulden zu verringern, sodass wir nicht mehr Zinsen zahlen, sondern unser Geld vielmehr in die Dinge investieren, die uns wirklich wichtig sind.

Du solltest dich auf deine Einkommensziele konzentrieren, denn man kann kein Geld ausgeben, wenn man keins verdient. Wie viel Geld willst du verdienen? Wie erfolgreich soll deine Karriere verlaufen? Wie hart willst du arbeiten? Möchtest du für jemanden arbeiten oder deine eigene Firma leiten? Wir wissen, dass du die Umsetzung deiner Ziele nicht erzwingen kannst, aber du kannst deine Leistungsfähigkeit steigern, indem du dir Zwischenziele setzt.

Was liegt dir im Umgang mit Finanzen?

Einige Menschen können mit großen Summen umgehen, ohne dass sie dabei den Überblick verlieren. Für andere ist alles, was über ihre unmittelbaren Bedürfnisse hinausgeht, schon eine Versuchung, ihr Herz an die falschen Dinge zu hängen. Ein weiser Mann namens Agur war sich dieser Gratwanderung bewusst, als er schrieb:

> „Gott, zwei Dinge erbitte ich von dir, verweigere sie mir nicht, bevor ich sterbe. Bewahre mich davor, andere zu belügen oder zu betrügen. Und lass mich weder arm noch reich werden, sondern gib mir gerade so viel, wie

> ich brauche. Denn wenn ich reich werde, könnte ich dich verleugnen und sagen: ‚Wer ist der Herr?' Und wenn ich zu arm bin, könnte ich stehlen und so den heiligen Namen Gottes in den Schmutz ziehen." (Sprüche 30,8-9)

Entwickle einen Plan für deinen Umgang mit Finanzen

Wer sich schon einmal Ziele gesetzt hat, der weiß, dass ein Ziel nur ein Wunsch bleibt, bis man einen Plan entwickelt, um zu diesem Ziel zu gelangen. Ellie Kay nutzt einen einfachen Weg, um mehr Geld zum Ausgeben zu haben: Sie achtet auf Angebote, kauft Dinge gebraucht oder tauscht sie.

Wenn du ständig pleite bist, empfiehlt Dave Ramsey, eine „Nur-Bares!-Regel" einzuführen: Du sparst dir also für teurere Anschaffungen erst Geld an und kaufst sie dir nicht auf Pump. Dazu gehört auch, dass du dir einen gut durchdachten Plan machst, wie du deine bestehenden Schulden abbaust – und dass du die Entscheidung triffst, mehr als die monatliche Mindestrate zu zahlen, und zwar für alle Arten von Schulden. Finde heraus, für welche Schulden du die höchsten Zinsen bezahlen musst, und zahle dort jeden Monat so viel wie möglich ein. Wenn du diesen Vorgang so lange wiederholst, bis all deine Schulden abgetragen sind, wirst du überrascht sein, wie schnell du von der Last der Schulden befreit bist. Die Organisation *Crown Financial Ministries* empfiehlt, nur Schulden für den Kauf eines Hauses zu machen und diese Schulden so schnell wie möglich abzubezahlen.

Wenn diese Ziele dir schier unerreichbar erscheinen, fang mit einem kleinen Schritt an. Spare etwas mehr und zahle deine Schulden ab. Wenn du die Initiative ergreifst, wirst du in finanzieller Hinsicht bald wieder Boden unter den Füßen haben. Nimm dir nun einen Augenblick Zeit und halte zwei finanzielle Ziele fest – eines, durch das du mehr Einkommen gewinnst, und eines, durch das du deine Ausgaben reduzierst:

1. ______________________________

2. ______________________________

Achte auf dein Herz – Gut sein in emotionaler Hinsicht

Verzweifelt versuchte sie mich zu erreichen. Sie schickte mir E-Mails, sprach mehrere Male auf meine Mailbox, twitterte mir, schrieb mir bei Facebook und schickte mir SMS. Sie brauchte jemanden zum Reden – und zwar jetzt! Sie glaubte, dass sie ein einzigartiges Problem hatte und dafür den bestmöglichen Rat brauchte. Als sie und ich (Pam) schließlich miteinander sprachen, hörte ich jedoch nur dieselbe alte Leier:

> Ich glaube, ich habe gerade den besten Mann verloren, der mir je in meinem Leben begegnet ist. Ich weiß nicht genau, wie das passieren konnte, aber ich glaube, dass meine alten Wunden wieder aufgerissen sind. Es war so, als würde eine fremde Macht mich steuern. Er hat meine Gefühle verletzt, also bin ich in die Luft gegangen. Ich habe zurückgeschossen. Ich habe geweint, geschimpft, bin total ausgeflippt! Ich habe mit den Füßen gestampft, Sachen nach ihm geworfen – ich glaube, dabei ging auch was zu Bruch. Ich habe geflucht – aber ich bin doch eine Christin! Ich weiß es doch besser! Warum ist das passiert? Warum habe ich das getan? Er hat mich angerufen und mir gesagt, dass er mit meinen Gefühlsschwankungen nicht klarkommt, mit meinen Ausbrüchen. Er kam nicht damit klar, dass ich so kompliziert bin. Ich kann so nicht weitermachen. Ich komme auch nicht damit klar, dass ich so kompliziert bin! Ich will mir nicht weiter selbst das Leben schwer machen.

Durch deinen Herzschlag wird die Funktion aller lebenswichtigen Organe deines Körpers aufrechterhalten, doch

Herzrhythmusstörungen können dazu führen, dass diese Ordnung unterbrochen wird und sogar zum Tod führt. Parallel dazu hat dein Leben einen emotionalen Rhythmus, der alles am Laufen hält.

Setze dir Ziele für deinen Umgang mit Gefühlen

Es scheint fast zu banal, aber das erste Ziel besteht darin, einen gesunden emotionalen Rhythmus für dein Leben zu entwickeln. Wir sind überzeugt, dass zu emotionaler Ausgewogenheit Folgendes gehört:

- *Lache jeden Tag.* In Sprüche 17,22 heißt es: „Ein fröhliches Herz ist die beste Medizin, ein verzweifelter Geist aber schwächt die Kraft eines Menschen." Das Leben ist voller komischer Situationen, daher ist es gut, wenn ein normaler Tag auch Augenblicke enthält, in denen man lacht.

- Reagiere angemessen auf deine Lebensumstände. Das Leben ist manchmal traurig oder auch tragisch und das lässt bei uns die Tränen fließen. Manchmal ist das Leben auch sehr anstrengend, was wiederum dazu führt, dass wir uns stark auf die vor uns liegenden Herausforderungen konzentrieren müssen, um sie zu meistern. Manchmal verläuft das Leben entspannt – in solchen Zeiten schauen wir gelassen zurück. Wenn wir emotional ausgeglichen sind, können wir angemessen auf unsere Lebensumstände reagieren.

- Lerne, effektiv mit Stress umzugehen. Manchmal ist Stress notwendig, damit wir uns voll und ganz auf eine Sache konzentrieren. Doch zu viel Stress lähmt uns. Die richtige Dosis Stress bewahrt uns daher unsere Energie und Effektivität.

Was kannst du emotional bewältigen?

Jeder Mensch hat eine individuelle Grenze, mit wie vielen eigenen Gefühlen und Gefühlen von anderen er umgehen kann. Um diese Grenze zu finden, solltest du dich so weit in Freundschaften, Projekte und Gruppen in Gemeinden einbringen, bis du merkst, dass es dir zu stressig wird. An diesem Punkt solltest du dich aus deinen Verpflichtungen zurückziehen, bis sich der Stresslevel wieder auf einem normalen Niveau eingependelt hat. Es ist ein lebenslanger Prozess, die richtige Balance zu finden, und je mehr du dich darin übst, umso sicherer wirst du.

Leider haben viele Leute durch die Wunden und Verletzungen, die sie in ihrer Vergangenheit erlitten haben, „emotionale Herzrhythmusstörungen". Dadurch wird ihre Zukunft blockiert. Georgia Shaffer beschreibt in ihrem Buch *Taking Out Your Emotional Trash* („Bring deinen emotionalen Müll vor die Tür") den Besuch eines Seminars bei dem Psychologen W. Robert Nay, einem Spezialisten für Aggressionsbewältigung.

> Viele seiner Klienten wurden ihm durch das Gericht vermittelt, weil ihre Wut außer Kontrolle geraten war. Dr. Nay erzählte, wenn er mit diesen Straftätern über ihre Gefühle sprach und sie fragte, was sie sahen, bevor sie die Beherrschung verloren, sagten sie oft: „Mir ging es super, bis dieser Typ mich mit seinem Auto geschnitten hat. Ich habe einfach so *[sie schnippen mit dem Finger]* die Beherrschung verloren."

Doch Dr. Nay kam zu der Erkenntnis, dass niemand „einfach so die Beherrschung verliert". Vielmehr rasten Menschen aus, weil eine „angestaute Kraft so stark wird, dass wir bei einer einzigen weiteren Sache, die noch hinzukommt, und sei sie noch so klein, ... ausrasten."

Entwickle einen Plan für deinen Umgang mit Emotionen

Überlege dir einen Plan, wie du deine Gefühle, insbesondere deine Wut, kontrollieren kannst.

Als Erstes solltest du das Lachen üben. Sammle Witze, erzähle deinen Freunden lustige Geschichten und sieh dir Sendungen an, die dich zum Lachen bringen. Finde gezielt jeden Tag etwas zum Lachen.

Als Zweites solltest du dir angewöhnen zu fragen: „Habe ich auf diese Situation angemessen reagiert?“ Wenn es so war, danke Gott dafür und mach so weiter. Wenn du jedoch unangemessen reagiert hast, versuche zu beschreiben, was genau da bei dir abgelaufen ist, und überlege dir, wie du in Zukunft besser reagieren kannst.

Frage dich, ob du Gewohnheiten entwickelt hast, die dich ausbremsen. Verlierst du leicht die Beherrschung? Wirst du schnell sarkastisch? Zeigst du anderen die kalte Schulter, wenn sie dich verletzen? Wechselst du häufig deine Lebenspartner? Denkst du: „Bevor man mich verletzt, verletze ich lieber andere“? Halte hier deine schlechte Angewohnheit in wenigen Worten fest:

Werde nun still vor Gott und spreche das Gebet des berühmten Dichters und Königs David nach:

> Erforsche mich, Gott, und erkenne mein Herz, prüfe mich und erkenne meine Gedanken. Zeige mir, wenn ich auf falschen Wegen gehe, und führe mich den Weg zum ewigen Leben. (Psalm 139,23-24)

Nachdem du dieses Gebet gesprochen hast, kannst du aufschreiben, was der Heilige Geist dir möglicherweise in Bezug auf diese schlechte Angewohnheit gesagt hat:

Wie sieht der nächste Schritt aus, um den emotionalen Mülleimer deines Lebens zu leeren und ein ausgeglichener Mensch zu werden?

Fit fürs Leben – Gut sein in körperlicher Hinsicht

Wenn wir Leute in Fernsehsendungen 40 bis 50 Prozent ihres Ausgangsgewichtes verlieren sehen, finden wir das bewundernswert und inspirierend. Gleichzeitig erschüttert es uns, wenn wir Menschen begegnen, die unnötigerweise außer Form und übergewichtig sind. Wir wollen dieses Thema nicht überstrapazieren, weil wir wissen, dass du nicht selbst über deinen Körperbau bestimmst und viele unterschiedliche Faktoren zu Gewichtszunahme und Gesundheitsproblemen führen. Doch wir wissen einfach, dass Leute viele Gelegenheiten verpassen, weil sie nicht in Form sind.

Vor Kurzem kamen wir in den Genuss eines tollen Konzerts mit talentierten Sängern und Musikern, das uns aus zwei Gründen sehr bewegte: 1) Ihr Vortrag war perfekt. 2) Die Künstler sahen eigentlich viel zu jung aus, um so übergewichtig zu sein. Ich flüsterte Bill zu: „Die Musik ist wunderschön, aber wenn diese jungen Künstler ihren Lebensstil nicht dramatisch verändern, wird ihr Leben sehr kurz sein und die Welt wird nicht lange etwas von ihrer Begabung haben.“ Wir erwarten nicht, dass aus diesen Künstlern Sportler werden, aber wir wünschen ihnen, dass sie ihre Gaben lange einsetzen können.

Stecke dir Ziele für deinen Körper

Niemand wird zufällig fitter. Wir machen Fortschritte, weil wir durch eine bewusste Zielsetzung einen veränderten Blick auf uns selbst haben. Welche Trainingsziele hast du für dieses Jahr? Möchtest du regelmäßig joggen, dein aktuelles Trainingspensum beibehalten oder dich auf einen Wettkampf vorbereiten? Was nimmst du dir in diesem Jahr in Bezug auf dein Gewicht vor? Möchtest du Kilos verlieren, hinzugewinnen oder dein Gewicht halten?

Welchen Sport magst du?

Es ist wichtig, dass du herausfindest, welche Sportart dir am besten liegt. Einige von uns sind fürs Joggen geboren, während andere eher spazieren gehen. Manche lieben den Wettkampf und sportlerische Ziele. Andere denken, Sport ist Mord. Der Schlüssel liegt darin, den für dich besten Weg für Bewegung zu finden.

Wir alle sind geschaffen worden, um uns zu bewegen, aber wie wir uns bewegen, ist von Kultur zu Kultur völlig unterschiedlich. Stelle dir daher die Frage: „Welche Form von Bewegung macht mir am meisten Freude?“ Wenn du dich wirklich nicht gern viel bewegst, frage dich: „Welche

Form von Bewegung kann ich zum Wohle meiner Gesundheit ertragen?"

Vor Kurzem sahen wir in den Nachrichten einen Bericht, in dem es hieß, wenn man mit 20 Übergewicht habe, sei es sehr wahrscheinlich, dass man acht Jahre vor seinen Altersgenossen sterbe. Kurz gesagt, es lohnt sich, sich zu bewegen.

Entwickle einen Plan für den Umgang mit deiner Gesundheit

Es ist sinnvoll, wenn du mit deinem Hausarzt einen effektiven Plan entwickelst, wie du deine Gesundheit verbessern kannst. Er kann dir einen Überblick über deine Vitalparameter verschaffen und deine Blutwerte für dich ermitteln, damit du deine Ausgangswerte kennst und so deine Fortschritte messbar machen kannst. Sobald du mit deinem Hausarzt gesprochen hast, kannst du deinen Plan mithilfe von Fitnessexperten noch weiter ausbauen.

Die christliche Organisation *„First Place 4 Health"* (auf Deutsch etwa: „Die richtige Adresse für Ihre Gesundheit") hilft Menschen auf christlicher Basis, sich Gott und ihrer Gesundheit zuliebe einen neuen Lebensstil anzutrainieren. Durch sie hat die Single-Frau Becky Turner 23 Kilo abgenommen und ihr Gewicht gehalten. Heute hält sie Vorträge für die Organisation und sagt selbst, dass es ihre erste gute Entscheidung gewesen sei, sich einzugestehen, dass sie ein Problem hatte. Sie musste es zugeben, dazu stehen und dann mit Gott einen Plan schmieden, wie sie etwas verändern konnte. Ihre zentralen Gedanken beschreibt sie folgendermaßen:

> Erstens, es gibt nichts, wovon [Gott] mich nicht freisetzen kann. Zweitens, ich musste mit ihm kooperieren, indem ich nicht so lange am Essenstisch saß, mein Essen sorgfältiger wählte und Sport machte. Drittens, Essen war zu meinem Götzen geworden und war an Gottes Stelle getreten.

Der wichtigste Teil deines Plans ist deine Entscheidung, das umzusetzen, was für dich wichtig ist. Wir sind erwachsen und müssen Verantwortung für die Veränderungen übernehmen, die wir gern bei uns sehen würden. Natürlich gibt es Bereiche unseres Lebens, an denen nur Gott etwas ändern kann, aber er möchte, dass wir uns mit ganzen Herzen an dieser Veränderung beteiligen, damit wir immer reifer werden. Ich (Pam) möchte so lange wie möglich einen Unterschied in dieser Welt machen, daher sind mir Gesundheit und Sport besonders wichtig. Ich habe deshalb eifrig recherchiert, was jeder Mensch braucht, um gesünder zu werden.

Informiere dich. Lerne von Experten, wie man gesund lebt. Nimm an Seminaren teil, lese Bücher und Blogs darüber, hör dir Hörbücher an – und schaue auch Fernsehsendungen, in denen Ärzte, Ernährungsberater, Fitness- und andere Gesundheitsexperten zu Wort kommen.

Bewege dich. Werde aktiv und finde die Sportart, die dir Spaß macht. Ziehe einen Personal Trainer hinzu, wenn du vorher keinen Sport gemacht hast oder gern schneller Ergebnisse sehen würdest. Dein Trainingsplan sollte in ausgewogenem Maße Gymnastik, Krafttraining und Übungen für eine bessere Haltung, Bewegung und ein besseres Gleichgewicht enthalten.

Trinke viel. Allein wenn du zwei Liter Wasser am Tag trinkst, kannst du dich schon besser fühlen und auch besser aussehen.

Lass dich durchchecken. Mache einen Termin beim Arzt, um dich gründlich untersuchen zu lassen, und hole dir die Testergebnisse ab.

Esse kleine Portionen über den Tag verteilt. Mehrere kleine Mahlzeiten in nicht so großen Abständen bewahren auch deinen Zuckerspiegel davor, in die Höhe zu schnellen. Durch kleine Snacks von maximal 250 Kalorien werden dein Insulin- und dein Cholesterinspiegel niedrig gehalten.

Gehe einkaufen. Kaufe die richtigen Sachen auf Vorrat – iss mehr Obst und Gemüse und reduziere gleichzeitig die Menge an frittiertem, gesüßtem und maschinell verarbeitetem Essen.

Sei knallhart. Arlene Pellicane empfiehlt in ihrem Buch *31 Days to a Younger You* („In 31 Tagen zu einem jüngeren Ich") Folgendes:

> Deinen ersten erfolgreichen Schritt kannst du bereits ganz bequem zu Hause machen, und zwar in deiner Küche. Du kannst heute etwas ganz Einfaches tun, um deine Gesundheit drastisch zu verbessern und ein paar Kilo loszuwerden. Bist du bereit? Sortiere das Essen und die Getränke in deiner Küche und deiner Vorratskammer aus, die deinem Optimum an Gesundheit und Gewichtsverlust im Weg stehen. Von welchem Essen spreche ich? Kekse, Chips, Schokolade, Schokoriegel, Kuchen, Limonade, andere zuckerhaltige Getränke, Fertiggerichte, Weißbrot und ____________________ (fülle die Lücke aus).
>
> Ja, ich sagte, es wäre einfach, aber nicht leicht …
>
> Tatsache ist, wenn du leicht Zugriff auf etwas leckeres Ungesundes hast, wirst du dich davon auch ernähren … Wenn dein Kühlschrank gefüllt ist mit Obst und Gemüse, wirst du diese Dinge essen. Wesentliche Fortschritte für deine Gesundheit kannst du im Supermarkt erzielen.

Suche dir gleichgesinnte Freunde. Leute mit einem Freundeskreis, der sie unterstützt, können dauerhaft etwas verändern. Schließe dich einer Walking-Gruppe an, werde Mitglied in einem Fitnessstudio, nehme an einer Abnehmengruppe teil. Wenn alle deine Freunde auch dringend etwas für ihre körperliche Fitness tun sollten, lade sie ein, sich gemeinsam mit dir auf den Weg zu machen und zusammen zu Kursen im Fitnessstudio zu gehen.

Sei offen und ehrlich. Als ich (Pam) das Buch *Die 10 besten Entscheidungen, die eine Frau treffen kann* geschrieben habe, stieß ich bei meinen Recherchen auf eine überraschende Tatsache, nach der wir alle handeln können, um länger zu leben: „Je mehr Freunde du hast, umso gesünder bist du. Doch dieser Effekt entsteht fast nur in dem Maße, wie du mit deinen Freunden über die traumatischen Erlebnisse sprichst, die du erlitten hast."[27]

Motiviere dich. Entdecke, was dich antreibt. Ich (Pam) belohne mich selbst für jedes große Ziel, das ich erreicht habe, indem ich mir ein neues Sportoutfit kaufe oder neue Fitnessgeräte. (Mädels, im Leben geht es doch sowieso nur um Klamotten! Und Jungs, mit coolen neuen Geräten macht das Leben doch noch mehr Spaß!) Als ich meinen Plan in die Tat umsetzte, im mittleren Alter Gewicht zu verlieren, belohnte ich mich selbst jedes Mal mit einem neuen Outfit, wenn ich fünf Kilo abgenommen hatte. Bill lässt sich gern in den Whirlpool fallen, nachdem er ein hartes Krafttraining hinter sich gebracht hat. Ich springe nach einer Runde Aerobic in den Pool oder gönne mir nach einem langen Morgenlauf eine Pediküre.

Es kann auch eine Art kleine Belohnung sein, wenn ich mir selbst erlaube, einfach mit einem Buch oder einer Zeitschrift in der Sonne zu sitzen. Doch um dauerhaft motiviert zu sein, muss man natürlich tiefer gehen. Wenn Bill und ich zum Beispiel einen Keks essen wollen, fragen wir uns: „Was möchte ich mehr – jetzt einen Keks oder in 20 Jahren die Hochzeit meiner Enkeltochter erleben?" Und die Hochzeit gewinnt jedes Mal!

Schlafe genug. Wenn du jede Nacht acht Stunden schläfst, kannst du sogar Gewicht verlieren. Wow, endlich eine Diät, die wir alle lieben – die „Schlaf-Diät"!

---

27 Erschienen 2013 bei cap-books, Haiterbach-Beihingen, S. 212

Die Gesundheitsexpertin Danna Demetre schreibt in ihrem Buch *Scale Down* („Verkleinere dich"): „Mit vielen kleinen Schritten legt man mit der Zeit einen weiten Weg zurück." Die Autorin Christin Ditchfield ist ein gutes Beispiel für dieses Prinzip. Sie setzte das Buch *Give God a Year* („Gib Gott ein Jahr Zeit") von Carole Lewis, der Vorsitzenden der Organisation *First Place 4 Health*, in die Tat um. Hier erzählt sie von ihrem Weg der „kleinen Schritte":

> Vor einigen Jahren bekam ich starke gesundheitliche Probleme. Innerhalb von drei Jahren musste ich acht Mal operiert werden und hatte mindestens zwanzig weitere „geringfügige" Beschwerden. Nach fast zwei Jahren strenger Bettruhe war mein Gewicht (mit dem ich immer Probleme gehabt hatte) völlig außer Kontrolle geraten. Mein Gesundheitszustand wurde durch die Operationen letztlich nicht besser und letztes Jahr im Herbst erkannte ich, dass ich offenbar mit chronischen Schmerzen leben muss, bis Jesus wiederkommt. Daran kann ich nichts ändern. Aber ich kann mich darauf konzentrieren, die Schmerzen zu lindern oder ganz zu beheben, die durch die Bettruhe nach der Operation und die mangelnde Bewegung dazugekommen sind. Heute kann ich mit meiner Gesundheit besser umgehen. Ich kann mich entscheiden, mich auf all die Dinge zu konzentrieren, für die ich dankbar bin, anstatt auf die Dinge zu sehen, die ich verloren habe. Genau das ist es, was ich tue. Ich habe fast 35 Kilo verloren und bin inzwischen fit genug, um einen Halbmarathon zu laufen!

Viele kleine Schritte führen zum Ziel! Halte daher jetzt inne und frage Gott: *Welche kleinen Schritte soll ich deinem Willen nach …*

… in dieser Woche tun?

… in diesem Monat tun?

… in diesem Jahr tun?

An die Arbeit – Gut sein in beruflicher Hinsicht

In unseren Befragungen und Gruppengesprächen mit Singles wurde eine Sache sehr deutlich. Wenn es um das finanzielle Einkommen geht, müssen Singles sich der harten Realität stellen: „Wir müssen für uns selbst sorgen!" Daher ist es sehr wichtig, dass du eine berufliche Laufbahn einschlägst, die auch eine angemessene Bezahlung einbringt. Gott hat uns zum Arbeiten geschaffen, und wir alle fühlen uns besser, wenn wir eine Arbeit verrichten, die wir lieben, und einem Beruf nachgehen, der für unsere finanziellen Bedürfnisse aufkommt.

Setze dir berufliche Ziele

In Psalm 37,4 heißt es: „Freu dich am Herrn, und er wird dir geben, was dein Herz wünscht." Und in Sprüche 16,9 wird uns die Marschroute für unsere Ziele vorgestellt: „Ein

Mensch kann seinen Weg planen, seine Schritte aber lenkt der Herr." Wir planen unseren Weg, aber Gott lenkt unsere Schritte. Sei also mutig und setze dir Ziele für dein berufliches Vorankommen. Sage zu Jesus:

- In diesem Jahr möchte ich Folgendes in meinem Beruf erreichen:

- Ich möchte folgende Position erreichen:

- Ich will, dass ich für Folgendes bekannt bin:

Was liegt dir beruflich?

Deine Fähigkeit, Karriere zu machen, beruht zunächst auf deinen natürlichen Gaben, aber sie ist nicht darauf beschränkt. Wenn du deinen beruflichen Weg planst, solltest du erst die Fähigkeiten berücksichtigen, die ein natürlicher Teil von dir sind. Und dann beziehe Gott in die Gleichung mit ein. Bei meinen Vorträgen sage ich (Pam) in der Regel: „Zeige mir, wie groß dein Gott ist, und ich zeige dir, wie groß deine Möglichkeiten sind. Zeige mir, wie groß dein Gott ist, und ich zeige dir, wie groß dein Abenteuer werden wird. Großer Gott, große Möglichkeiten. Großer Gott, großes Abenteuer." In meinem Buch *Woman of Confidence* („Eine Frau der Zuversicht") gebe ich Ratschläge von erfahrenen Leitern und Mentoren weiter, wie man lernt, in Gottes Dimensionen zu denken:

- „In Wahrheit sind selbstbewusste Menschen gar nicht unbedingt überaus talentiert, geschickt oder schön; sie haben nur das Gefühl, dass sie es sind. Sie denken anders als ihre weniger selbstbewussten Kollegen." Dr. Mark Goulston

- „Was uns in den Sinn kommt, wenn wir an Gott denken, ist das Wichtigste, was man über uns wissen kann." A.W. Tozer, *The Knowledge of the Holy* („Die Erkenntnis des Heiligen")

- „Wie ich mein Leben führe, ist ein Zeugnis davon, was ich über Gott glaube." Henry Blackaby und Claude King, *Gott erfahren*[28]

- „Wie wir über Gott denken, hat großen Einfluss auf unsere Ewigkeit, aber ich würde auch sagen, dass nichts anderes größeren Einfluss darauf hat, wie unser Leben aussieht und ob wir unsere Bestimmung erfüllen. ... Es ist weise, wenn wir uns die Frage stellen: Was glaube ich, wer Gott ist?" Beth Moore

Erkennst du das zugrunde liegende Muster? Je besser wir Gott kennen, umso größer wird unser Glaube. Wenn dein Glaube wächst, kann Gott dir mehr Gelegenheiten, Träume und Abenteuer anvertrauen. Wenn wir daran glauben, dass Gott all das ist, was er über sich selbst sagt, können wir für unser Leben aus seinen Quellen schöpfen. Der Apostel Paulus drückt das so aus: „Aus eigener Kraft sind wir dieser Aufgabe nicht gewachsen; es gibt nichts, was wir uns als Verdienst anrechnen könnten. Nein, unsere Befähigung verdanken wir Gott" (2. Korinther 3,5; NGÜ).

Wenn wir auf all das bauen, was Gott ausmacht – seine Allwissenheit, seine Allmacht, seine Wahrheit, seine Weisheit (diese Liste seiner Eigenschaften lässt sich endlos fortsetzen) –, weckt das in uns den Glauben, dass Gott Großes und Gutes in unserem Beruf, unserem Leben und unserem Umfeld bewirken kann.

---

28 Erschienen 2005 bei Brunnen, Gießen

Werde nun einen Moment still und bete: „Herr, bitte hilf mir, in Bezug auf meinen Beruf in deinen Dimensionen zu denken. Du weißt, dass wir gemeinsam im selben Boot sitzen. Zeig mir daher bitte deinen Plan und deinen Weg zum Erfolg. In Johannes 10,10 steht, dass du, Jesus, gekommen bist, damit wir das Leben im Überfluss haben. Zeig mir, wie dieses Leben, diese Pläne für mich aussehen. Ich höre dir zu. Ich ordne mich ganz deinem Willen unter, weil ich weiß, dass du mich liebst und nur das Beste für mich und alles, was du geschaffen hast, im Sinn hast. Amen."

Halte einige Träume für deine berufliche Laufbahn fest, die sich an Gottes Dimensionen orientieren:

Entwickle einen Plan für deinen beruflichen Weg

Wie sieht der erste Schritt aus? Solltest du eine Fortbildung besuchen oder brauchst du eine spezielle Zusatzausbildung? Brauchst du Mut, um mit deinem Vorgesetzten zu sprechen oder deine eigene Firma zu gründen? Benötigst du einen weisen Rat und Begleitung durch einen Mentor, der bereits in diesem Bereich Erfahrungen gesammelt hat? Oder brauchst du Startkapital, um dich selbstständig oder einen bestimmten Abschluss zu machen? Solltest du dir neue Kompetenzen aneignen, wie zum Beispiel (weiterführende) PC-Kenntnisse, Verkaufsmethoden oder das Aufbauen eines sozialen Netzwerks? Halte nun drei konkrete Schritte für dieses Jahr fest, durch die Gott dir helfen kann, dich im beruflichen Bereich voranzubringen:

1. ______________________________

2. ______________________________

3. ______________________________

We are Family – Gut sein auf der Beziehungsebene

Wenn ein Lied die Charts stürmt, hat das oft den Grund, dass etwas darin das Herz berührt. „We Are Family", ein Lied aus den späten Siebzigern der Band Sister Sledge, betont seit drei Jahrzehnten die Verbundenheit von Menschen, die füreinander da sind.

Es ist so populär geworden, weil wir alle wissen, dass wir eine Familie brauchen. Fast jeder Single, den wir bei den Recherchen für dieses Buch befragten, sprach mit uns über sein Bedürfnis, in seinem Leben ein Beziehungsnetz zu haben, das als Familie dient.

Manchmal ist dieses Netzwerk aus sehr praktischen Gründen notwendig. Wenn du keinen Ehepartner hast, kann es sein, dass du dir Hilfe suchen musst, wenn du umziehst, die Wohnung streichst oder ein tropfender Wasserhahn repariert werden muss. Du brauchst Freunde, die dich unterstützen, wenn dein Auto liegen bleibt und du unbedingt zur Arbeit oder Gemeinde kommen musst. Vieles im Leben kann man nicht allein tun, und wenn du Single bist, brauchst du Menschen, die bei einem Anruf von dir schnell zur Stelle sind und dir helfen.

Manchmal ist so ein Beziehungsnetz auch wichtig für die Freizeit oder für Verabredungen. Mit wem feierst du deine Erfolge auf der Arbeit oder Geburtstage? Wer unterstützt dich, wenn du auf einen Kurzzeit-Missionseinsatz gehst oder deine Geschäftsidee in die Tat umsetzen willst?

Ein Single drückte es sehr deutlich aus: „Als Single muss mir bewusst sein, dass ich keine Insel bin. Ich brauche andere Menschen. Aber ich kann mir dabei die aussuchen, die ich ‚Familie' nenne. Mein Rat wäre: Sei dir sicher, wen du im Notfall anrufen kannst, und sei vorsichtig, wem du deine Haustürschlüssel gibst, um nach dem Rechten zu sehen oder deine Haustiere zu versorgen, während du auf Reisen bist. Sei wählerisch bei der Auswahl deines Umfelds."

Ein weiterer Single ergänzte: „Freundschaft ist eine nette Sache – aber auch absolut notwendig!"

Erinnerst du dich noch an Becky Turner, die so viele Kilos verloren hat? Worin bestand das wahre Geheimnis ihres Erfolgs? Becky stand zu ihren Fehlern, aber dann schmiedete sie einen cleveren Plan, um ihr Ziel zu erreichen. Was war der Schlüssel, damit sie den Kampf gegen ihr Übergewicht gewinnen konnte? Freunde.

> Zunächst war da Carole – eine weise, ältere Frau, die seit vielen Jahren gesund lebte. Sie machte ihren erwachsenen Kindern das beste aller Geschenke – ihre gute Gesundheit. Wir trafen uns so oft wie möglich – normalerweise an jedem Wochentag –, um gemeinsam Sport zu machen, Bibelverse auswendig zu lernen und am Schluss unserer gemeinsamen Zeit immer zusammen zu beten.
>
> Eine weitere Christin und Freundin war Vicki. Gott gebrauchte sie, um mich daran zu erinnern, wer ich nicht war. Ich war nicht länger eine haarige, kriechende Raupe, sondern ich war in einen wunderschönen Schmetterling verwandelt worden! Vicki erinnerte mich auf viele verschiedene Arten daran, aber am tollsten war es, dass sie mit mir einkaufen ging und schöne Klamotten aussuchte. Dafür sind Freundinnen schließlich da.
>
> Eine weitere Freundin fürs Leben, die Gott mir schenkte, war Karrie. Wer mich kennt, weiß, dass ich ganz schön

eigensinnig und störrisch war und jemanden brauchte, der so war wie der Prophet Nathan für König David. Solche Menschen zeigen dir deine Fehler und Schwächen, aber sie bleiben anschließend an deiner Seite und helfen dir dabei, es richtig zu machen. Auch wenn Karrie Hunderte Kilometer entfernt von mir lebt, halte ich sie mit meiner gesundheitlichen Entwicklung auf dem Laufenden: Ich schicke ihr einfach per Fax mein Ernährungstagebuch. Sie ruft immer wieder an und fragt nach, ob ich heute schon Sport gemacht habe.

Da ich stolz bin, wünschte ich, ich könnte alles allein schaffen, aber in Wahrheit brauchen wir alle die Unterstützung von vielen anderen Menschen. Ich danke Gott für First Place 4 Health. Durch diese Organisation sind Freiheit und ein Leben in Fülle nicht nur ein schöner theologischer Gedanke, sondern eine täglich erfahrbare Realität für mich.

Ich bin noch längst nicht am Ziel angekommen, aber ich bin auch nicht mehr dort, wo ich mal war. Und durch Gottes Gnade und das Geschenk, mich vor anderen verantworten zu dürfen, werde ich auch nie wieder dorthin zurückkehren.

Viele Singles leben weit entfernt von ihren Familien oder haben einen schwierigen familiären Hintergrund. Für sie wird ihr Freundeskreis zu einer Art Familie, mit dem sie sich an den Feiertagen treffen, ihre Erfolge feiern und von dem sie Unterstützung erhalten, wenn etwas Schlimmes geschieht. Du solltest bereits im Vorhinein in Beziehungen investieren, damit du auch ein starkes Team hast, wenn du es eines Tages brauchst. Pflege Freundschaften mit Gleichgesinnten. Gründe eine Kleingruppe, in der ihr offen euer Leben miteinander teilt und, wie die Bibel es ausdrückt, „einander [helft], eure Lasten zu tragen“ (Galater 6,2; NGÜ).

Die ausgeglichensten Singles, die wir kennen, führen bewusst Traditionen in ihrem Leben ein, um ihre Beziehungen zu pflegen. Eine von ihnen veranstaltet jedes Jahr eine Silvesterparty. Eine andere organisiert immer ein festliches Abendessen während der Oscar-Verleihung. Gemeinsam sehen sie sich dann die Siegerehrung an und fühlen sich dabei selbst als Gewinner, weil sie sich hübsch gemacht haben, um ihre Freundschaft zu feiern. Ein Freund von uns pflegt seine Beziehungen gern bei großen Sportveranstaltungen: dem Superbowl[29], der Fußballweltmeisterschaft, Wimbledon, den Basketballmeisterschaftsspielen und dem Finale der Baseballmeisterschaft. Eine der Single-Frauen in unserer Familie lebte eine Zeit lang zu weit entfernt, um an Familientreffen zu Thanksgiving und Weihnachten teilzunehmen. Während dieser Jahre half sie in einer Suppenküche aus, engagierte sich bei der Weihnachtsaktion der Gefangenenhilfe und lud ihre Freunde abends zum Essen ein. Sie hatten eine tolle Zeit miteinander. Einer unserer irischen Single-Freunde feiert immer am irischen Nationalfeiertag St. Patrick's Day eine Party mit seiner Familie und seinen Freunden.

Denke kurz über deine Bedürfnisse nach. Kennst du drei oder vier Menschen, die du anrufen würdest, wenn bei dir heute eine große Krise ausbräche? Bedanke dich bei diesen Freunden, dass sie für dich da sind, und vergrößere den Kreis, indem du andere einlädst, Teil dieses Freundeskreises zu werden. Hast du einen Freund, mit dem du vertraulich über deine Finanzen, dein Zuhause, dein Liebesleben, deinen Beruf und dein Auto sprechen kannst?

---

29 Damit wird das Endspiel einer Saison in der US-amerikanischen American-Football-Profiliga bezeichnet; Anm. d. Übers.

Was macht dein Gehirn? – Gut sein in intellektueller Hinsicht

Es ist leicht, auf eine bestimmte intellektuelle Schiene zu geraten. Wir fühlen uns gut, wenn wir uns in einem Bereich sehr gut auskennen und darin als Experte gelten; wir kommen uns dumm vor, wenn wir uns in Kreisen bewegen, wo uns die allgemeinen Kenntnisse fehlen. Bei Menschen, die ihren Verstand *gebrauchen*, ist es weniger wahrscheinlich, dass sie ihn *verlieren*. Sei daher offen für neue Eindrücke und Gedanken. Wir wachsen jedes Mal, wenn wir etwas Neues lernen. Die Menschen, mit denen wir sprechen, die Bücher (und Blogs), die wir lesen, die Filme und Fernsehsendungen, die wir uns anschauen, eröffnen uns neue Perspektiven und machen uns interessanter und geistig fitter. Erweitere deinen Horizont. Besuche neue Orte, lies neue Bücher, lerne neue Leute kennen und erlerne neue Fähigkeiten.

Setze dir Ziele für dein intellektuelles Wachstum

Setze dir Ziele für dein intellektuelles Wachstum und fülle dazu die leeren Zeilen bei den folgenden Sätzen aus:

Mit dieser Person würde ich gern mal einen Kaffee trinken:

____

An diesen Ort der Welt möchte ich einmal reisen:

____

Diese neue Fähigkeit möchte ich gern lernen:

____

Dieses neue Buch würde ich gern lesen oder von diesem mir noch unbekannten Autor würde ich gern mal etwas lesen: ______________________________

Diesen neuen Film oder dieses neue Theaterstück oder Musical möchte ich gern sehen: ____________

Über dieses neue Thema würde ich mich gern unterhalten können: ____________

Über diese Gruppe von Menschen oder diese Generation würde ich gern mehr erfahren: ____________

Was liegt dir intellektuell?

Wenn du herausfinden willst, was dir intellektuell liegt, solltest du dich fragen: „Welche Themen liegen mir am meisten am Herzen?“, denn für sie kannst du dich wirklich begeistern. Außerdem hat jeder von uns eine bestimmte Grenze, wie viele Worte und Erfahrungen er auf einmal in sich aufnehmen kann. Manche haben eine sehr große Aufnahmefähigkeit, sodass sie ständig lesen und schreiben. Wir alle kennen Menschen, die ständig auf Facebook und/oder Twitter aktiv sind und deren E-Mails voller interessanter Neuigkeiten sind. Anderen reicht es völlig, wenn sie einen neuen Gedanken pro Tag erhalten. Wo auch immer du dich auf dieser Skala einordnest, danke Gott für deine Aufnahmefähigkeit und nutze sie jeden Tag.

Entwickle einen Plan für dein intellektuelles Wachstum

Nimm an einem Seminar teil, suche dir einen Mentor oder eine Mentorin, kauf dir ein Zug- oder Flugticket. Ruf jemanden an, um dich mit ihm zu einem Spaziergang, einem Abendessen oder einem Kaffee zu treffen und so die Lücke zwischen dir und dem anderen, seiner Kultur oder seinem Lebensalter zu schließen. Richte dir eine „Mach-etwas-Neues“- oder „Triff-jemand-Neues“-Erinnerung auf deinem Computer oder deinem Handy ein, die einmal pro Woche oder einmal im Monat erscheint.

Zu Höherem berufen – Gut sein in Bezug auf den Glauben

Niemand liebt und schätzt dich mehr als Jesus. Wenn ein mutiger, selbstloser Mensch sich vor den Gewehrlauf eines Attentäters wirft und so die Kugel abfängt, die für dich vorgesehen war, würdest du ihn dann nicht kennenlernen wollen? Das ist ein Bild für das, was Jesus getan hat. Er ist wie dein persönlicher Bodyguard, der freiwillig auf dich aufpassen will. Möchtest du nicht eine tief gehende, echte Beziehung mit jemand haben, dem du so wichtig bist und der dich so sehr liebt? Wenn du es willst, sage ihm, dass du ihn kennenlernen möchtest – und dann leg los und lerne ihn kennen.

Setze dir Ziele im Glauben

Es ist in jeder Beziehung so – wenn wir enger zusammenwachsen wollen, müssen wir Zeit miteinander verbringen. Genauso ist es bei Gott. Wenn wir in der Beziehung zu ihm wachsen wollen, müssen wir Zeit mit ihm verbringen, ihm zuhören und seinem Rat folgen. Wenn du dir täglich Zeit für Gott nimmst, hast du damit eine wichtige Grundlage für dein Wachstum im Glauben geschaffen.

Wie und wann liest du am liebsten in der Bibel?

Pam und ich haben schon früh erkannt, dass wir ein unterschiedliches Tempo im Glauben haben. Ich mag es am liebsten, wenn ich ein oder zwei Stunden mit intensivem Bibelstudium und Gebet verbringen kann. Das schaffe ich nicht jeden Tag, daher nehme ich mir jeden Tag einige Minuten Zeit, um in meiner Bibel zu lesen und zu beten, und lese dann einmal pro Woche eine längere Zeit intensiv in der Bibel. Pam hingegen nimmt sich lieber konstant jeden Tag 15 Minuten Zeit. Sobald sie etwas Neues in der Bibel entdeckt, das sie in die Tat umsetzen möchte, will sie sofort damit loslegen. Daher ist es für sie am besten, wenn sie sich täglich darin übt.

Finde heraus, was für dich am besten ist, und plane diese Zeit fest ein.

Entwickle einen Plan für dein Wachstum im Glauben

Der zentrale Schlüssel zu deinem Wachstum ist die Zeit, die du mit Gott verbringst. Hier ein paar Tipps, wie du deine persönliche Zeit mit ihm noch optimieren kannst:

1. Suche dir einen bestimmten Ort dafür aus. Wo kannst du am besten ungestört deine Bibel lesen, intensiv darüber nachdenken oder sie als Hörbuch hören? Wo hast du die meiste Ruhe – zu Hause, im Auto oder im Büro?

2. Suche dir eine bestimmte Zeit dafür aus. Welche Zeit am Tag kannst du am regelmäßigsten einhalten? Viele werden am frühen Morgen am wenigsten abgelenkt. Andere nehmen sich abends Zeit für Gott, auch damit sie danach gut schlafen können. Wieder andere nutzen diese Zeit gern an ihrem Schreibtisch vor Beginn der Arbeitszeit. Wichtig ist, dass du dabei realistisch in deiner Zeitplanung bleibst. Es ist besser, wenn du fünf bis zehn Minuten einplanst, die du *jeden Tag* einhältst, als neunzig Minuten, für die du nur an einem Tag Zeit hast und dann die nächsten neun Tage gar nicht mit Gott redest.

3. Suche dir eine passende Methode. Hier nun einige Ideen, wie du mehr aus deiner täglichen Bibellese ziehen kannst:

Fragen, Fragen, Fragen

Zu einem Bibeltext kannst du dir verschiedene Arten von Fragen stellen. Beginne damit, dass du dir zehn Fragen überlegst, die du allgemein zum Text stellen könntest.

Frage dich als Nächstes, welche Worte oder Sätze in dem Text eine Schlüsselbedeutung haben, und schlage mit einem Wörterbuch, einer Konkordanz, einem Bibellexikon oder Ähnlichem ihre Bedeutungen nach.

Eine Hilfe ist es auch, wenn du den Text oder einzelne Passagen daraus in deinen eigenen Worten formulierst. Frage dich: „Wenn ich diesen Text/Vers geschrieben hätte, wie hätte ich das ausgedrückt?"

In manchen Bibeln gibt es Querverweise, z. B. in der Elberfelder Übersetzung. Wenn deine Bibel diese Querverweise hat, also Hinweise auf andere Verse in der Bibel, schlage die entsprechenden Stellen nach.

Als Letztes kannst du dich fragen, wie du das, was du gelesen hast, in deinem persönlichen Leben umsetzen kannst. Werde dabei so konkret wie möglich und setze es so bald wie möglich in die Tat um.

Die W-Fragen

Drucke dir einen ganzen Abschnitt aus der Bibel mit doppeltem Zeilenabstand aus, unterstreiche wichtige Passagen und stelle dir selbst folgende Fragen, um strukturiert an den Text heranzugehen. Auf www.bibleserver.de findest du zahlreiche Bibelübersetzungen.

- Wer: Wer hat diesen Abschnitt geschrieben und an wen ist er gerichtet?

- Was: Wie ist der Kontext dieser Geschichte? Was geschieht vor und was nach diesem Abschnitt?

- Wann: Zu welcher Zeit wurde der Text geschrieben? Gibt es Dinge, die ich über den kulturellen Hintergrund wissen muss?

- Wo: Kann ich die dort erwähnten Orte auf einer Karte finden?

- Warum: Was war die Motivation des Autors? Soll hier ein bestimmtes Wissen vermittelt werden? Ist es ein Gedicht, das Gefühle ausdrückt? Oder eine Geschichte, die eine Lektion vermitteln soll?

- Wie: Wie lässt sich dieser Text auf unsere heutige Zeit übertragen? Wie setze ich das in meinem Leben um?

1, 2, 3

Als achtzehnjährige Studentin lernte ich (Pam) drei einfache Fragen kennen, die mir bei meiner täglichen Bibellese sehr geholfen haben:

- Was steht dort? (Wie sehen die Fakten aus? Was passiert in diesem Abschnitt?)

- Was bedeutet es? (Verstehe ich die Bedeutung oder sollte ich mir näher anschauen, was ein Wort genau bedeutet? Sollte ich mir Parallelstellen in der Bibel ansehen, wo über das gleiche Thema gesprochen wird? Wäre es gut, nähere Informationen über die Kultur oder Zeit einzuholen oder Bibelkommentare zu lesen, damit ich verstehe, was dieser Text für die ursprünglichen Leser bedeutet hat?)

- Was bedeutet es für mich? (Wie kann ich es im Alltag anwenden?)

Es gibt noch viele weitere, ausgefeiltere Methoden, um die Bibel zu studieren. Wenn du dauerhaft tiefer graben willst, empfehlen wir Bibellesen mit Gewinn – Handbuch für das persönliche Bibelstudium von Howard Hendricks und William Hendricks[30] und Effektives Bibelstudium – Die Bibel verstehen und auslegen von Gordon Fee und Douglas Stuart[31].

Die Bibel überall – Kreative Einsatzmöglichkeiten

Auch viel beschäftigte Menschen können in ihrem Glauben wachsen, indem sie Gottes Wort geschickt in ihrem Leben platzieren. Nutze eine Bibel-App für dein Smartphone, spiele sie auf deinen I-Pod oder MP3-Player oder schaffe dir eine Hörbibel auf CD für dein Auto an. Du kannst Bibelverse auch in deinen Bildschirmschoner integrieren, als Computer-Passwort nutzen, auf kleinen Kärtchen bei dir tragen oder dir an den Badezimmerspiegel kleben. Hänge schöne Bilder an deine Wände, auf denen Bibelverse stehen, oder hefte sie dir an deinen Kühlschrank. Stelle in jeden Raum deiner Wohnung kleine Körbchen für deine Stille Zeit, in denen sich verschiedene Bibeln, ein Tagebuch und Andachtsbücher deiner Lieblingsautoren befinden. Wenn du dann ein paar Minuten Zeit in diesen Räumen hast, kannst du dir diese Zeit für Gott nehmen. Melde dich für christliche Blogs oder Newsletter an, die dir einmal am Tag oder einmal pro Woche eine Andacht schicken. Höre über das Internet christliche Radiosender oder lade dir Podcasts für unterwegs herunter.

Wenn du deine Beziehung zu Gott vertiefen möchtest, was tust du dafür …

… in dieser Woche?

30 Erschienen 2012 bei CV Dillenburg, Dillenburg

31 Erschienen 2010 (6. Auflage) bei Brunnen, Gießen und Basel

… in diesem Monat?

… in diesem Jahr?

Den Nächsten im Blick – Gut sein in sozialer Hinsicht

Als wir Singles für dieses Buch befragten, wurde sehr deutlich, dass die glücklichsten von ihnen sich stark für andere Menschen engagierten. Sie arbeiteten in ihren Gemeinden mit, engagierten sich darüber hinaus ehrenamtlich für verschiedenste Organisationen oder ihre Stadt und gingen auf Kurzzeit-Missions- oder Hilfseinsätze. Es füllte sie aus, Missionare zu unterstützen, bei einem Projekt mitzuarbeiten, um anderen zu dienen, oder ihre Gaben einzusetzen, damit sie Menschen in Not aus ihrem Umfeld helfen konnten.

Manchmal überfordert es einen, wenn man sich auf die bedürftigen Menschen im eigenen Umfeld konzentriert und wenn man auf all die Nöte in dieser Welt sieht, aber jeder Mensch kann wenigstens einer Not begegnen. Wo beginnt dein Weg zur Nächstenliebe? Herzlichen Glückwunsch, er hat schon begonnen! Da du dieses Buch liest und mehr von dem entdeckst, was dich antreibt und worin deine Einzigartigkeit, deine Berufung und deine Fähigkeiten liegen, kannst du erkennen, wie du Jesus durch deine Mitarbeit in der Gemeinde, bei einem Projekt usw. etwas zurückgeben kannst. Deine Berufung findest du dort, wo die Not der Welt auf deine Leidenschaft trifft. Lass uns daher die Bereiche herausfiltern, in denen du am effektivsten dienen und Menschen erreichen kannst:

Kreuze nachfolgend an, zu welchen Punkten du am ehesten neigst.

1. Am liebsten helfe ich folgenden Menschen:

   ☐ jüngeren Leuten

   ☐ älteren Leuten

   ☐ Leuten in meinem Alter

2. Ich helfe am liebsten auf folgender Ebene:

   ☐ in Einzelgesprächen

   ☐ in Kleingruppen

   ☐ im Rahmen eines größeren Teams

   ☐ in der Leitung eines größeren Teams

3. Am liebsten bin ich:

   ☐ die meiste Zeit draußen

   ☐ die meiste Zeit drinnen

4. Ich ziehe folgende Bedingungen vor:

   ☐ Ich bin flexibel und mag es, wenn es etwas rauer zugeht. Ich stehe auf Abenteuer in weit entlegenen Gebieten.

- ☐ Wenn meine grundlegenden Bedürfnisse wie eine heiße Dusche, eine Toilette im Haus und eine warme Mahlzeit am Tag gedeckt sind, bin ich ausgeglichener und kann effektiver arbeiten.
- ☐ Ich bin flexibel, aber greife auch gern auf einige Annehmlichkeiten zurück, wie ich sie von zu Hause kenne.
- ☐ Ich wohne gern bei Gasteltern oder in einer Unterkunft, wo ich mit den Einheimischen in Berührung komme, aber ich mag es auch, wenn mir einiges von dem gewohnten Komfort zur Verfügung steht.
- ☐ Ich brauche ein weiches Bett und eine angenehme Umgebung, um am besten in Form zu sein. Ja, ich weiß, ich bin vielleicht ein bisschen anspruchsvoller, aber trotzdem liebe ich andere Menschen!

5. Ich investiere am liebsten so viel Zeit:

- ☐ ein paar Stunden pro Woche
- ☐ einen Tag pro Woche
- ☐ ein paar Tage pro Monat
- ☐ eine oder mehrere Wochen im Jahr

Schau dir nun deine Antworten an. An dem Ergebnis kannst du ablesen, wo du dich am besten mit deinen Gaben und deiner Leidenschaft einbringen kannst. Das ist natürlich nicht in Stein gemeißelt, sondern du kannst verschiedene Möglichkeiten ausprobieren. Du hast dadurch einfach einen guten Startpunkt – oder einen Punkt, wo du von Neuem beginnen kannst –, wie, wann und wo du dich mehr auf andere konzentrieren kannst.

Es ist deine Entscheidung

Man muss sich darum bemühen, aber du wirst das Leben mehr genießen, wenn du dich dafür entscheidest, ein gutes Leben zu führen. Setze dir also Ziele, finde heraus, was dir liegt, mache dir einen Plan und erlebe dann, was Gott tun kann.

Nur so zum Spaß

Oft werden wir nachts von unseren Sorgen wachgehalten. Hast du schon mal von dem legasthenischen Agnostiker gehört, der an Schlaflosigkeit litt? Er lag nachts wach und fragte sich, ob es den Hund wirklich gibt.

Kapitel 8

Entscheide dich, andere Menschen zu prägen

„Die Frucht des Geistes aber ist … Treue.“
Galater 5,22 (ELB)

Dir wurde ein Leben geschenkt, mit dem du andere prägen kannst, und es dreht sich im Kern um deine ganz persönliche Geschichte. Im Verlauf der Menschheitsgeschichte hat niemand genau die gleiche Lebensgeschichte wie du. Gott hat deine Geschichte auf seinen souveränen Plan abgestimmt. Er hat zugelassen, dass du verschiedene Erfahrungen gemacht hast, da er dich auf die Menschen vorbereitet, die du prägen sollst.

Denk mal darüber nach. Es ist vieles in deinem Leben geschehen, das du nicht verdient hast. Einige dieser Erfahrungen waren ein echter Segen, den du mit Sicherheit nicht verdienst hattest. Das Leben hat es da einfach gut mit dir gemeint. Andere Erfahrungen wiederum waren negativ und ebenso unverdient. Du hast nichts Falsches getan, was so eine Behandlung rechtfertigen könnte, aber es ist trotzdem geschehen. Wenn du ein Mensch bist, der viel nachdenkt, hast du dich selbst vielleicht schon gefragt: „Warum sind mir diese Dinge zugestoßen?“

Wir glauben, dass Gott dir diese Erfahrungen vor allem deshalb geschenkt hat, damit anderen Menschen durch deine Erlebnisse geholfen werden kann. Durch den Segen, den du ohne eigenes Zutun empfangen hast, kannst du andere

Menschen leiten, lehren und inspirieren. Die guten Dinge in deinem Leben erinnern andere Leute daran, dass Gott auch Gutes für sie im Sinn hat. Wenn du von deinen eigenen Fortschritten erzählst, ermutigt das andere, daran zu glauben, dass auch sie weiterkommen können.

Deine negativen Erfahrungen sind ein Beispiel dafür, wie Gott Heilung schenkt. Täglich warten wir „auf das wunderbare Ereignis, wenn die Herrlichkeit des großen Gottes und unseres Erlösers, Jesus Christus, erscheinen wird. Er gab sein Leben, um uns von aller Schuld zu befreien und zu reinigen und uns zu seinem eigenen Volk zu machen, das bemüht ist, Gutes zu tun" (Titus 2,13-14).

Wir leben in einer Welt, in der es viel Schlechtes gibt, und deshalb ist es normal, dass wir alle Leid, Schmerz und herbe Enttäuschungen erleben. Es ist einfach unglaublich, auf wie viele Arten Menschen einander missbrauchen und ausnutzen können. Eltern verletzen ihre Kinder. Menschen hintergehen selbst ihre besten Freunde. Geschäftspartner betrügen einander. Führungskräfte nutzen ihre Untergebenen aus und Untergebene untergraben die Pläne ihrer Vorgesetzten.

Und dann sind da noch die Liebesbeziehungen. Menschen, die einmal ineinander verliebt waren, sind am Schluss wütend aufeinander, manipulieren sich gegenseitig, verhalten sich kleinlich und sind eifersüchtig. Und manchmal waren Menschen gar nicht so verliebt, wie sie schienen. Sie waren nur auf der Suche nach einem Opfer.

In einer solchen Welt brauchen wir viele, viele Menschen, die bereit sind, ihre schmerzlichen Erfahrungen und ihre Heilung zu einem Vorbild für andere werden zu lassen. Wir brauchen Menschen, die über ihre Verletzungen sprechen wollen und dabei nicht auf Mitleid aus sind. Menschen, die erzählen können, wie Gott ihnen geholfen hat, den Schmerz zu überwinden, und wie sie durch Vergebung eine neue Art zu leben entdeckt haben.

Die gute Nachricht ist, dass du nicht zu außergewöhnlichen Mitteln greifen musst, um andere Menschen zu prägen. Du musst einfach nur deine eigene Geschichte akzeptieren. Erzähle immer wieder deine Geschichte und führe ein Leben, mit dem Gott auf seine Hoffnung und Hilfe hinweisen kann. Zu deiner Geschichte gehört, wie du zum Glauben gekommen bist und wie deine Familie dich geprägt hat. Auch zählen die Punkte in deinem Leben dazu, wo du dich am stärksten weiterentwickelt hast. Pam hat vor Kurzem Folgendes auf ihrer Facebook-Seite gepostet:

> Offenbarung 12,11 (SLT): „Sie haben ihn überwunden um des Blutes des Lammes und um des Wortes ihres Zeugnisses willen." Die Kraft, die uns Jesu Tod am Kreuz geschenkt hat + die Kraft deiner Geschichte = Menschen überwinden ihr Problem und finden ein neues Leben und eine neue Hoffnung.

Je mehr du dir deine Geschichte zu eigen machst, umso klarer werden auch der zukünftige Weg deines Lebens und die Entscheidungen, die du treffen musst, um dorthin zu gelangen.

Deine Geschichte ist einzigartig. Wir alle haben Gemeinsamkeiten, aber nur du hast deine ganz persönliche Kombination von Charaktereigenschaften, Erfahrungen und bedeutenden Momenten im Leben. Wir wollen uns einige Geschichten aus der Bibel ansehen, die diesen Punkt veranschaulichen. Die ersten zwei Geschichten handeln von sehr einflussreichen Männern zur Zeit des Neuen Testaments, die sehr unterschiedliche Dinge erlebt haben.

Paulus' unmöglicher Auftrag

Zuerst wollen wir uns den Apostel Paulus ansehen. Er erzählt seine Geschichte im Brief an die Gemeinde in Galatien (vgl. Galater 1,13-24). Er wuchs in einer strenggläubigen jüdischen Familie auf und hatte eine Leidenschaft für den hebräischen Glauben. Er legte mehr Eifer an den Tag als seine Altersgenossen und machte schnellere und bessere Fortschritte als sie. Sein jugendlicher Enthusiasmus wurde zur Besessenheit, sodass er schließlich die Gemeinde verfolgte und sie zerstören wollte. Unwissend, wie er war, dachte er, dass er auf diese Weise Gott diente. Doch in Wahrheit war er ein Gegner Gottes geworden.

Doch Gottes Gnade war größer als Paulus' Besessenheit: Jesus begegnete ihm auf der Straße nach Damaskus und berief ihn, den nicht jüdischen Menschen vom gekreuzigten und auferstandenen Jesus zu erzählen. Paulus war der frommste Jude seiner Zeit und Gott berief ihn, ein Evangelist für die nicht jüdische Menschen zu werden, sodass alle miterleben und sehen konnten, wie groß und mächtig Gottes Gnade ist.

Durch seine Verwandlung wurde Paulus, dieser starke Anführer, sofort sehr demütig. Er wusste, dass er noch einmal von vorn beginnen musste. Sein religiöser Eifer war so stark gewesen, dass er nicht einfach das alte Leben hinter sich lassen konnte. Er brauchte eine ganz neue Ausbildung. Nach seiner übernatürlichen Begegnung mit Jesus ging er für drei Jahre nach Arabien und Damaskus, um dort in seinem neu gefundenen Glauben geschult zu werden. Nach drei Jahren Jüngerschaftstraining reiste er nach Jerusalem, um dort mit Petrus und Jakobus in Kontakt zu treten und der dortigen Gemeinschaft der Christen vorgestellt zu werden.

Du kannst dir sicher vorstellen, was für ein Skandal das damals war. Paulus war weithin als der schlimmste Gegner der neu gegründeten Gemeinde Jesu bekannt. Auf sein Konto ging die Verhaftung und Ermordung zahlreicher Christen. Er konnte nicht einfach erscheinen und verkünden, dass er nun Teil der Gemeinde sei. Die Leute hätten ihm das niemals geglaubt, wenn sich nicht die richtigen Leute für ihn eingesetzt hätten. Daher musste er das Vertrauen von Petrus gewinnen, dem Leiter der Apostel, und von Jakobus, dem Bruder Jesu, der einer der führenden Leiter der Jerusalemer Gemeinde war.

Schlussendlich wurde Paulus vollständig in die Gemeinschaft der Christen integriert und wurde zu einem der effektivsten Gemeindegründer seiner Zeit. Außerdem schrieb er fast die Hälfte des Neuen Testaments. Er ist mit Sicherheit uns allen ein Vorbild für harte Arbeit, Hingabe und Hartnäckigkeit. Darüber hinaus ist er der Beweis, dass niemand sich zu weit von Gott entfernen oder zu schlimme Dinge tun kann, als dass Gottes Gnade nicht für ihn gelte. Gott kann jeden Menschen mit jeder Art von Lebensgeschichte in einen leidenschaftlichen Christen verwandeln. Gott ist treu.

Timotheus' stetige Entwicklung

Die Geschichte von Timotheus unterscheidet sich sehr von Paulus' Geschichte. Sie erzählt von stetigem Wachstum im Angesicht von Herausforderungen und Problemen. Die wesentlichen Punkte seiner Geschichte erfahren wir in 2. Timotheus 1,3-7. Er war ein sensibler Mann, der sich nicht schämte, wenn es angemessen war, auch Tränen zu vergießen. Timotheus war auch ein sehr umgänglicher Mensch. Die Menschen fühlten sich in seiner Nähe wohl und zeigten mehr Engagement, wenn sie mit ihm zusammen waren. Sie waren zuversichtlicher, fröhlicher und dachten gern an die gemeinsame Zeit mit ihm zurück.

Er wuchs in einem intakten christlichen Elternhaus auf. Seine Mutter und seine Großmutter hatten einen starken, aufrichtigen Glauben, der ihn prägte und den er sich selbst zu eigen machte. Wir wissen nicht, warum sein Vater nicht erwähnt wird, aber es liegt auf der Hand, dass die Frauen in seinem Leben einen wesentlichen Einfluss auf seine Entwicklung hatten.

Er hatte ein bedeutendes Erlebnis mit Gott, durch das seine Berufung als Pastor bestätigt und ihm eine besondere Gabe für den Dienst gegeben wurde (vgl. 1. Timotheus 4,14; 2. Timotheus 1,6). Es scheint, als begnügte Timotheus sich entweder mit seiner Berufung oder als wäre er ein bisschen überfordert davon, da er ermutigt werden musste, mehr aus ihr herauszuholen. Er tat selbst nicht alles, um seine Gabe weiterzuentwickeln, sondern er musste dazu von seinen Freunden aufgefordert werden und sich vor ihnen verantworten. Er setzte sich jedoch in Bewegung, als ihm gesagt wurde, dass er das Feuer in sich anfachen und auf die Kraft und Liebe des Heiligen Geistes vertrauen sollte.

Timotheus ist ein tolles Beispiel für jeden, der in einem intakten christlichen Elternhaus aufgewachsen ist. Seine Geschichte ist weder besonders spektakulär noch atemberaubend. Er erlebte keine große Verwandlung von einem Gegner Gottes in einen eifrigen Mitarbeiter. Sein Wachstum im Glauben war langsam, aber stetig. Er tat das Richtige, weil es richtig war, und besonnen verpflichtete er sich, Menschen zu helfen. Auch wenn er keine dramatische Geschichte zu erzählen hatte, war er einer der einflussreichsten Leiter der christlichen Gemeinde im ersten Jahrhundert. Ihm wurde eine bedeutende Verantwortung übertragen und er war als zuverlässiger Lehrer sehr geachtet.

Genauso wie die Geschichten dieser Männer viele Menschen im Laufe der Jahrhunderte inspiriert haben, hat auch deine Geschichte einen besonderen Wert. Wir alle denken schnell, dass nur wichtige Leute eine bedeutende Geschichte haben, aber in Wahrheit arbeitet Gott mit jedem, um seinen Plan zu erfüllen – auch mit dir.

Zwei der am häufigsten zitierten Aussprüche Jesu drehen sich um zwei anonyme Frauen, und eine von ihnen wusste nicht einmal, dass sie Teil einer Geschichte war. An einem ganz gewöhnlichen Tag machte Jesus Station im Tempel (vgl. Johannes 8). Nachdem sich eine Menschenmenge um ihn gesammelt und er begonnen hatte zu lehren, brachten ihm die Pharisäer eine Frau, die beim Ehebruch ertappt worden war. Das ist alles, was wir von ihr wissen. Uns wird nicht gesagt, ob sie sich auf eine Affäre einließ, weil sie reich und ihr langweilig war oder weil sie einsam und bedürftig war. Wir wissen nicht, ob sie alleinstehend war oder Kinder hatte. Wir wissen nur, dass man sie beim Ehebruch ertappte.

Nichts an ihr ist außergewöhnlich, außer der Tatsache, dass die religiösen Oberhäupter sie zu Jesus brachten, weil sie seine Haltung zum Gesetz Mose prüfen wollten. Wir wissen auch nicht, was die Frau nach ihrer Begegnung mit Jesus machte. Wir wissen nicht, ob sie weiterhin sehr unmoralisch lebte oder Jesu Aufforderung nachkam, ein gerechtes Leben zu führen. Doch wir wissen, dass ihre Geschichte der Hintergrund für eine der tiefgründigsten Aussagen Jesu zu Beginn seines Dienstes war: „Wer von euch ohne Sünde ist, der soll den ersten Stein auf sie werfen!" (Johannes 8,7).

Dann ist da noch die Witwe, die demütig im Tempel erschien, um ihr Opfer vor Gott zu bringen. Die Menschen kannten sie nicht und sie hatte nicht viel zu geben. Sie kündigte ihr Opfer nicht an, weil es so wenig war; ihr Beitrag machte eigentlich kaum einen Unterschied. Offensichtlich hatte sie kaum Einkommen, niemand fragte nach ihrem Rat oder hielt ihre Meinung für wichtig. Und doch bildete ihr Verhalten die Grundlage für Jesu Lehre über freiwilliges Geben: „Ich versichere euch, diese arme Witwe hat mehr gegeben als alle anderen. Sie alle haben ihre Gaben aus ihrem Überfluss gegeben; diese Frau aber, so arm sie ist, hat alles gegeben, was sie besaß – alles, was sie zum Leben nötig hatte" (Lukas 21,3-4; NGÜ). Damit wollte Jesus seinen Jüngern deutlich machen, dass wahres Geben aus dem Herzen kommt und immer ein Opfer erfordert. Wenn es kein Opfer ist, bewegt es das Herz nicht. Diese Frau zeigte ohne Zweifel, dass ihre Liebe zu Gott das Wichtigste in ihrem Leben war.

Das Bemerkenswerteste an ihrer Geschichte ist vielleicht dieses: Sie wusste nicht, dass sie Jesus half, eine seiner wichtigsten Lektionen zu vermitteln. Uns wird nicht berichtet, dass Jesus mit ihr sprach. Im Text steht auch nichts davon, dass sie sich vor oder nach diesem Ereignis begegnet wären. Ebenfalls ist nicht die Rede davon, dass ihr jemals jemand berichtet hätte, was Jesus über ihre Gabe gesagt hatte. Sehr wahrscheinlich führte sie ihr gewöhnliches, schwieriges Leben weiter und hatte dabei keine Ahnung, dass ihr Leben einen Wert hatte. Wir sind uns sicher, dass sie jetzt weiß, welche Bedeutung ihr Leben hatte, aber zu jener Zeit war ihr das nicht bewusst. Wenn wir sagen, dass deine Geschichte einen Wert hat, heißt das nicht, dass sich die Menschen für jede Einzelheit deines Lebensweges interessieren werden. Die wenigsten werden von langen Geschichten inspiriert, die mit der Geburt beginnen. Was sie wirklich wissen wollen, sind die bedeutenden Momente und Erfahrungen deines Lebens, die sie anspornen, zu besseren Menschen zu werden.

Erzähle deine Geschichte

Wie du zu dem Menschen wurdest, der du heute bist

Deine Geschichte beginnt mit der Familie, in der du aufgewachsen bist. Deine Familie hatte eine Reihe von guten und schlechten Eigenschaften. Einige dieser Eigenschaften lösten eine heftige Reaktion in dir aus, durch die du zu der Person wurdest, die du heute bist. Darüber hinaus hast du Entscheidungen getroffen, die ebenfalls dazu beigetragen haben, wie sich dein Charakter, deine Vorlieben und deine Lebenskompetenz entwickelten. Genau das interessiert die Leute.

Mit der unten stehenden Tabelle kannst du herausfinden, wie deine Familie dich geprägt hat. In der ersten Spalte beschreibst du deine Familie. Diese Eigenschaften können deine Familie insgesamt bestimmt haben (liebevoll, fürsorglich, hart arbeitend, emotional, sich nicht entschuldigen können) oder Beschreibungen einzelner Familienmitglieder sein (Papa war schwer zufriedenzustellen, Papa war sehr loyal, Mama war eine gute Ratgeberin, Mama war übersensibel, meine Schwester manipulierte andere). Mach dir keine Gedanken darüber, wie viele oder wenige Eigenschaften du auflistest. Du musst nicht alles festhalten, was du über deine Familie weißt, weil nicht alles, was deine Familie tat, in dir eine Reaktion auslöste. Es geht um die Eigenschaften, die dir als Erstes in den Sinn kommen, wenn du dir erlaubst, darüber nachzudenken.

In der zweiten Spalte solltest du so gut wie möglich beschreiben, wie du auf diese Eigenschaften reagiert hast. Es ist sehr wahrscheinlich, dass du entweder dieselbe Eigenschaft übernommen oder dich gegen sie gewandt hast. Bist du zum Beispiel in einer sehr liebevollen Familie aufgewachsen, dann bist du entweder selbst ein sehr liebevoller Mensch oder sehr unabhängig, weil du ein stark ausgeprägtes Sicherheitsgefühl hast. Wenn deine Mutter oder dein Vater nur schwer zufriedenzustellen war, bist du entweder auch so oder hast sehr viel Mitgefühl, wenn andere versagen.

Du solltest bei dieser Übung nicht zu sehr in die Tiefe gehen. Wir wollen damit keine Therapiestunde einleiten; mit ihrer Hilfe sollst du einfach nur erkennen, wie deine Familie dich geprägt hat.

Eigenschaften meiner Familie	Wie ich darauf reagiert habe	beibehalten	verändern
		☐	☐
		☐	☐
		☐	☐
		☐	☐
		☐	☐
		☐	☐
		☐	☐
		☐	☐
		☐	☐
		☐	☐

Wenn du die Prägung deiner Familie erkannt hast, musst du dich entscheiden, ob du sie beibehalten oder verändern willst. Markiere bei jeder Eigenschaft das entsprechende Kästchen. Danke Gott für diejenigen, die du beibehalten willst, und mache sie zu einem bedeutenden Teil deiner persönlichen Geschichte. Da du sie in deinen prägendsten Jahren von den Menschen vermittelt bekommen hast, die zu der Zeit am meisten Einfluss auf dein Leben hatten, fällt es leicht, sie einfach zu übernehmen. Diese erworbenen Fähigkeiten solltest du als Grundlage nehmen und so oft wie möglich anwenden.

Die Eigenschaften, die du verändern möchtest, erfordern etwas mehr Arbeit. Wahrscheinlich hast du dich in manchen dieser Bereiche schon verändert. Vielleicht hast du dir dabei bewusst vorgenommen, etwas anders zu machen, vielleicht auch nicht, aber auf jeden Fall ist ihre negative Wirkung dir stark genug bewusst geworden, dass du eine Veränderung für nötig hältst. Zögere nicht, bei deiner Geschichte von diesen bereits erreichten Veränderungen zu erzählen. Jeder von uns ist in einer unvollkommenen Familie aufgewachsen und musste sich ändern. Es motiviert andere, wenn sie von deinen Fortschritten hören, und schenkt ihnen den Durchblick für ihre eigene Situation.

An manchen Eigenschaften muss man gezielt arbeiten und eine bewusste Entscheidung treffen, an ihnen etwas ändern zu wollen. Diesen Prozess zu beschreiben ist viel leichter, als ihn umzusetzen, weil diese Eigenschaften sehr tief in uns verankert sind. Du musst fast schon ein wenig verzweifelt sein und es wirklich satthaben, wie sich diese Sache auf dein Leben auswirkt. Dann hast du genügend Motivation, um wirklich etwas zu verändern. Wenn es dir bei einer Eigenschaft auf deiner Liste so geht, möchten wir dir ein paar Schritte an die Hand geben, wie du etwas verändern kannst.

Beschreibe die Reaktion, die dir Probleme bereitet. Gehe aber nicht zu sehr in die Tiefe. Es sollte nicht Stunden dauern. Natürlich gibt es Bereiche in unserem Leben, die sich hartnäckig gegen Veränderung sträuben. Hier braucht man die Hilfe eines ausgebildeten Seelsorgers oder christlichen Leiters. Die meisten Veränderungen können wir allerdings selbst initiieren. Doch man kann nicht ändern, was man nicht beschreiben kann; daher solltest du deine momentanen Reaktionen angemessen beschreiben können, wenn du etwas an ihnen verändern willst. Du musst jedoch nicht jedes kleinste Detail über sie wissen. Du brauchst nur ausreichende Kenntnis darüber, was bei dir der Auslöser ist und wie deine negative oder unpassende Reaktion ausfällt.

Beschreibe, wie du von nun an auf den Auslöser reagieren willst. Das erfordert eine bewusste Entscheidung und die Bereitschaft, dich fleißig darin zu üben. Du musst diese neue Art der Reaktion immer wieder trainieren, bis sie dir in Fleisch und Blut übergeht. Man muss etwas 21 Tage hintereinander machen, bis es zu einer neuen Gewohnheit wird. Das ist natürlich keine allgemeingültige Regel, aber ein Hinweis darauf, dass ein neuer Lebensstil konzentrierten und geduldigen Einsatz von dir fordert. Du hast deine momentane Reaktion entwickelt, indem du sie immer wieder ausgeübt hast und sich so ein Verhaltensmuster gebildet hat? Gut, dann kannst du dir eine neue Art zu reagieren antrainieren, bis sie für dich ganz natürlich wird.

Daraus werden dann die Entscheidungen, mit denen du so werden kannst, wie Gott sich das für dich wünscht. Du bist kein Opfer, das keine andere Wahl hat, als das zu leben, was es als Kind gelernt hat. Du hast die Wahl. Du kannst so bleiben, wie du bist, dich ein bisschen verändern oder gewaltig verändern. Du hattest keinen Einfluss darauf, mit welchem Gepäck du diesen Weg begonnen hast, aber du hast sehr wohl Einfluss darauf, womit du am Ende des Weges ankommst. Gott ist treu und wird Veränderungen in dir bewirken, aber du musst es auch wollen.

Die bedeutenden Erlebnisse mit Gott in deinem Leben

Die wichtigsten Momente auf deiner Glaubensreise sind der zweite Teil deiner Geschichte, die die Leute hören wollen. Jesus nachzufolgen ist ein Marathon und viele Momente auf dem Weg sind nicht so besonders, dass man sich an sie erinnern müsste. Doch es gibt einige Momente, in denen Gott deutlich seine Spuren in unserem Leben hinterlässt. Diese Erlebnisse inspirieren andere und erinnern sie daran, dass Gott sich um uns kümmert.

Mose war bereits 80 Jahre alt, als er auf den brennenden Dornbusch traf. Josua war auch etwa 80 Jahre alt, als er den Kampf gegen Jericho anführte. Rahab war für den Erfolg der israelitischen Spione entscheidend, aber wir erfahren nicht, wie ihr Leben vor diesem Ereignis aussah. Wir wollen gar nicht alle Details wissen. Uns interessiert das tägliche Leben eines Schäfers nicht, das Mose die meiste Zeit als Erwachsener führte. Uns ist es auch egal, wie sich für Josua der dreitausendste Tag in der Wüste anfühlte. Würden wir von Rahabs Haushaltspflichten hören, würde uns das nicht inspirieren. Doch es gibt im Leben genau dieser Menschen Momente, die uns ermutigen, stark zu sein, und uns an Gottes Treue erinnern.

Genauso ist es mit deinem Leben. Niemand will alle Details hören, aber es gibt Momente, die belegen, dass Gott sich um dich kümmert. Andere Zeiten zeigen, was in einer Beziehung mit Jesus möglich ist. Ich (Bill) würde dir niemals eine Beschreibung all der Tage zumuten wollen, die ich mit dem Bibelstudium verbracht habe. Ich würde auch nie versuchen, die genauen Einzelheiten meines Gebetslebens zu beschreiben. Doch ich freue mich, wenn ich dir von ein paar wirklich bedeutenden Momenten auf meinem Weg mit Gott erzählen kann.

Ohne Zweifel war der bedeutendste Tag in meinem Leben der Tag, an dem ich ins Kino ging, um mir den Film *Der Exorzist* anzusehen. Ich war 16 Jahre alt und strotzte nur so vor jugendlichem Selbstvertrauen. Ich war bisher nur selten in die Kirche gegangen und hatte noch nie in der Bibel gelesen. Als ich jedoch diesen Film sah, musste ich einer Realität des Glaubens ins Auge sehen, die mir bisher unbekannt gewesen war. Ich wusste, dass Hollywood übertrieben hatte, aber ich hatte gehört, dass die Geschichte auf einer wahren Begebenheit beruhte, und ich konnte zwischen dem Mädchen in dem Film und mir keinen Unterschied entdecken. Ich ging aus dem Kino und fragte mich: *Wenn das mit ihr geschehen konnte, was spricht dagegen, dass so etwas auch mit mir passiert?*

Ich wusste darauf keine Antwort und nahm mir daher zu Hause eine angestaubte Bibel aus dem Schrank. Vielleicht kam ich ja hier weiter. Nach einem Monat, in dem ich nachts kaum schlief und ständig in der Bibel las, kam ich zu 1. Johannes 4,4 (GNB): „Er, der in euch wirkt, ist mächtiger als der, der diese Welt regiert." Dieser Vers öffnete mir die Augen und ich erkannte, dass ich Jesus kennenlernen musste. Der Abend, an dem ich ihn als Erlöser in mein Leben einlud, veränderte mich. Der Friede Gottes zog in mein Herz ein, sodass ich wieder schlafen konnte, und in mir war ein brennendes Verlangen, mehr über Jesus zu erfahren.

Heute bin ich überzeugt davon, dass Jesus weiß, wie er seine Leute findet. Ich habe nicht nach ihm gesucht. Ich las keine christlichen Bücher oder suchte nach der Wahrheit. Ich fühlte mich weder einsam noch verloren, und ich hatte auch kein schlechtes Leben. Ich sah mir einfach nur einen Film an – aber Jesus wusste, dass er mich genau dort finden würde.

Ein weiterer bedeutender Moment in meinem Leben mit Gott ereignete sich, als unsere Kinder noch klein waren. Ich besuchte meine Eltern, und meine Mutter tat etwas, dass mich so fuchsteufelswild machte wie noch nie zuvor in meinem Leben. Sie hatte mich entscheidend geprägt. Ihre Kreativität und Energie haben mich inspiriert, aber ihre Prägung war hauptsächlich negativer Art. Sie hatte vor den meisten Dingen Angst und daher ein irrationales Kontrollbedürfnis. Oft war sie sauer und schimpfte stundenlang mit mir. Sie war sehr kritisch, schwer zufriedenzustellen und handelte oft nicht logisch, da die Furcht ihr Leben bestimmte.

Ich war ziemlich gut darin geworden, ihr aus dem Weg zu gehen, bis ich selbst Vater wurde. Ich weiß nicht mehr, was sie an dem Tag tat, aber ich erinnere mich noch genau an meine Reaktion. Ich setzte die Kinder ins Auto und fuhr sofort davon. Dabei umklammerte ich das Lenkrad so fest, dass meine Knöchel weiß wurden. Ich hätte es beinahe zerdrückt. Erst zwei Stunden später lockerte sich mein Griff und ich konnte wieder normal mit den anderen sprechen.

Vor dieser Situation hatte ich etwas über Vergebung gelesen und sogar andere darüber gelehrt, aber ich selbst führte nicht wirklich ein Leben, das von Vergebung geprägt war. Als ich vor Wut über meine Mutter schäumte, flüsterte der

Heilige Geist mir zu: „So wirst du werden, wenn du nicht vergibst. Wenn du willst, dass deine Mutter dein Leben so prägt, dann ignoriere sie einfach weiterhin, statt ihr zu vergeben. Wenn du jedoch von dieser Wut frei werden willst, musst du ihr so vergeben, wie ich dir vergeben habe."

Ich war baff. Sofort wusste ich, dass ich mich darauf einlassen musste. Mir war nicht klar, wie dieser Prozess des Vergebens ablaufen würde, aber ich wollte ihn unbedingt kennenlernen und leben.

Manchmal vergeben wir anderen nicht, weil wir denken: *Dieser Mensch verdient meine Vergebung nicht.* Natürlich haben wir recht, denn niemand von uns verdient Vergebung; wir alle sind Sünder und für immer von Gott getrennt, wenn wir Jesus nicht als Erlöser in unser Leben einladen. Doch in seiner Gnade hat Gott uns vergeben. Unsere Freundin Dorothy Ross hat folgenden Spruch geprägt, der so treffend beschreibt, warum wir vergeben sollten: „Ich vergab, um einen Gefangenen freizulassen, und erkannte dann, dass ich selbst dieser Gefangene gewesen war."

Seit mehr als 30 Jahren bin ich nun mit Jesus unterwegs und kann dennoch den Einfluss von Jesus auf mein Leben in ein paar kurzen Geschichten ausdrücken. Halte in den nächsten Zeilen kurz deine bedeutendsten Erlebnisse mit Gott fest. Die folgenden Gedankenanstöße helfen dir vielleicht dabei, dich an einige der Momente zu erinnern, in denen Gott seine Treue zu dir gezeigt hat:

Wie hat deine Beziehung zu Gott angefangen?

Welche Entscheidungen, in denen du Gott gehorcht hast, haben dein Leben besser, reicher, erfüllter und glücklicher gemacht?

Wie hat Gott dein Leben schon gebraucht, um diese Welt zu einem besseren Ort zu machen oder anderen zu helfen?

Gab es bedeutende Erlebnisse, durch die du dich selbst oder das Leben besser verstanden hast?

Weitere Erfahrungen mit Gottes Treue:

Auf einmal wurde alles ganz klar ...

Abgesehen von den bedeutenden Erlebnissen mit Gott in deinem Leben, die dich vorangebracht haben, gibt es weitere Momente, in denen du etwas Entscheidendes erlebst oder die Dinge endlich einen Sinn ergeben. Es dauert Jahre, bis es zu diesen Momenten kommt, da in dieser Zeit deine Interessen, deine persönliche Reife, dein Wissen und deine Bereitschaft zu wachsen in Einklang miteinander gebracht werden. Wenn sie übereinstimmen, geschieht etwas Entscheidendes. Was dich vorher verwirrt hat, wird nun klar. Was dir vorher schwerfiel, ist auf einmal ganz leicht.

Probleme, die dich sonst völlig aus dem Tritt gebracht haben, beeinflussen dich auf einmal nicht mehr. Da jeder von uns vor Situationen steht, die ihn frustrieren, verwirren und enttäuschen, helfen uns die Dinge weiter, die andere gelernt haben.

Deine Lebenssätze sind ein Schatz für andere Menschen

In einigen Bereichen deines Lebens ist es dir gelungen, wichtige Aufgaben, Haltungen und Gedanken in kurzen Aussagen oder Abläufen zu verinnerlichen. Diese Erfahrungsschätze haben einfache Vorgänge oder Sätze geprägt, nach denen du dich ständig richtest oder die du immer wieder sagst. Jedes Mal, wenn du sie weitergibst, werden sie dem anderen zum Gewinn. Einige einfache Sätze, die mir (Bill) geholfen haben, sind folgende:

„Wo Licht ist, sind auch Motten."

Diesen Satz hörte ich in einem Gottesdienst an der Bibelschule. Zu der Zeit war ich sehr frustriert darüber, dass Gemeinden sich schwer leiten ließen und der Beruf des Pastors so anstrengend war. Doch dieser Satz rückte meine Perspektive wieder gerade. Als ich ihn hörte, erkannte ich, dass Schwierigkeiten völlig normal sind, wenn Menschen sich zu irgendeinem guten Zweck zusammentun. Die Probleme in den Gemeinden waren keine Störungen; sie waren der Beleg dafür, dass Gutes geschah.

„Du bekommst Erfahrung, wenn du nicht das bekommst, was du willst."

Ich habe diesen Spruch einmal auf einem Autoaufkleber gelesen und in diesem Moment erkannte ich, dass Gott keine einzige Erfahrung verschwendet. Die guten Zeiten im Leben stärken uns, aber die harten Zeiten machen uns reifer und ausdauernder. Durch sie können wir mehr in uns aufnehmen.

„Erledige die wichtigsten Dinge zuerst."

Einmal hörte ich jemanden darüber sprechen, wie wichtig es ist, Prioritäten zu setzen. Der Referent hatte zur Veranschaulichung eine Kiste voller Steine und Sand und ein großes Glas mitgebracht. Er legte die größten Steine zuerst in das Glas, danach die kleineren und schließlich schüttete er noch den Sand hinein. Dann sagte er: „Wenn du mit dem Sand beginnst, hast du am Ende keinen Platz mehr für die Steine. Doch wenn du die größten Steine zuerst hineinlegst, hast du genug Platz für alle kleineren Dinge."

An diesem Tag erkannte ich den Sinn von Prioritäten. Davor hätte ich gesagt, dass Prioritätensetzen wichtig sei, aber was ich an jenem Tag lernte, führte mich zu der Frage: *Was sind heute die wichtigsten Dinge, die ich erledigen muss? Damit sollte ich anfangen!*

„Träume kosten nichts."

Ich weiß nicht mehr, wann ich mir diesen Satz zu eigen gemacht habe, aber ich zitiere ihn oft. Als ich in den Dreißigern war, erkannte ich, dass das Leben ein größerer Kampf war, als ich vorher angenommen hatte. Unsere Träume können durch Enttäuschungen, Fehlschläge und Versagen erschüttert werden. Mir wurde klar, dass die meisten Leute ihre Fähigkeit zu träumen verdrängen, um sich vor weiteren Enttäuschungen zu schützen. Sie geben sich mit einem langweiligen Leben zufrieden, in dem es nur selten zu Überraschungen kommt und ihre Hoffnungen sich auf oberflächliche Dinge konzentrieren. Auf meinem Lebensweg habe ich erkannt, dass es nichts kostet, von einem größeren Leben zu träumen. Auch wenn die meisten Träume nicht wahr werden, wird das Leben doch reicher und bunter durch Träume und macht uns erwartungsvoller.

„Die Bibel wurde in der Sprache geschrieben, die alle sprachen."

Gott führte es so, dass die Verfasser des Neuen Testaments Koine benutzten, die griechische Gemeinsprache, die von einfachen Arbeitern und durchschnittlichen Bürgern verstanden wurde. Als ich das zum ersten Mal hörte, veränderte sich meine Sicht des Bibelstudiums. Es ging nicht mehr darum, dass ich möglichst schlau über Gottes Wort sprechen konnte. Im Zentrum stand nun der Versuch, die Brücke zwischen zwei Kulturen zu schlagen. Ich erkannte: Wenn ich zur Zeit des Neuen Testaments gelebt hätte, wäre die Bibel für mich klar zu verstehen gewesen. Sie wäre in meiner eigenen Sprache geschrieben worden und hätte Bilder und Vergleiche aus einer Kultur benutzt, mit der ich vertraut gewesen wäre. Wir leben jedoch in einer Zeit und Kultur, die sich von der damaligen unterscheidet. Mit unseren Nachforschungen und unserem Studium können wir diese Lücke schließen. Dank dieses Fazits wurde ich mir der wahren Kraft der Bibel bewusst. Ich forschte nun nicht mehr nach tiefen Hintergründen, sondern konzentrierte mich auf das Offensichtliche.

„Tue das Naheliegendste."

Als ich meinen Mentor wegen einer Sache um Rat fragte, schüttelte er diesen Satz aus dem Handgelenk. Ich weiß nicht mehr, worum es ging, aber ich habe nie vergessen, dass Gott normalerweise den nächsten Schritt im Leben naheliegend sein lässt. Wir müssen keine Zeit damit verschwenden, im

Nebel herumzutappen, sondern wir können große Fortschritte machen, wenn wir einfach tun, was offensichtlich getan werden muss.

Einige meiner (Pams) Erfahrungsschätze sind:

„Manchmal ergeben die Dinge einfach keinen Sinn."

Dieser Satz begegnete mir in einer schwierigen Zeit unseres Lebens, als alles um mich herum keinen Sinn ergab. Es befreite mich von der Last, herausfinden zu müssen, warum das so war oder wie es dazu gekommen war. Anstatt den Sinn hinter dem Verhalten von Menschen oder den Umständen zu ergründen, konzentrierte ich mich auf die Ziele, die ich mir bereits vorgenommen hatte. Oft lassen wir zu, dass die Probleme anderer Leute uns aus dem Konzept bringen, obwohl es eigentlich am besten ist, uns einfach nach Gottes Plan zu richten. Wir müssen nicht die schwierigen Umstände im Leben anderer Menschen verstehen, um Gottes Plan für unser Leben zu verfolgen. Ich habe immer noch keine Erklärung dafür, warum einige dieser unfairen und schmerzhaften Dinge geschehen sind, aber ich weiß, dass Gott in seiner Treue uns hindurchgetragen hat. Wenn wir eines Tages im Himmel sind, wird alles einen Sinn ergeben. Ich weiß nur, dass vielen Menschen geholfen wurde, weil ich an der Aufgabe festhielt, die Gott mir gegeben hatte, selbst dann, als ich in all den verwirrenden Umständen keinen Sinn erkennen konnte.

„Mache den nächsten Schritt."

Elisabeth Elliot, die Witwe des ermordeten Missionars Jim Elliot, soll diesen Ausspruch geprägt haben, und die darin verborgene Weisheit hat mir oft weitergeholfen. Wenn ich den großen Plan nicht erkennen kann, mache ich einfach den nächsten richtigen Schritt. Viel zu oft warten Menschen darauf, dass „Gott spricht", und drücken so die „Pause-Taste" für ihr Leben. Doch Gott führt uns oft einen Schritt nach dem anderen, bevor wir das große Ganze erkennen, und er schenkt uns gerade genug Licht für den nächsten Schritt. Meine Freundin Jane Rubietta drückt das so aus: „Gott gestaltet auch hinter der Bühne unseres Lebens, wo das Scheinwerferlicht nicht hinfällt." Zu wissen, dass Gott in mir und für mich am Werk ist, gibt mir Frieden, selbst wenn ich sein Wirken nicht sehen kann. Er erwartet nur von mir, dass ich mich treu der nächsten Aufgabe widme oder mich um meinen Nächsten kümmere. Wenn ich das tue, wird Gott dafür sorgen, dass ich einmal das große Ganze erkenne oder die allumfassende Vision für mein Leben gewinne.

„Die Menschen, die Gott ehren, werden auch von ihm geehrt."

Dieser Satz ist abgeleitet aus 1. Samuel 2,30. Wir haben ihn unseren Söhnen beigebracht; sie können ihn auswendig.

„Lebe mit Blick auf die Ewigkeit."

Diesen Satz hat unser Freund Ken Nichols geprägt. Vor diesem Hintergrund fällt ihm jede Entscheidung leichter.

Auch du hast solche Sätze, die dich geprägt haben und die du weitergeben kannst. Gibt es einen Spruch, eine Redensart oder einen Slogan, der dir beim Vorangehen hilft? Das kann ein Satz sein, der Klarheit schenkt. Es kann auch eine einfache Erklärung für einen komplizierten Prozess sein. Vielleicht hast du Lösungsansätze, die es anderen leichter machen, Entscheidungen zu fällen. Gott hat dir diesen Schatz anvertraut, damit du anderen damit helfen kannst. Wenn du ihn für dich behältst, verliert er seine Wirkung. Wenn du ihn oft mit anderen teilst, werden viele Menschen von dem Schatz profitieren, den Gott in dich hineingelegt hat.

Halte hier einige solcher Sätze fest, die Teil deiner Geschichte mit Gott werden können. Wenn du deine Geschichte erzählst, helfen diese einfachen Lebenssätze anderen Menschen, deine Botschaft zu behalten. Schreibe die Sprüche auf, die du oft anbringst, die Aufgaben, die dir leichtfallen, und die Einsichten, um die andere dich oft bitten.

Wie du deine Einzigartigkeit entdeckst

Eine weitverbreitete Frage unter Christen lautet: „Wie kann ich den Willen Gottes für mein Leben erkennen?“ Jeder von uns hat das Gefühl, dass es einen Grund gibt, warum er hier auf dieser Erde ist. Trotzdem verbringen wir die meiste Zeit damit, uns zu fragen, worin er wohl besteht. Glücklicherweise ist Gott noch mehr als wir daran interessiert, dass wir diesen Grund erkennen. Er selbst hat gesagt:

> Ich will dich unterweisen und dich lehren den Weg, den du gehen sollst; ich will dir raten, mein Auge ist über dir. (Psalm 32,8; ELB)

Unser Lebensweg ist gepflastert mit Möglichkeiten, aber diese Möglichkeiten machen es schwieriger, Entscheidungen zu treffen. Je mehr Gelegenheiten du hast und je talentierter du bist, umso mehr werden Menschen etwas von dir wollen. Du brauchst daher einen Maßstab, damit du erkennst, was das Beste ist.

Jeremia war ein Prophet zur Zeit des Alten Testaments. Er hatte eine Berufung, die wir alle bewundern, die aber nur die wenigsten von uns haben möchten. Gott übertrug ihm die schwierige Aufgabe, das Volk Israel zur Umkehr aufzufordern und ihm zu zeigen, welche Leiden ihnen unter Gottes Gericht bevorstanden. Es war eine anstrengende Berufung, die eine einzigartige Ausbildung erforderte. Als Jeremia versuchte, mit Gottes Plan für sein Leben klarzukommen, sagte Gott zu ihm:

> „Wenn du das Edle vom Unedlen scheidest, sollst du sein wie mein Mund" (Jeremia 15,19b; SLT).

Das ist ein guter Rat für jeden von uns, der das Beste aus seinem Leben herausholen möchte. Um „das Edle vom Unedlen zu scheiden" und so die einzigartige Bestimmung für dein Leben herauszufinden, solltest du bestimmte Fragen stellen. Mit ihnen kannst du deine Leidenschaft entdecken, deine Einzigartigkeit, deinen persönlichen Auftrag und die Menschen, die in deinem Leben oberste Priorität haben.

Entdecke deine Leidenschaft

> Woran denkst du, wenn du zu Bett gehst und wenn du aufwachst?
>
> Welche Sache hat dich vor Kurzem zu Recht entrüstet oder dir Tränen in die Augen getrieben?
>
> Für wen oder was wärst du bereit zu sterben?
>
> Für wen oder was würdest du ins Gefängnis gehen, wenn es nötig wäre?
>
> Worüber sprichst du am meisten?
>
> Für wen oder was wärst du bereit, Unannehmlichkeiten auf dich zu nehmen?
>
> Wenn du wüsstest, du hättest in jedem Fall Erfolg und unbegrenzte finanzielle Mittel, was würdest du für Gott tun?

Entdecke deine Einzigartigkeit

Welche drei Dinge kannst du gut und tust du gern?

In welchen drei Dingen bist du nicht gut und hast auch keinen Spaß daran?

Was an dir ist einzigartig? Was kannst du besser als andere? Welche Sache, die du machst, unterscheidet dich von anderen Leuten aus deinem Umfeld?

Welche Erfahrungen machst du immer wieder? Halte in kurzen Sätzen fünf bis sieben Situationen fest, in denen dir etwas richtig Freude bereitet hat oder du Spaß daran hattest, anderen zu helfen. Markiere anschließend alle Worte, Menschengruppen und Umstände, die sich wiederholen.

Welche Bereiche deines Lebens lassen sich mit folgenden Worten beschreiben: „Tu zuerst das, was nur du tun kannst?"

John Maxwell gibt den guten Rat: „Wenn jemand das, was du tust, zu 80 Prozent genauso gut macht, gib diese Sache ab." Gibt es Aufgaben oder Verpflichtungen, die du delegieren solltest oder könntest?

Entdecke die Menschen,
die in deinem Leben oberste Priorität haben

Wer sind die wichtigsten Menschen in deinem Leben? Hast du genügend Zeit für sie?

Fern Nichols schreibt: „Manchmal ist es das Richtige, aber zur falschen Zeit." Gibt es Ziele, die du hintenanstellen solltest, damit du dich den aktuellen Bedürfnissen der

Menschen widmen kannst, die oberste Priorität in deinem Leben haben?

Wir finden auch folgenden Satz von Patrick Morley gut: „Verbringe zuerst Zeit mit den Menschen, die auf deiner Beerdigung weinen werden." Wer sind diese Menschen in deinem Leben? Was kannst du tun, um genügend Zeit mit ihnen zu verbringen?

Entdecke deinen persönlichen Auftrag

Was soll man einmal auf deiner Beerdigung über dich sagen? Welches Vermächtnis willst du hinterlassen?

Gibt es einen Bibelvers, der dein Leben bestimmt? Wenn ja, schreibe ihn hier auf. Wenn nicht, fange an, nach einem Vers zu suchen, der das auf den Punkt bringt, was du dir von Gott für dein Leben erhoffst.

Die aufgeschriebenen Antworten kannst du nun zu deinen persönlichen Lebensgrundsätzen zusammenfassen. Dann erkennst du, womit du andere am besten prägen kannst. Hier ein paar Beispiele für die Lebensgrundsätze anderer Menschen:

Bill möchte so vielen Menschen wie möglich dabei helfen, in ihren wichtigsten Beziehungen zu wachsen – in ihrer Beziehung mit Gott, ihren familiären Beziehungen, ihren Freundschaften und ihrem persönlichen Einflussbereich.

Josh setzt seine künstlerische Gabe ein, weil er anderen helfen möchte, ihre Botschaft zu transportieren.

Debe hilft Menschen, durch Musik, Theater, Poesie, Kunsthandwerk und andere Ausdrucksformen von Anbetung Gott näher zu kommen.

Charlie unterstützt Menschen darin, sich selbst besser zu verstehen. Durch Lehre, intensive Einzelbetreuung und der Beschäftigung damit, wie wir mit Gott in unserem Alltag leben können, hilft er ihnen, eine bessere Sicht auf ihr Leben zu bekommen und zu erkennen, wie sie Gottes Plan für ihr Leben umsetzen können.

Probier es doch mal aus. Nimm einen der vorgegebenen Sätze zu Hilfe, um deine Lebensgrundsätze zu formulieren:

Ich, ____________________, verpflichte mich, …

Ich, ____________________, mache es zu meinem Lebensgrundsatz, …

Suche dir ein Motto

Mit „Motto" meinen wir einen kurzen Satz, der deine Lebensgrundsätze zusammenfasst. Hier ein paar Beispiele:

„Gott ehrt diejenigen, die ihn ehren" (vgl. 1. Samuel 2,30).

„Tue das Richtige aus der richtigen Motivation heraus und vertraue Gott, dass er zur richtigen Zeit die richtigen Ergebnisse daraus entstehen lässt."

„Du lebst richtig, wenn du Gott anbetest."

„Ich helfe dir, du selbst zu sein."

„Ich transportiere deine Botschaft an die Welt."

Probier es aus. Schreibe einen Satz auf, der dir in den Sinn kommt, wenn du über deine Lebensgrundsätze nachdenkst:

Entwirf dein Logo

Genauso wie das Militär oder Firmen ein Wahrzeichen oder Logo haben, kannst auch du ein Symbol entwerfen, das für die Dinge steht, die dir in deinem Leben am wichtigsten sind. Vielleicht ist es ein Schild, eine Halskette, ein Bild, ein Foto oder ein Bildschirmschoner. Der Sinn liegt darin, dass du dir eine tägliche Erinnerung daran schaffst, wofür dein Leben stehen soll. Folgendes Bild ist unser Familiensymbol oder -logo:

Das dreifache L steht für unsere drei Hauptziele. Wir wollen Menschen sein, die lernen und leiten und Gott lieben. Das Kreuz mit dem aufgehenden Stern darüber steht für unsere Überzeugung, dass jeder Mensch von Gott einen Traum geschenkt bekommen hat und dieser Traum zum Antrieb seines Lebens werden kann, wenn er ihn erkennt. Die zwei ineinandergreifenden Herzen symbolisieren unsere Entscheidung, unsere Versprechen zu halten. Wir wollen als Menschen bekannt sein, die das tun, was sie sagen.

Probier es einfach mal. Mache unten eine Skizze für dein Logo. Keine Angst, das ist nur eine Brainstorming-Übung, kein Kunstprojekt:

Wenn du nun die einzelnen Teile dieses Kapitels miteinander verbindest, hast du alle Zutaten für eine großartige Geschichte. Es ist eine Geschichte darüber, wie Gottes Treue sich in deinem Leben gezeigt hat. Er wünscht sich von dir, dass du treu deine Geschichte erzählst und sie durch dein Leben veranschaulichst, damit du so für andere ein Licht bist. Erzähle deine Geschichte Einzelnen oder vor Millionen, wo auch immer Gott dich hinstellt. Leg einfach los und lass dein Leben sprechen.

Kapitel 9

Entscheide dich, ein kommunikativer Mensch zu sein

„Die Frucht des Geistes aber ist … Sanftmut."
Galater 5,22-23 (ELB)

Wir sind uns sicher, dass du diesen Satz schon einmal gehört hast: „Du musst lernen zu kommunizieren." Normalerweise fällt er mitten in einem Streit mit deinen Eltern oder deinem Partner. Über Kommunikation zu sprechen ist daher oft keine angenehme Sache, da darin viel Kritik mitschwingt und Erwartungen damit verknüpft sind. Selbst mit den besten Absichten kann Kommunikation eine Herausforderung sein, wie einige der folgenden Schilder zeigen:

In der Toilette eines Bürogebäudes: TOILETTE AUSSER BETRIEB. BITTE BENUTZEN SIE DIE UNTERE ETAGE.

Auf einem Schwarzen Brett: FÜR ALLE, DIE KINDER HABEN UND ES NOCH NICHT WISSEN: ES GIBT EINE KINDERBETREUUNG IM ERSTEN STOCK.

An der Tür einer Werkstatt: WIR KÖNNEN ALLES REPARIEREN. (BITTE LAUT KLOPFEN – DIE KLINGEL FUNKTIONIERT NICHT.)

Kommunikation ist eine der wirkungsvollsten Fähigkeiten, die wir bekommen haben. Sie kann die Tür zu den besten Gelegenheiten des Lebens sein oder zu riesigen Missverständnissen führen, die Beziehungen zerstören. Wie bei vielen anderen wichtigen Fähigkeiten für Beziehungen denken viele Leute, dass man entweder mit dem Talent für Kommunikation geboren wird oder eben nicht. Doch Kommunikation kann man genauso erlernen und weiterentwickeln wie die Entscheidungsfindung.

Welche Kraft in der Kommunikation liegt – zum Guten wie zum Schlechten –, zeigen die folgenden Erlebnisse aus der Apostelgeschichte. Die beschriebenen Ereignisse finden in einer sehr angespannten Zeit in der Geschichte der Gemeinde statt. Sie war gerade erst gegründet worden, und zwar im Angesicht starken Gegenwindes, für den in erster Linie Saulus (der später unter dem Namen Paulus bekannt werden sollte) verantwortlich war. Er war der meistgefürchtete Gegner der Gemeinde, da er sich das Ziel gesetzt hatte, so viele Christen wie möglich festzunehmen und sie zum Tode zu verurteilen. Er war religiös-fanatisch und absolut radikal. Dann begegnete Saulus dem auferstandenen Jesus und sein Leben änderte sich schlagartig und nachhaltig (vgl. Apostelgeschichte 9,1-19).

Doch angesichts seines Rufes ist es nicht überraschend, dass wir ein paar Verse weiter lesen: „Als Saulus wieder in Jerusalem eintraf, versuchte er, sich mit den Gläubigen dort in Verbindung zu setzen, aber alle hatten Angst vor ihm, denn sie glaubten nicht, dass er wirklich zu Jesus gehörte" (V. 26). Kannst du dir vorstellen, dass Saulus und die Gemeinde dieses Problem ohne die Fähigkeit der Kommunikation hätten lösen können? Nur sehr geschickte, aufrichtige Gespräche konnten das Misstrauen überwinden und dafür sorgen, dass Saulus in die Gemeinschaft der Christen aufgenommen wurde. Und genau da kommt Barnabas ins Spiel.

„Doch schließlich führte Barnabas ihn zu den Aposteln und erzählte ihnen, wie Saulus auf dem Weg nach Damaskus den Herrn gesehen hatte. Er berichtete ihnen, was der Herr zu ihm gesagt hatte und wie mutig Saulus in Damaskus im Namen von Jesus gesprochen hatte" (V. 27). Durch Barnabas' Fähigkeit wurde der größte Gemeindegründer der Geschichte in die Gemeinde aufgenommen, als sie noch in den Kinderschuhen steckte. Ohne reife, überzeugende Fürsprache hätte die Gemeinde sehr wahrscheinlich weiterhin vor einem ihrer größten Leiter Angst gehabt.

Das ist eine gute Erinnerung für uns alle. Mangelnde Kommunikation hätte dazu führen können, dass einer der bedeutendsten Leiter der Kirchengeschichte ausgeschlossen geblieben wäre. Auch heute werden oft Menschen aus unseren Gemeinden und Freundeskreisen ausgeschlossen, weil zu wenig geredet wird. Wir alle fühlen uns unwohl in der Gegenwart von Menschen, die anders sind als wir, weil wir das fürchten, was wir nicht verstehen. Diese Missverständnisse können wir nur durch geduldige, hartnäckige Kommunikation aus dem Weg räumen. Die meisten Leute, die wir schwierig finden, sind einfach unreif im Umgang mit anderen Menschen und mit etwas Anleitung durchaus in der Lage, gute Beziehungen zu führen. Die Geschichte von Paulus erinnert uns daran, dass man nichts über das Potenzial eines Menschen sagen kann, wenn man nur seinen derzeitigen Zustand vor Augen hat.

Die Herausforderungen setzen sich in Apostelgeschichte 11 fort. In diesem Kapitel wird beschrieben, wie Petrus gerade von seinem Treffen mit Kornelius zurückkehrte, dem ersten nicht jüdischen Mann, der sich zum christlichen Glauben bekehrt hatte. Der Gedanke, dass nicht jüdische Menschen Teil der Gemeinde sein sollten, schockierte die anderen Gemeindeleiter. Sie hatten den Eindruck, dass Petrus Kompromisse eingegangen war und das Wort Gottes verwässert hatte. Nun stell dir wieder vor, die beteiligten Personen hätten nicht miteinander kommunizieren können. Sie machten sich aufrichtige Sorgen. Sie suchten nach Antworten, aber wenn sie nicht richtig miteinander hätten kommunizieren können, hätte diese Absicht ihnen nichts genützt.

Ihr Dialog weist drei Elemente auf, die für die zwischenmenschliche Kommunikation unbedingt vonnöten sind.

Schlüsselelemente erfolgreicher Kommunikation

Sei offen

Das erste Element jeder erfolgreichen Kommunikation ist logischerweise das, was zuerst gesagt wird. Jemand muss den Dialog einleiten, aber diese Einleitung basiert selten auf einer umfassenden Sicht der Situation. Kommunikation ist wichtig, weil kein einzelner Mensch die ganze Geschichte kennt. Petrus' besorgte Freunde leiteten das Gespräch ein, indem sie ihn konfrontierten: „Du bist bei unbeschnittenen Männern eingekehrt und hast mit ihnen gegessen!" (Apostelgeschichte 11,3; ELB). Keiner von denen, die Petrus' Verhalten infrage stellten, waren bei ihm gewesen, als Kornelius und seine Familie mit dem Heiligen Geist erfüllt wurden. Ihre Reaktion basierte auf dem, was sie zu diesem Zeitpunkt wussten. Wenn sie nicht offen gesagt hätten, was sie wussten, hätte sich weiterer Frust in ihnen aufstauen und so zu Ablehnung, Widerstand oder einem weiteren Konflikt führen können. Deshalb sagten sie als Einleitung offen das, was sie zu diesem Zeitpunkt wussten.

Was man zu Beginn eines Gesprächs sagt, spiegelt meist nur eine sehr eingeschränkte Sicht von einer Situation wider. Wir wissen, dass etwas im Busch ist, aber wir kennen nur eine Seite der Geschichte. An dieser Stelle ist eine demütige Haltung sehr hilfreich. Wenn du eine Diskussion beginnst und dabei die Haltung hast: *Ich weiß, dass hier etwas nicht stimmt, aber ich bin offen für die Möglichkeit, dass ich nicht alle Hintergründe kenne,* wird das ganz sicher ein besseres Verständnis fördern. Bevor du zu einem Ergebnis kommst, solltest du eine Angelegenheit gründlich untersuchen.

Sei dir bewusst, dass es verschiedene Möglichkeit gibt, wie du reagieren kannst

Das zweite Element ist die Reaktion. Wir haben immer mehrere Möglichkeiten, wie wir auf etwas reagieren. „Petrus aber fing an und setzte es ihnen der Reihe nach auseinander" (Apostelgeschichte 11,4). Er hätte in eine Verteidigungshaltung fallen und ihnen entgegenschleudern können: „Hey, ihr wart nicht da und habt nicht gesehen, was dort passiert ist. Ihr habt sie doch nicht mehr alle. Ich verschwinde!", und dann aus dem Zimmer stürmen können. Stattdessen erzählte er geduldig und begeistert in allen notwendigen Details, was geschehen war. Er ging chronologisch vor und beschrieb seine eigene überraschte Reaktion auf das, was er sah, und den wichtigsten Moment seines Erlebnisses. Petrus konnte die Reaktion seiner Freunde nicht kontrollieren, aber er konnte sicherstellen, dass sie alle notwendigen Fakten kannten, damit sie entsprechend reagieren konnten.

Sei bereit, diese Möglichkeit zur Veränderung zu nutzen

Das dritte Element ist Veränderung. Erfolgreiche Kommunikation verändert immer etwas in uns. Es verändert unsere Zukunft zum Besseren. Wir alle sind begrenzt und lernen ein Leben lang dazu. Unsere persönliche Entwicklung wird auch durch die Kommunikation und Begegnung mit anderen Menschen vorangebracht. Daher bringt uns jede Unterhaltung einen Schritt weiter – zum Guten oder zum Schlechten: Entweder wird unser Herz weich oder es verhärtet sich. Wir können weiser werden oder einen Rat ablehnen. Wir können durch neue Informationen unsere Perspektive erweitern oder uns stur weigern, unsere bisherigen Schlüsse zu korrigieren. So oder so werden wir jedoch nach der Unterhaltung verändert sein. Eine ausgewogene Kommunikation findet dann statt, wenn jeder der Beteiligten für neues Wissen offen ist.

Als die Freunde von Petrus seinen Bericht hörten, „beruhigten sie sich und verherrlichten Gott" (Apostelgeschichte 11,18; ELB). Zu Beginn waren sie noch besorgt gewesen, aber am Ende waren sie veränderte Menschen. Sie teilten Petrus' Verwunderung und öffneten sich für die Möglichkeit, dass Gott seine Gnade genauso den nicht jüdischen Menschen wie den Juden schenken wollte. Vor dieser Unterhaltung hätten sie sich das niemals vorstellen können. Nach diesem Gespräch begeisterten sie sich für das, was sie vorher für unmöglich gehalten hatten. Diese Geschichte erinnert uns daran, dass jede Unterhaltung unser Leben verändern kann, denn jedes gute Gespräch löst Probleme, macht unser Herz offen, hilft uns zu wachsen und zeigt uns unsere Schwachstellen auf. Je besser deine Kommunikationsfähigkeiten sind, umso positiver wird Kommunikation sich auf dich auswirken.

Was du durch dein Verhalten sagst

Ein großer Teil unserer Kommunikation ist nonverbal. Oft sagt deine Körpersprache mehr als deine Worte. Wenn andere Menschen auf deine Körpersprache achten, können sie viel über dich herausfinden:

- Sie wissen, ob du sauer bist.

- Sie können deine Gefühle spüren.

- Sie wissen, ob du sie einschüchtern willst.
- Sie können sehen, welche Haltung du zu ihnen hast.
- Sie wissen, wenn deine Haltung sich zum Positiven verändert hat.
- Sie wissen, wann du eine bedeutende Erfahrung mit Gott machst.
- Sie wissen, ob du es ernst meinst.
- Sie wissen, ob du sie respektierst.
- Sie wissen, ob du dich wirklich freust.
- Sie wissen, ob du verliebt bist.

Lass deinen Körper sprechen

Die meisten von uns setzen ihre Körpersprache nicht bewusst ein. Wir tun einfach das, was wir tun, ohne dabei über die Botschaft nachzudenken, die wir vermitteln. Wenn du jedoch bedenkst, dass vieles von dem, was du kommunizierst, auf deiner Körpersprache beruht, ist es sinnvoll, wenn du dir Gedanken darüber machst, was dein Körper sagt. Hier ein paar Fakten über Körpersprache.

Je weniger Zuhörer du hast, umso weniger Emotionen solltest du zeigen. Wenn du zu einer großen Gruppe von Menschen sprichst, stehst du vielleicht auf, redest viel mit den Händen und gehst auf der Bühne umher. Wenn du jedoch ein vertrauliches Gespräch mit einer anderen Person führst, solltest du deine Hände und dich selbst beim Sprechen weniger bewegen. Ausschweifende Bewegungen auf kurzer Distanz vermitteln folgende Botschaften: Entweder bist du unsicher und versuchst, die andere Person nicht zu nahe an dich herankommen zu lassen, oder du versuchst, die andere Person einzuschüchtern. Wenn du dich jedoch weniger bewegst, gibst du der anderen Person das Gefühl, dass du wirklich an ihr interessiert bist und du dich in eurem aktuellen Kontext wohlfühlst. Selbst wenn du dich unsicher fühlst, kannst du durch bewusste Handbewegungen und eine bewusste Körperhaltung bei anderen den Eindruck erwecken, dass du dich sicher fühlst. Das wiederum wirkt anziehend auf Menschen mit einer gesunden Lebenseinstellung.

Du zeigst Interesse, wenn du dich einer anderen Person direkt zuwendest. Wenn der andere dein Interesse an dem, was er sagt, bemerken soll, dann lehne dich leicht vor. Dasselbe gilt, wenn du dich der anderen Person zuwendest, sodass ihr euch noch besser in die Augen sehen könnt. Wenn du dich umdrehst, weggehst oder in eine andere Richtung schaust, während du mit ihr redest, vermittelst du deutlich die Botschaft: „Ich bin gerade mit wichtigeren Dingen beschäftigt."

Wenn du jedoch das zur Seite legst, was du in den Händen hältst, dich nicht ablenken lässt und dich der anderen Person mit deinem Stuhl zuwendest, vermittelt das: „Ich höre dir zu. Ich will hören, was du zu sagen hast, und biete dir einen geschützten Raum dafür. Ich werde annehmen, was du sagst, und dabei auf dein Herz achten."

Es ist wichtig, dass du dich nur leicht vorlehnst und dich nicht wie in einem Verhör vorbeugst. Wenn du dich zu weit vorlehnst, wird es dem anderen so vorkommen, als wolltest du ihm Informationen entlocken und nicht eine einfache Unterhaltung mit ihm führen. Probiere im Gespräch mit anderen aus, wie weit du dich vorlehnen kannst, um ihnen ein gutes Gefühl zu geben.

Du vermittelst Sicherheit, wenn du eine offene Körperhaltung annimmst. Wenn du deine Arme verschränkst und mit überkreuzten Beinen dasitzt, machst du dadurch deutlich, dass du dem Gespräch nicht offen gegenüberstehst. Der andere spürt dann, dass du lieber etwas anderes tun würdest. Wenn deine Hände auf deinen Beinen ruhen und deine Beine parallel auf dem Boden stehen, werden andere das Gefühl haben, dass du an eurem Gespräch interessiert bist. Hältst du die Hände vor den Mund, vermittelst du die Botschaft, dass du dich unwohl fühlst und nicht sehr mitteilsam bist. Wenn deine Hände bequem auf der Stuhl- oder Sofalehne liegen, wirkst du ruhig und entspannt.

Das lässt sich auch auf Sitzungen bei der Arbeit anwenden. Wenn du mit jemandem sprichst, während du hinter deinem Schreibtisch sitzt, schaffst du Distanz. Das kann von Vorteil sein, wenn du eine Ermahnung aussprechen musst. Bei nicht so formellen Unterhaltungen kann es aber auch Unsicherheit ausdrücken. Wenn ihr bei einem Treffen um einen Tisch herum sitzt, werden Menschen sich in deiner Nähe wohler fühlen, wenn du deine Hände auf den Tisch legst und du sie nicht vor deiner Brust verschränkst.

Dies sind sehr einfache Dinge, aber alles, was du tust, sendet eine Botschaft aus. Je bewusster du dir dieser Botschaft bist, umso geschickter kannst du in der Kommunikation mit anderen vorgehen.

Körperlicher Kontakt hat eine große Wirkung, setze ihn daher weise ein. Du kannst andere durch eine sanfte Berührung oder eine Umarmung ermutigen, aber du kannst dadurch auch Missverständnisse und Verlegenheit erzeugen. Menschen, die einen liebevollen körperlichen Kontakt mit Personen pflegen, denen sie vertrauen, haben eine niedrigere Herzfrequenz, einen niedrigeren Blutdruck, entspanntere Muskeln und fühlen sich insgesamt wohler. Körperlicher Kontakt hat so eine starke Wirkung auf uns, dass wir sehr darauf achten, wer uns berühren darf, und oft zucken wir zurück, wenn wir nicht wollen, dass jemand uns berührt.

Der Schlüssel liegt darin, Grenzen in deinen Beziehungen zu setzen (vgl. Kapitel 6) und jede Art von körperlichem Kontakt dieser Grenze anzupassen. Du umarmst vielleicht einen engen Freund, aber wahrscheinlich keinen, mit dem du eher locker befreundet bist. Diesen lockeren Freunden klopfst du auf die Schulter, aber legst wahrscheinlich nicht deinen Arm um sie, wenn du ihnen einen Rat gibst.

Alles ist in Ordnung, solange die Art des körperlichen Kontakts der Beziehung angemessen ist. Wenn beides jedoch nicht zusammenpasst, fühlt man sich unwohl.

Augenkontakt macht den entscheidenden Unterschied. Du schaust Menschen an, an denen du ein Interesse hast. Mehr als jeder andere Teil deines Körpers drücken deine Augen aus, was in deinem Herzen vorgeht. Wenn du dich schämst, vermeidest du Blickkontakt. Wenn dir etwas peinlich ist, schaust du dem anderen nicht in die Augen. Wenn du verärgert bist, vermeidest du Augenkontakt. Du nimmst jedoch Blickkontakt auf, wenn du jemandem vertraust, ihn schätzt oder von ihm fasziniert bist.

Hier ist Fingerspitzengefühl gefragt: Wenn du eine andere Person anstarrst, fühlt sie sich unwohl. Man starrt Menschen an, wenn man sie verhört, und man starrt Menschen an, wenn man nicht weiß, was sich gehört. Es geht also darum, immer wieder Augenkontakt aufzunehmen, aber auch ab und zu kurz wegzuschauen und dann wieder den anderen anzusehen. Wir haben herausgefunden, dass zwei Sekunden der beste Abstand sind. Zwei Sekunden lang siehst du dem anderen in die Augen, schaust dann wieder weg und so weiter. Auf diese Art spürt der andere, dass du an ihm und dem Gespräch interessiert bist, aber er fühlt sich nicht unter die Lupe genommen.

Du solltest dich auch darauf konzentrieren, die Muskeln um deine Augen herum zu entspannen. Wenn du deine Augenmuskeln anspannst, legt sich deine Stirn in Falten und du erweckst den Eindruck, dass du nicht mit dem übereinstimmst, was der andere sagt.

Wenn du in einer intakten Familie aufgewachsen bist, weißt du instinktiv über diese Dinge Bescheid. Wenn du jedoch nicht in so einem Umfeld groß geworden bist, solltest du bewusst daran arbeiten, deine Körpersprache zu verbessern. Und selbst diejenigen, die einen guten familiären Hintergrund haben, können von sich eingenommen, gestresst oder faul sein und nachlässig darin werden, durch ihre Körpersprache auszudrücken: „Du bist wertvoll. Du bist es wert, dass ich dir meine Zeit und Aufmerksamkeit schenke." Die Körpersprache kann all das sagen, bevor überhaupt nur ein Wort fällt.

Achte auf deinen Tonfall

Der zweitwichtigste Faktor von Kommunikation ist dein Tonfall. Rate mal, in welchem Tonfall Folgendes geäußert wurde:

> Wie viele Frauen, die in Kürze ihre Tage bekommen, braucht man, um eine Glühbirne zu wechseln? Eine einzige. EINE EINZIGE! Und weißt du auch, WARUM man nur EINE EINZIGE dafür braucht? Weil niemand sonst in diesem Haus weiß, WIE man eine Glühbirne wechselt. Alle anderen wissen nicht einmal, dass die Birne DURCHGEBRANNT ist. Sie würden DREI TAGE im Dunkeln sitzen, bevor sie das HERAUSGEFUNDEN hätten. Und wenn sie es dann endlich herausgefunden hätten, wären sie nicht in der Lage, die Glühbirnen zu finden, obwohl sie seit 17 JAHREN im GLEICHEN SCHRANK aufbewahrt werden. Wenn es ihnen durch ein Wunder doch irgendwie gelänge, die Glühbirnen zu finden, stände der Stuhl,

den sie sich zum Wechseln dieser DUMMEN Glühbirne aus einem anderen Zimmer geholt haben, ZWEI TAGE SPÄTER IMMER NOCH DORT! UND DARUNTER LÄGE DIE ZERKNAUTSCHTE VERPACKUNG DIESER BESCHEUERTEN GLÜHBIRNE. WARUM? WEIL NIEMAND IN DIESEM HAUS JEMALS DEN MÜLL RAUSBRINGT! ES IST WIRKLICH EIN WUNDER, DASS WIR NICHT ALLE LÄNGST IN DEN MÜLLHAUFEN ERSTICKT SIND, DIE SICH IM GANZEN HAUS TÜRMEN. DAS HAUS! DAS HAUS! EINE GANZE ARMEE WÄRE NÖTIG, UM ES VERNÜNFTIG ZU PUTZEN!

Heutzutage gibt es in vielen Häusern eine Alarmanlage, um die Bewohner vor Einbruch zu schützen und bei Rauchentwicklung und Kohlenmonoxid zu warnen. Wenn alles in Ordnung ist, hört man von dem Gerät unterschiedliche Piep- und Signaltöne. Diese Töne drücken aus: „Alles ist in Ordnung. Man kann sich frei im Haus bewegen." Wenn jedoch etwas nicht stimmt, lässt das Gerät einen schrillen Ton erklingen, der jeden im Haus aufschreckt.

Genauso hat deine Kommunikation mit anderen ein Alarmsystem, das entweder anzeigt, dass alles in Ordnung ist, oder jeden, der an einem Gespräch beteiligt ist, zusammenzucken lässt. Auch wenn die Körpersprache vielleicht den wichtigsten Effekt auf deine Kommunikation hat, wirkt sich dein Tonfall fast genauso stark auf die Stimmung in deinen Beziehungen aus. Eine sanfte Stimmlage hilft deiner Umgebung, sich zu entspannen und auf ein intensives Gespräch einzulassen. Ein rauer Umgangston schafft Distanz und führt zu Missverständnissen und Konflikten.

Eine freundliche Antwort besänftigt den Zorn, kränkende Worte erregen ihn. (Sprüche 15,1)

Während ihrer Entwicklung denken die Menschen nicht viel über ihren Tonfall nach. Von Beginn an reagiert man auf die Menschen, mit denen man aufwächst. Wenn sie dich glücklich machten, hast du entsprechend reagiert. Wenn sie sich unverschämt verhielten, hast du dich gewehrt. Wenn sie dich irritierten, hast du entsprechend reagiert. Diese Menschen hatten einen bedeutenden Einfluss darauf, wie du heute bist. Es kann sein, dass du von Unterhaltung zu Unterhaltung gelernt hast, deinen Tonfall angemessen zu wählen, aber vermutlich hast du einfach nur auf das reagiert, was mit dir geschah.

Durch deinen Tonfall gewinnen andere Menschen einen bestimmten Eindruck von dir. Wenn du einen ruhigen Tonfall anschlägst, werden sie glauben, dass du sanft mit ihnen umgehst. Deine Stimme wird ihnen versichern, dass sie dir wichtig sind und sie dir vertrauen können. Wenn du einen anderen Tonfall benutzt, werden sie den Eindruck haben, dass du sie kontrollieren möchtest. Deine Stimme wird sie infrage stellen und davon überzeugen, dass du in dieser Unterhaltung die Oberhand gewinnen möchtest. Vielleicht ist ihnen nicht klar, was du damit bezweckst, aber sie haben den starken Eindruck, dass dein Plan nicht ihr Bestes im Sinn hat.

Was macht einen Tonfall aus, der dem anderen vermittelt, dass du sanft und behutsam bist?

- Er ist weich. Eine weiche Stimme beruhigt jeden Menschen.

- Er senkt sich. Am Ende deiner Sätze senkt sich deine Stimme. Dieses allmähliche Verstummen drückt Aufrichtigkeit aus und macht dich glaubwürdiger.

- *Er ist angemessen.* Kommunikation funktioniert am besten, wenn dein Tonfall der Unterhaltung angemessen ist. Das Leben ist voller unterschiedlicher Situationen und Überraschungen, auf die wir alle reagieren müssen. Wenn dein Freund gerade eine Beförderung bekommen hat und du in einem zustimmenden Tonfall reagierst, fühlt er sich ermutigt. Wenn in deiner Küche ein Feuer ausbricht und du nach deinen Mitbewohnern schreist, werden sie dir zu Hilfe eilen.

Ein Tonfall, der eine gute Kommunikation verhindert, zeichnet sich durch Folgendes aus:

- Lautstärke. Eine laute Stimme versetzt Menschen in Alarmbereitschaft und bewirkt, dass sie dir gegenüber eine verteidigende Haltung einnehmen – es sei denn, du erzählst ihnen eine begeisternde Neuigkeit. Menschen kommen mit erhöhter Lautstärke klar, wenn man gute Nachrichten überbringt.

- Härte. Wenn du einen scharfen Ton anschlägst, wird die Person, mit der du sprichst, eine Verteidigungshaltung einnehmen. Introvertierte Menschen werden sich innerlich zurückziehen; extrovertierte Menschen werden mit dir diskutieren.

- Die Stimme hebt sich. Wenn du am Ende eines Satzes deine Stimme hebst, wird dein Gegenüber denken, dass du etwas verkaufen oder ihn von etwas überzeugen willst.

- Unangemessenheit. Wenn du auf die Beförderung deines Freundes traurig reagierst, wird ihn das verwirren. Wenn du angesichts des Feuers in der Küche mit ruhiger, normaler Stimme sprichst, wird man sich fragen, was mit dir nicht stimmt.

- Weitere negative Reaktionen. Ein negativer Tonfall wird manchmal unterstützt durch kurze, abgehackte Sätze oder von Seufzen oder Augenrollen begleitet. Manchmal ist es leichter, sich selbst bei diesen Dingen zu ertappen, auch wenn du nicht wahrnimmst, wie dein Tonfall vom Positiven ins Negative abrutscht. Wenn du den Unterschied nicht hörst, kannst du dich trotzdem entscheiden, nicht mit den Händen zu fuchteln, nicht mit den Füßen zu stampfen, nicht mit den Augen zu rollen oder laut aufzuseufzen. Wenn du dieses Verhalten im Zaum hältst, stehen die Chancen gut, dass du auch deinen Tonfall im Griff hast. (Ein Tipp: Wenn du aufschreiben solltest, was du gerade sagst, und du dabei alles GROSS schreiben würdest, wäre der Tonfall wahrscheinlich sehr negativ, wenn du es laut aussprichst.)

Im Allgemeinen bist du die letzte Person, die auf ihren Tonfall aufmerksam wird. Du bist so eng mit deinem Leben und deinen Reaktionen verbunden, dass du den Einfluss deiner Stimme gar nicht mehr wahrnimmst. Doch du kannst deinen Sinn dafür schärfen, indem du dir bewusst zuhörst und dich fragst: „Wie würde ich reagieren, wenn ein guter Freund den Tonfall anschlägt, den ich gerade benutzt habe?"

Du kannst auch eine Person deines Vertrauens bitten, deinen Tonfall zu bewerten. Das kann zum Beispiel dein Hauskreisleiter sein, ein Freund oder ein guter Kollege. Es funktioniert jedoch nur, wenn du diesem Menschen ausdrücklich die Erlaubnis gibst, dich zu bewerten. Du kannst jemanden beispielsweise so darum bitten: „Könntest du mich während der nächsten Woche darauf aufmerksam machen, wann mein Tonfall angemessen ist und wann ich Menschen durch meinen Tonfall abschrecke?" Gib auf jeden Fall einen beschränkten Zeitraum vor, damit diese Sache nicht zum Hauptbestandteil eurer Beziehung wird, und entscheide dich bereits vor Beginn, dass du das, was der andere dir sagt, ernst nehmen wirst. Wenn du das nicht tust, wirst du abwehrend reagieren und in deiner persönlichen Entwicklung nicht weiterkommen. Gefühle werden hauptsächlich durch unsere Körpersprache und unseren Tonfall transportiert. Daher können die tatsächlich gesprochenen Worte von der nonverbalen Kommunikation überdeckt werden. Lass dich davon jedoch nicht täuschen. Deine Worte mögen zwar eine untergeordnete Rolle spielen, doch sie sind sehr wichtig für die Qualität deiner Kommunikation.

Die Art der Kommunikation gründet sich auf der Art der Beziehung

In allen guten Beziehungen herrschen klare Grenzen. Wenn du dir die Zeit nimmst und in deinen Beziehungen Grenzen setzt, wirst du wesentlich leichter herausfinden, welche Art der Kommunikation angemessen ist. Anders ausgedrückt wählst du deine Worte entsprechend der Art der Beziehung. Schau dir einmal folgende Abstufung für Beziehungen an:

Beziehungsebenen			
Umgang miteinander	**Art der Beziehung**		
	Freundschaften	**Arbeitsbeziehungen**	**potenzielle/r Partner/in**
zurückhaltend	Bekannte	Bekannte	Bekannte
neugierig	lockere Freunde	Kollegen	gemeinsame Treffen mit Freunden
vertraut	enge Freunde	Auszubildende	Verabredungen zu zweit
eng verbunden	Mentoren	Mentoren	Verlobung
verbindlich			Ehemann/Ehefrau

Zurückhaltende Gespräche

Wenn du mit Beziehungen zu tun hast, die unter „zurückhaltenden Umgang" fallen, solltest du eher vorsichtig sein. In diesem Stadium hältst du Unterhaltungen bewusst einfach, oberflächlich und risikofrei. Mit Bekannten teilst du nicht deine Träume, deine Ängste oder die Enttäuschungen, die du erlebt hast. Es ist in Ordnung, wenn ihr euch über euren Urlaub, Hobbys, Aufgaben auf der Arbeit und alles andere unterhaltet, worüber du auch im Fernsehen sprechen würdest. Wenn du dich im Gespräch mit Bekannten verletzlich machst, fühlen sich Menschen mit einer ungesunden Lebenseinstellung von dir angezogen und du wirst ständig von deinen Freunden enttäuscht werden.

Jede Beziehung beginnt auf dieser Ebene. Wenn du jemand Neues triffst, lernst du vielleicht gerade einen zukünftigen besten Freund, einen Mentor oder jemanden kennen, der nie mehr sein sollte als ein Bekannter. Du kannst nicht auf Anhieb sagen, ob dieser Mensch merkwürdig oder großartig ist. Daher ist es hilfreich, wenn du dir eine gute Art antrainierst, wie du mit neuen Leuten sprichst.

Am besten erhältst du einen guten Eindruck von anderen, wenn du ihnen einfache Fragen stellst. Diese Fragen müssen dir nicht spontan einfallen. Du kannst sogar jedem, den du triffst, die gleichen Fragen stellen. Während diese Menschen über sich sprechen, kannst du einen ersten Eindruck gewinnen, ob sie dir guttun. Wenn du dann erkennst, dass eine Person nicht zu deinem Leben passt, kannst du die Unterhaltung sehr einfach halten und zukünftigen Kontakt stark einschränken. Wenn jedoch dein erster Eindruck positiv war, kannst du die Unterhaltung fortführen und nach anderen Kontaktmöglichkeiten suchen. Wenn du neue Leute triffst, kannst du dir schon im Vorfeld vornehmen, ihnen folgende Fragen zu stellen:

Fünf Fragen für die ersten fünf Minuten mit einem Menschen, den du gerade kennenlernst

1. Wie heißt du?
2. Wie lange gehörst du schon zu dieser Organisation/Gemeinde/Gruppe? (Frage nie: „Bist du neu hier?" Wenn die Person neu ist, fühlt sie sich deshalb ohnehin schon unwohl. Wenn sie es nicht ist, schaust du dumm aus der Wäsche.)
3. Was machst du beruflich oder auf welche Schule gehst du?
4. Hast du noch Geschwister?
5. Wo bist du aufgewachsen?

Neugierige Gespräche

Einige deiner Bekannten werden zu Freunden und Kollegen werden und zu Menschen, mit denen du dich für Gruppenunternehmungen verabredest. Diese Beziehungen sind immer noch sehr locker, aber du hast dich an diesem Punkt bereits entschieden, dass du mit diesen Leuten genug gemeinsam hast, um dich weiter auf sie einzulassen. Du weißt noch nicht, wie viel du ihnen anvertrauen kannst, aber du verbringst gern Zeit mit ihnen und dein Leben wird durch sie bereichert.

Bei diesen Freunden gehst du einen Schritt weiter – du stellst ihnen lockere Fragen und sprichst mit ihnen über deine Vorlieben, z. B. Musik, oder über andere Dinge, die du gern machst. Ihr sprecht auch darüber, wie ihr am liebsten eure Freizeit verbringt, was ihr lernen möchtet und wie ihr mit einfachen Problemen umgeht.

An diesem Punkt solltest du vorsichtig sein, denn nicht alle Menschen in deinem erweiterten Freundeskreis sind wirklich treu und vertrauenswürdig. Daher solltest du noch nicht von deinen Verletzungen und Ängsten oder deinen wichtigsten Lebensträumen erzählen. Die meisten dieser Menschen, mit denen du locker befreundet bist, bleiben auf dieser oberflächlichen Ebene und können nicht damit umgehen, wenn sie mehr über deine Vergangenheit oder deine Träume wissen. Freu dich über eure lockere Freundschaft und hab einfach Spaß mit diesen Menschen.

Vertraute Kommunikation

Die nächste Ebene von Beziehung wird erreicht, wenn man sich sicher genug fühlt, um sich zu öffnen. Du wirst Menschen begegnen, die zu engen Freunden werden, zu potenziellen Lebenspartnern und Kollegen, die dich auf der Arbeit als Mentor haben möchten. Diese Menschen steigen auf diese Ebene auf, weil sie bewiesen haben, dass sie in emotionaler Hinsicht stabil sind und deine Privatsphäre respektieren.

Daher kannst du nun sensiblere Informationen weitergeben. Du kannst ihnen von deinen Träumen erzählen und den Problemen, die du gemeistert hast. Du kannst sie teilhaben lassen an den wichtigsten Schritten in deiner persönlichen Entwicklung und an den Zielen, die du als Nächstes verfolgen willst. Du kannst dich auch frei fühlen, begeistert von den Dingen zu erzählen, in denen du dich gut auskennst, da diese Menschen dich respektieren und von dir lernen wollen.

Du musst nur aufpassen, dass du diesen Menschen nicht zu viel Einblick in deine Probleme gibst. Zwischen euch herrscht ein ausgewogenes Verhältnis von Geben und Nehmen, aber sie sind nicht in einer Position, in der sie dich leiten, unterweisen oder trotz deiner Schwächen bedingungslos annehmen könnten. Genieße diese Beziehungen, lache oft mit diesen Freunden und frage sie um Rat, aber nicht, wenn es um die persönlichsten Bereiche deines Lebens geht.

Eng verbundene Kommunikation

Auf deinem Lebensweg werden dir ein paar Leute begegnen, die sich dafür eignen, eng mit dir verbunden zu sein. Häufig sind sie Mentoren. Diese Menschen haben Fähigkeiten entwickelt, die du gern hättest, und sie haben einen gefestigten Charakter, sodass du ihnen alles über dich anvertrauen kannst, damit du im Leben vorankommst. Sie haben sich dir gegenüber bewährt und sind daher absolut vertrauenswürdig. Deshalb haben sie sehr viel Einfluss auf dich und können dir helfen, ein besserer Mensch zu werden. Sie können Mentoren sein, die dir helfen, damit du dich in einem bestimmten Bereich weiterentwickelst. Vielleicht sind es aber auch einfach Mentoren, von denen du in vielen verschiedenen Bereichen lernen kannst.

Eventuell wirst du auf diese Weise auch jemanden entdecken, mit dem du dir vorstellen könntest, den Rest deines Lebens zu verbringen. Wenn ihr bereits zusammen seid und alles auf eine Verlobung hindeutet, solltest du diesem Menschen von deinen persönlichsten Dingen erzählen. So gehst du sicher, dass du ihm Dinge anvertrauen kannst, von denen die meisten Menschen nichts wissen. Du solltest von den Bereichen erzählen, in denen du einfach nicht voranzukommen scheinst, von den Verletzungen aus deiner Vergangenheit und von den Narben, die Enttäuschungen bei dir hinterlassen haben. Nur so wirst du sicher sein, dass du mit dem anderen den Rest deines Lebens verbringen kannst. Diese Dinge kannst du vor den Menschen verstecken, die nicht im selben Haus mit dir wohnen, aber sie werden sicher ans Licht kommen, wenn du mit jemandem verheiratet bist.

Verbindliche Kommunikation

Es gibt eine Beziehung, die sich von allen anderen unterscheidet: die Ehe. Ja, wir wissen, dass die Ehe über das Thema dieses Buches hinausgeht, aber sie soll hier doch erwähnt werden, um die richtige Perspektive zu gewinnen. Wenn du heiratest, teilst du alles in deinem Leben mit einer Person. Ihr teilt eure Terminkalender, euer Geld, eure Entscheidungen, eure Kinder, eure Körper, eure Ängste und eure Erfolge miteinander. Eine mutige, bewusste Kommunikation ist das tragfähigste Fundament für diese Beziehung. Jedes Thema kann zu jedem Zeitpunkt besprochen werden. Ihr werdet einander mit Geheimnissen überraschen, die allen anderen verborgen geblieben sind, und ihr werdet einander durch eure Schwächen enttäuschen.

Wenn man keine bedingungslose Bindung eingegangen ist, kann das sehr Angst einflößend sein. Doch im Rahmen einer lebenslangen, Mut machenden Verpflichtung kann das zu einer der besten Erfahrungen des Lebens werden. Wenn du auf diese Art von Beziehung triffst, hole das Beste aus ihr raus. Wenn nicht, versuche nicht, sie zu erzwingen. Genieße einfach die Freiheit, viele gute Freunde zu haben.

Setze neue Maßstäbe

Es ist leicht, die verschiedenen Arten von Beziehungen zu beschreiben und darüber zu sprechen, welche Art der Kommunikation wann angemessen ist, aber wir alle wissen, dass Beziehungen sich nicht an Vorgaben halten und sich auch nicht schön ordentlich in Schubladen einordnen lassen. Manchmal muss man einfach aus der Situation heraus agieren. In solchen Fällen findest du dich besser zurecht, wenn du im Vorhinein Richtlinien festgelegt hast, an denen sich deine Worte zu jeder Zeit orientieren.

Du wirst in jeder Situation die richtigen Worte finden, wenn du dich dazu entscheidest, neue Maßstäbe in deiner Kommunikation mit anderen Menschen zu setzen. Mit den richtigen Worten schaffst du dir ein Sicherheitsnetz, durch das du aufgeschlossen bist, das aber auf der anderen Seite auch dazu führt, dass sich Menschen mit einer ungesunden Lebenseinstellung in deiner Nähe unwohl fühlen. Die Worte, die wie ein Sicherheitsnetz für deine Beziehungen wirken, sind geprägt von:

Respekt: Jeder Mensch, dem du begegnest, ist nach dem Bild Gottes geschaffen und verdient daher Respekt. Da Menschen unterschiedlich weit entwickelt sind, fällt es bei manchen von ihnen leichter, sie zu respektieren. Doch Respekt zu zeigen hat mehr mit dir zu tun als mit ihnen. Wenn du glaubst, dass jeder Mensch wertvoll ist, wirst du einen Weg finden, wie du ihn respektieren kannst. Wenn du überzeugt bist, dass jeder etwas Einzigartiges beitragen kann, wirst du auch Möglichkeiten finden, ihn zu respektieren. Wenn du glaubst, dass jeder Mensch in einem Lernprozess ist und dass er das Potenzial hat, über sich hinauszuwachsen, wirst du herausfinden, wie du ihn respektieren kannst.

Menschen mit einer gesunden Lebenseinstellung reagieren positiv auf respektvolle Worte, zum Beispiel auf ein aufrichtiges Kompliment, eine Bitte um Rat, ein Dankeschön für die Ideen, die sie dir mitgeteilt haben, und eine freundschaftliche Ermutigung, ihre Gaben einzusetzen. Menschen mit einer ungesunden Lebenseinstellung fühlen sich durch solche Worte eingeschüchtert, weil mit ihnen die Erwartung vermittelt wird, dass sie mehr Verantwortung übernehmen und ihre Persönlichkeit weiterentwickeln. Solche Menschen ergreifen zwar nicht direkt bei einem ersten Gespräch die Flucht, aber im weiteren Verlauf werden sie feststellen, dass du ein schnelleres Tempo hast und größere Ziele verfolgst, als für sie selbst in Betracht kommt.

Bestätigung: Jeder kann etwas besonders gut. Viele Menschen sind verletzt worden und halten sich daher zurück oder sind übervorsichtig, aber trotzdem haben sie eine Gabe. Wenn du Menschen diese Gabe zeigst, gibst du ihnen die

Gelegenheit zu wachsen. Wir leben in einer harten Welt, daher muss jeder lernen, mit Hindernissen umzugehen. Manchmal hilft anderen Menschen eine aufrichtige Bestätigung von dir, damit sie sich wieder neu auf ihre Stärken konzentrieren können.

Ich-Aussagen: Die meisten Unterhaltungen verlaufen besser, wenn du über deine persönlichen Ansichten sprichst und darüber, wie du das Leben siehst. Wir alle neigen dazu, uns auf das zu konzentrieren, was der andere scheinbar denkt, oder wir sehen nur auf sein aus unserer Sicht unangemessenes Verhalten. Beides führt dazu, dass Menschen eine Verteidigungshaltung einnehmen.

„Ich fand das Konzert, das letzte Woche in der Gemeinde stattfand, echt gut" ist besser als „Hat dir das Konzert letzte Woche in der Gemeinde auch nicht gefallen?". Die erste Aussage zeigt anderen einen klaren Weg, wie sie diese Unterhaltung fortführen können. Sie können entweder mit dir übereinstimmen oder eine andere Meinung haben. Die zweite Aussage gibt ihnen das Gefühl, dass du für sie das Denken übernimmst und gar kein Gespräch einleitest.

„Irgendwie regt es mich sehr auf, wenn wir zu spät kommen" ist etwas ganz anderes als „Du machst mich echt wütend, weil wir immer zu spät kommen". Durch beide Aussagen wird deutlich, dass du dir eine Veränderung wünschst. Durch die erste wird der anderen Person ein sicherer Rahmen gegeben, um in das Gespräch einzusteigen. Die zweite bewirkt, dass sie ihre Schutzmauern hochfährt.

Aufrichtigkeit: In der Bibel werden wir aufgefordert: „Lasst uns aber die Wahrheit reden in Liebe" (Epheser 4,15; ELB). Was du auch zu Menschen sagst, es sollte die Wahrheit sein. Du solltest nichts aus Nettigkeit sagen. Und du bist auch nicht verantwortlich dafür, dass andere Menschen sich ändern, also musst du auch nicht alles äußern, was wahr ist. Vielmehr solltest du aufrichtig die Dinge sagen, die diese Beziehung auszeichnen. Wenn es eine lockere Freundschaft ist, bleibe eher oberflächlich. Wenn es eine enge Freundschaft ist, gehe tiefer. Du solltest in jedem Fall aufrichtig sein, damit du niemals im Nachhinein erklären musst, warum du etwas gesagt hast, was du nicht so gemeint hast.

Ermutigung: Mache ernst gemeinte Komplimente und suche nach Möglichkeiten, andere aufzubauen. „Macht (…) einander Mut und baut euch gegenseitig auf“ – zu dieser Entscheidung fordert Gott uns täglich auf (1. Thessalonicher 5,11; NeÜ; vgl. Hebräer 3,13). Das ist so, als würde man ein stabil gebautes Haus mit einem schützenden Dach decken. Du wirst zu einer vertrauenswürdigen Person, wenn du immer sicherer darin wirst, andere zu ermutigen. Gleichzeitig hilfst du anderen, dass sie das Beste aus sich selbst herausholen. Man gehört gern zu einem Freundeskreis, in dem die einzelnen Leute um ihre Stärken wissen und dementsprechend selbstbewusst agieren, und du kannst solch einen Freundeskreis durch wiederholte, aufrichtige Komplimente schaffen.

Unangenehm, komisch und seltsam

Manche Unterhaltungen können wie ein unterbrochenes Telefongespräch sein. Du weißt nicht, ob du zurückrufen oder es dabei belassen sollst. Manche Unterhaltungen machen einen völlig fertig.

Jeff war bei seiner Freundin zu Hause, als er merkte, dass sein alter VW-Käfer nicht mehr ansprang, weil er das Licht angelassen hatte. Er erzählt selbst, wie es danach mit seiner Freundin weiterging:

> Ich war in Eile, da ich rechtzeitig zur Arbeit kommen musste, also rannte ich wieder ins Haus zu meiner Freundin. Sie sollte mir helfen, mein Auto wieder in Gang zu bringen.

Ich bat sie, in ihr Auto zu steigen – ein großer, spritfressender Pick-up – und mein Auto anzuschieben. Dabei betonte ich, dass sie mindestens auf 50 Stundenkilometer kommen musste, da der VW eine Automatikschaltung hatte und sonst nicht wieder ansprang.

Sie sagte: „Okay", stieg in ihr Auto und fuhr davon.

Wütend saß ich in meinem Wagen und fragte mich, was sie gerade tat und wo sie hinfuhr. Eine Minute verging. Dann sah ich im Rückspiegel, wie sie mit ungefähr 60 Stundenkilometer auf mich zuraste. In dem Moment erkannte ich, dass ich etwas präziser hätte erklären sollen, was ich meinte!

Wenn du nicht weißt, was du sagen sollst …

Wir alle bringen unsere Hoffnungen, Träume, Wünsche und Gefühle in Beziehungen ein. Daher ist es normal, dass man sich von Zeit zu Zeit unsicher fühlt. Manchmal ist dieses komische Gefühl etwas Positives, weil es zeigt, dass diese Beziehung dir wichtig ist. Wenn du Zeit mit einem Mentor, einem deiner persönlichen Vorbilder oder einem potenziellen Partner fürs Leben verbringst, bedeuten diese Menschen dir so viel, dass du hin und wieder befangen bist und dir zu viele Gedanken um dein Verhalten und deine Worte machst. In anderen Situationen deutet dieses unsichere Gefühl auf etwas Negatives hin, denn du willst nicht mit jemandem zusammen sein, der dich fast erdrückt, zu viel von dir fordert oder einfach nur unheimlich ist. Es fühlt sich komisch an, in der Nähe solcher Menschen zu sein.

Für gutes Kommunizieren ist es wichtig zu lernen, was man sagen kann, wenn ein Gespräch merkwürdig wird. Wir haben hier ein paar Vorschläge zusammengefasst:

10 Dinge, die du sagen kannst,
wenn du nicht weißt, was du sagen sollst

1. „Entschuldige mich bitte kurz. Ich bin in ein paar Minuten wieder da." Sehr nützlich, wenn du eine Pause brauchst. „In ein paar Minuten" ist besser als „Ich bin gleich wieder da", da so andere Erwartungen geweckt werden.

2. „Ich muss jetzt weiter/los, aber es war schön, dich kennenzulernen."

3. „Darüber muss ich noch etwas nachdenken. Wenn du jetzt eine Antwort haben willst, wird meine Antwort leider Nein sein. Wenn du mir Zeit gibst, um darüber nachzudenken, bekommst du vielleicht eine andere Antwort. Ich werde auch dafür beten."

4. „Es tut mir leid, dass ich …" Werde hier konkret. Vage Entschuldigungen sind gemein und zerstören Freundschaften. Wenn man zum Beispiel sagt: „Wenn ich irgendetwas getan habe, was deine Gefühle verletzt hat", ist das ein indirekter Vorwurf an die andere Person, zu dünnhäutig oder schwer von Begriff zu sein. Es ist keine echte Entschuldigung.

5. Stelle Fragen. Die meisten Menschen sprechen gern über sich, daher eröffnen Fragen neue Gesprächsthemen. Du kannst zum Beispiel fragen: „Was machst du am liebsten in deiner Freizeit?", „Wann war dein letzter Urlaub?", „Hat dich vor Kurzem irgendetwas fasziniert?", „Hast du kürzlich irgendein Buch gelesen, das du mir empfehlen kannst?". Aus den Antworten des anderen ergeben sich wahrscheinlich wieder neue Möglichkeiten, nachzuhaken.

6. „Kannst du mir mal helfen bei …" oder „Ich würde gern deine Meinung hierzu hören …" sind gute Ansätze, wenn du gern mit der anderen Person zusammen bist. Die meisten Menschen mögen es, wenn man sie braucht. Wenn man sie also um Hilfe bittet, fühlen sie sich angenommen und es ergeben sich neue Gesprächsthemen. Wenn du dich jedoch in der Nähe dieser Person unwohl fühlst, solltest du diese Karte nicht ausspielen!

7. „Oh, das würde ich auch gern mal machen." Wenn der andere etwas vorschlägt, das dich begeistert, lass es ihn auch wissen.

8. „Hey, das ist ein interessanter Gedanke. Für mich wäre das nichts, aber danke, dass du mir davon erzählt hast." Wenn du mit dem, was die andere Person erzählt, nicht übereinstimmen kannst oder es sogar für fragwürdig hältst, sage ehrlich, wie es dir damit geht, und versuche, dabei die andere Person nicht zu richten. Wir alle neigen dazu, andere für die Dinge oder das Verhalten zu bewerten, die/das für uns persönlich nicht gut wäre/n. Doch wenn du eine Wertung vornimmst, rückst eher du als Problem in den Mittelpunkt statt der unausgewogenen Entscheidungen deines Gegenübers. Wenn du darauf achtest, dass das Gespräch sich auf deine Entscheidung konzentriert und nicht auf seine, hältst du Grenzen ein, die dir guttun, und bewahrst dir deine Achtung vor dir selbst. Du solltest dich frei fühlen, deine Meinung zu sagen und zu deinen Entscheidungen zu stehen, aber drücke sie in der Ich-Form aus: „Ich habe das Gefühl …", „Ich habe für mich herausgefunden, dass …", „Ich ziehe es vor, …"

9. „Was ich an dir wirklich schätze, …" Formuliere ein aufrichtiges Kompliment. Viel zu oft halten wir ermutigende Worte zurück, wenn sie eigentlich perfekt in eine Unterhaltung passen würden. Wenn dir etwas am anderen gefällt, gibst du dem anderen nonverbale Hinweise darauf. Doch der andere weiß nicht, was diese Hinweise bedeuten, und stellt Vermutungen an. Wenn du das Kompliment sagst, lüftet sich das Geheimnis und der andere kann ehrlich darauf reagieren.

10. „Ich muss dir etwas Wichtiges sagen." Es kann sein, dass du Grenzen setzen oder auf Abstand gehen musst, was für gewöhnlich sehr schwerfällt. Formuliere es am besten in etwa so: „Mir fällt es schwer, dir das zu sagen, und wahrscheinlich fällt es dir noch schwerer, das von mir zu hören, aber wenn sich … (benenne hier das konkrete Verhalten, das du fragwürdig findest) nicht ändert, kann ich mich nicht mehr mit dir treffen." Diese Maßnahme solltest du nur bei Menschen ergreifen, die wirklich eine ungesunde Lebenseinstellung haben und sich mit dir anfreunden wollen. Du solltest an dieser Stelle klarmachen, dass ihr Verhalten für dich untragbar ist und du auch nicht die Verantwortung übernimmst, um etwas Notwendiges zu verändern.

Wirklich gute Kommunikation ist wie Latte macchiato – so köstlich wie Schokolade und man wird so süchtig danach wie nach Koffein. Wenn du einmal eine tolle Unterhaltung geführt hast und dabei dem anderen ins Herz schauen konntest, wirst du dich kaum noch mit weniger zufriedengeben. Setze in deinem Freundeskreis einen neuen Standard für gute Kommunikation. Sei anderen ein Vorbild dafür, wie sie mit dir umgehen sollen, und schon bald werden andere deine weisen Entscheidungen nachahmen.

Nur so zum Spaß

Ein befreundetes Paar ging zu einem Pastor in die Beratung. Sie hatten sich gestritten und wollten ihre Kommunikationsprobleme lösen. Während der gemeinsamen Sitzung jedoch uferten das Streiten und Zanken so sehr aus, dass der Pastor sagte, er würde das Treffen nun vorzeitig beenden, hätte aber noch eine Aufgabe für den Mann.

„John", sagte der Pastor zu ihm, „du bist ein sportlicher Typ. Ich erwarte Folgendes von dir: Während der nächsten 30 Tage sollst du jeden Tag 15 Kilometer joggen. Ruf mich nach diesen 30 Tagen an und erzähle mir, wie es gelaufen ist."

John erklärte sich damit einverstanden.

Nach den 30 Tagen rief John den Pastor an. Voller Begeisterung sagte er: „Ich habe getan, was Sie gesagt haben, und mich noch nie im Leben besser gefühlt."

„Das ist toll!", sagte der Pastor. „Und wie läuft es mit deiner Freundin?"

John zögerte einen Moment und sagte dann aufgebracht: „Woher soll ich das wissen? Ich bin 450 Kilometer entfernt von ihr!"

Kapitel 10

Entscheide dich, am Wettkampf teilzunehmen

„Die Frucht des Geistes aber ist … Enthaltsamkeit."
Galater 5,22-23 (ELB)

Bevor du dir Gedanken wegen der Kapitelüberschrift machst – die letzten Seiten in diesem Buch sind nicht nur etwas für Sportler. Das Kapitel soll vielmehr die Tatsache widerspiegeln, dass das Leben ein Wettkampf ist, der nur von denen gemeistert werden kann, die daran teilnehmen wollen. In Bezug auf unseren Glauben treten wir gegen Mächte der unsichtbaren Welt an. Wir kämpfen gegen die Naturgewalten, um unser Zuhause und unsere Gesundheit zu schützen. Wir konkurrieren mit Kollegen, um beruflich voranzukommen. Und wir kämpfen gegen unsere eigenen Begierden, damit wir ein starkes, erfülltes Leben haben.

Die Bibel gebraucht eine Reihe von Bildern, um uns zu zeigen, wie das Leben wirklich ist. Diese Bilder sollen uns auf die Widerstände vorbereiten, die uns begegnen, wenn wir nach Gottes Plan leben wollen.

Kämpfe den guten Kampf

Im Neuen Testament werden Menschen, die mit Jesus leben, am häufigsten mit einem Soldaten verglichen. Im Brief an die Korinther sagt Paulus kühn: „Wir sind zwar Menschen, doch wir kämpfen nicht mit menschlichen Mitteln" (2. Korinther 10,3). Dabei geht es hier nicht um die Frage, *ob* wir an dem Gefecht teilnehmen, sondern *wie* wir es tun – und das ist eine der grundlegendsten Entscheidungen des Lebens. Einige Eigenschaften von Soldaten geben hervorragend Aufschluss darüber, wie wir unser Leben erfolgreich in einer Welt führen können, die uns klein halten möchte.

Wenn wir Jesus nachfolgen möchten, sollten wir unsere Rüstung tragen. Epheser 6 vergleicht unsere Vorbereitung auf das Leben mit der Vorbereitung eines Soldaten auf den Kampf. Das Ziel einer Rüstung ist es, dem Soldaten seine Stärke zu erhalten. Wir bereiten uns nicht vor, damit wir einfach irgendetwas zu tun haben. Das Ziel ist eindeutig: „Werdet stark durch den Herrn und durch die mächtige Kraft seiner Stärke!" (V. 10). Wenn wir uns angemessen für einen Kampf kleiden, geht es nicht um eine Uniform; es ist eine andere Art von Kampf. „Wir kämpfen nicht gegen Menschen aus Fleisch und Blut, sondern gegen die bösen Mächte und Gewalten der unsichtbaren Welt, gegen jene Mächte der Finsternis, die diese Welt beherrschen, und gegen die bösen Geister in der Himmelswelt" (V. 12). Mit anderen Worten: Unser Kampf ist in erster Linie eine Angelegenheit des Glaubens.

Das weltliche System, in dem wir leben, wird stark beeinflusst von dem Bösen und seinen Plänen. Der unsichtbare Teil unserer Welt ist durchdrungen von Widergöttlichem. Und unsere eigene Seele wird von unserer alten menschlichen Natur geprägt, die Gottes Wege ablehnt und nur auf sich selbst bezogen ist. Diese Gegner müssen wir überwinden, wenn wir frei sein wollen, damit wir unsere Träume leben können.

Eine Rüstung zur Stabilität

Der vorrangige Zweck einer Rüstung ist es, *Stabilität zu geben:* „Bindet den Gürtel der Wahrheit um eure Hüften" (V. 14; NGÜ). Die Rüstung eines römischen Soldaten war an seinem Gürtel befestigt, damit sie an Ort und Stelle blieb, während er unterwegs war und sich im Kampf befand. Genauso entscheidend ist es für deine Stabilität im Glauben, dass du die Wahrheit der Bibel in dich aufnimmst. Die Wahrheit, die du durch Gottes Wort lernst, stabilisiert den Rest deiner Glaubensrüstung, und zwar dann, wenn es am wichtigsten ist.

Du kannst die Wahrheit der Bibel auf verschiedene Arten in dein Leben integrieren. Bei allen von ihnen ist es wichtig, dass du beständig darin bist. Dann wirst du im Glauben und geistig fit sein, sodass du gute Entscheidungen treffen kannst. Nach Römer 10,17 (NeÜ) gehört zu diesem Umschnallen der Wahrheit, dass wir die Bibel *hören*: „Der Glaube kommt also aus dem Hören." Das kannst du tun, indem du dir Mitschnitte von Predigten anhörst, regelmäßig in eine Gemeinde gehst, in der Gottes Wort gepredigt wird, oder dir eine Hörbibel anschaffst. Dieses Hören ist sozusagen das erste Loch des Gürtels.

Das zweite Loch im Gürtel steht für das *Lesen* in der Bibel. Dem König von Israel wird befohlen, ein Exemplar des Wortes Gottes immer bei sich zu haben, und er sollte „darin lesen, solange er lebt" (5. Mose 17,18-19). Im Neuen Testament betont Paulus, wie wichtig es für unseren Weg mit Gott ist, dass wir in der Bibel lesen: „Ich bitte euch inständig im Namen des Herrn, diesen Brief allen vorzulesen" (1. Thessalonicher 5,27). Wenn du die Bibel regelmäßig liest, kannst du erkennen, wie das Alte und das Neue Testament ineinandergreifen und wie Gottes Prinzipien von vorne bis hinten Gültigkeit besitzen.

In 2. Timotheus 2,15 werden wir daran erinnert, dass das *Studieren* von Gottes Wort das dritte Loch ist, durch das wir den Gürtel der Wahrheit festmachen können. Als die Bibel geschrieben wurde, nutzten die Autoren die Sprache, die von allen gesprochen wurde, sodass normale Menschen sie ohne Probleme verstehen konnten. Die Bibel wurde jedoch zu einer anderen Zeit und in einer anderen Kultur geschrieben als unserer heutigen. Damit wir die dort enthaltenen Prinzipien verstehen und sie Teil unseres Lebens werden können, müssen wir uns darin üben, die Wahrheit des Wortes Gottes genau zu untersuchen und dabei auch den jeweiligen kulturellen Hintergrund zu berücksichtigen.

In Psalm 119,11 wird uns gezeigt, dass *Auswendiglernen* das vierte Loch des Gürtels der Wahrheit ist. Du führst mehr und mehr ein gerechtes Leben, wenn du dich in deinem Herzen an Gottes Wort erinnerst. Je älter wir werden, umso schwerer fällt uns das, aber es ist dennoch wichtig.

Um den Gürtel schließlich zu schließen, fordert Psalm 1 uns auf, „Tag und Nacht" über Gottes Wort zu meditieren. Damit ist gemeint, dass man immer wieder über das nachdenkt, was man gelernt hat. Je mehr du dich auf die Wahrheit konzentrierst, umso klarer wird sie dir. Je mehr du darum ringst, sie in deinem Leben umzusetzen, umso leichter kannst du ein Leben führen, das den Werten der Bibel entspricht.

Diese fünf Löcher geben also dem Gürtel der Wahrheit in deinem Leben den richtigen Halt: Hören, Lesen, Studieren, Auswendiglernen und Meditieren.

Es reicht jedoch nicht aus, die Wahrheit nur in sich aufzunehmen. In Hebräer 4,12 wird uns gesagt, dass das Wort Gottes „lebendig und wirksam" ist. Ebenso wie ein Soldat seine Rüstung nicht nur anzieht, um für Fotos zu posieren, ziehen wir den Gürtel der Wahrheit nicht nur an, um seine Schönheit zu bewundern. Das Wort Gottes „durchdringt unsere innersten Gedanken und Wünsche" und lässt uns aktiv werden. Wenn wir die Bibel in unser Leben integrieren, wird etwas in unserer Seele angestoßen, das Wachstum hervorbringen kann. Wenn wir in Gottes Wort eintauchen, sollten wir ihm unsere ganze Aufmerksamkeit widmen.

Beim Lesen treffen wir auf zwei verschiedene Arten von Bibelversen, die etwas in uns anstoßen.

Die ersten sind *Verse, die uns ermutigen*. Durch sie denken wir besser über uns und unser Leben. Gott ermutigt uns durch diese Verse, wenn wir mitten in Problemen stecken. Er weiß, dass das Leben schwer ist und wir oft am Ende unserer Kraft sind. Daher will er uns daran erinnern, dass er immer bei uns ist, unseren Lebensweg lenkt und ständig dafür sorgt, dass „alle Dinge zum Guten mitwirken, denen, die nach seinem Vorsatz berufen sind" (Römer 8,28; ELB). Deshalb schenkt er es, dass uns bestimmte Verse förmlich aus den Seiten unserer Bibel anspringen, um uns zu ermutigen.

Die zweiten sind *Verse, die uns beunruhigen*. Bestimmte Verse wühlen uns innerlich auf. Was wir lesen, verwirrt, irritiert oder regt uns auf. Wir reagieren deshalb so, weil dieser Abschnitt in der Bibel uns einen Bereich in unserem Leben zeigt, den Gott verändern möchte. Eine bestimmte Haltung, Verhaltensweise oder Gewohnheit wird vielleicht von Gott als nächster Punkt auserkoren, den er verändern möchte. Er weiß, dass nun die richtige Zeit gekommen ist. Daher macht er nach und nach unsere Seele dafür sensibel und bereitet sie so auf die Veränderung vor.

Oft ignorieren wir diese Verse, da sie uns unangenehm sind. Wir nehmen an, dass wir sie nicht richtig verstehen können oder dass Satan versucht, uns durch sie zu verwirren. Doch in Wirklichkeit versucht Gott, unsere Aufmerksamkeit auf den nächsten Schritt in unserem Glaubenswachstum zu lenken. Oft ignorieren wir sie auch, weil wir sie nicht klar auf uns beziehen. Auch wenn ein Abschnitt aus der Bibel auf eine Möglichkeit hindeutet, wie wir im Glauben wachsen können, präsentiert er vielleicht nicht eindeutig eine mögliche Veränderung. Wenn es zum Beispiel dran ist, dass Gott uns zäher und stärker macht, beunruhigen uns Geschichten, in denen von Gericht und Konflikten die Rede ist. Oder wenn er unser Herz weichmachen möchte, finden wir Geschichten, die sich um Barmherzigkeit und Nähe drehen, langweilig und störend.

Die Lösung in solchen Fällen lautet: Achte auf die Verse, die in dir eine ungewöhnlich starke Reaktion hervorrufen. Wenn du das jedes Mal tust, wenn es dir bewusst wird, hilft Jesus dir, diese Wahrheit in deinem Leben umzusetzen. Er zeigt dir, wann Veränderung dran ist. Er macht dir deutlich, wann du dich entspannen und deine Fortschritte genießen kannst. Er lässt es dich auch wissen, wann der Zeitpunkt gekommen ist, sich einer Sache intensiver zuzuwenden und gehorsam zu sein, selbst wenn es schwerfällt. Er zeigt dir, wann eine schlechte Angewohnheit dich lähmt und wie du diese Hindernisse aus dem Weg räumen kannst.

Schnall den Gürtel um!

Schreibe hier ein paar Verse auf, die in dir eine starke Reaktion auslösen.

Bibelverse, die mich ermutigen:

Bibelverse, die mich beunruhigen:

Eine Rüstung zum Schutz

In einem zweiten Schritt kannst du dich auf Herausforderungen im Glauben vorbereiten, indem du *dein Herz schützt*. Der Panzer oder Brustharnisch bedeckte die Brust der Soldaten, damit Waffen nicht in ihr Herz eindringen konnten. Sie wussten, wenn das Herz aufhörte zu schlagen, wäre auch ihr Leben zu Ende, also achteten sie sehr sorgfältig darauf, es zu schützen.

Für den Glauben an Gott gilt genau dasselbe. In Sprüche 4,23 (ELB) heißt es: „Mehr als alles, was man sonst bewahrt, behüte dein Herz! Denn in ihm entspringt die Quelle des Lebens."

Durch dein Herz kannst du Gott und andere Menschen lieben und Dinge sagen, die wirklich etwas bedeuten. Dein Herz ist die Energiequelle deines Lebens und unterscheidet dich von einem Roboter.

Den Brustpanzer der Gerechtigkeit anzulegen bedeutet nicht die willentliche Entscheidung, das Richtige zu tun. Es beginnt vielmehr damit, Jesus als Erlöser anzunehmen. Er hat den Preis für deine Fehler bezahlt und ist bereit, seine Gerechtigkeit auf dich zu übertragen. Er wird dich vertreten, wenn du vor dem Jüngsten Gericht stehst, und er gibt dir den Heiligen Geist und damit die Kraft, gute Entscheidungen zu fällen. Wenn du dein Herz schützen möchtest, musst du also eine lebendige Beziehung mit Jesus entwickeln.

Der nächste Schritt ist *festzustehen*, „beschuht an den Füßen mit der Bereitschaft zur Verkündigung des Evangeliums des Friedens!" (ELB). Die römischen Soldaten trugen Schuhe, die Nägel oder Stollen an der Sohle hatten. Damit wollten sie sich einen festen Stand mitten im Gefecht bewahren. Wenn sie die Schwerthiebe eines Gegners abwehrten, wollten sie dabei nicht zu Boden gehen. Sie waren entschlossen, stehen zu bleiben, um sich so den größtmöglichen Vorteil zu verschaffen.

Das ist genau das, was Friede für uns bewirkt, und zwar auf zwei verschiedenen Arten. Die erste Form ist *Frieden auf der Beziehungsebene,* und zwar durch die Erkenntnis: „Also gibt es jetzt für die, die zu Christus Jesus gehören, keine Verurteilung mehr" (Römer 8,1). Gott ist nicht sauer auf dich. Gott wird dich nicht ablehnen. Du wirst beim Jüngsten Gericht bestehen und für immer in der Gegenwart Gottes bleiben. Kurz gesagt, es ist alles in Ordnung mit dir. Die zweite Form ist *der erfahrbare Friede Gottes.* Er ist ein Geschenk, das Gott dir im Dialog mit ihm macht. Philipper 4,7 (ELB) beschreibt das so: „Der Friede Gottes, der allen Verstand übersteigt, wird eure Herzen und eure Gedanken bewahren in Christus Jesus." Es ist die Ruhe, die Gott uns schenkt. Er möchte uns dabei helfen, angesichts der Überraschungen und Rückschläge des Lebens Haltung zu bewahren.

Der Schild des Glaubens ist unser wichtigster Schutz. Die römischen Soldaten hatten im Krieg einen Schild, der groß genug war, dass man sich dahinter hocken konnte. Wenn ihre Feinde sie mit brennenden Pfeilen beschossen, versteckten die Soldaten sich hinter ihren Schilden, an denen die Pfeile abprallten. Sobald dem Feind dann die Pfeile ausgingen, kamen sie wieder hinter ihren Schilden hervor und kämpften weiter.

Genauso werden auch wir täglich mit Lügen und Versuchungen beschossen. Wenn wir ehrlich sind, scheinen sie sogar attraktiv oder ein wirkungsvolles Mittel gegen Stress zu sein oder ein guter Wegweiser oder etwas, das unser Selbstvertrauen stärkt. Tatsächlich sind sie jedoch feurige Pfeile, die unser Herz durchbohren und uns in entscheidenden Situationen lähmen.

Der Schild besteht aus Glauben, also der Zustimmung in unseren Herzen, dass Gottes Wort wahr ist. Das ist nicht nur eine intellektuelle Schlussfolgerung. Wenn wir wirklich der Wahrheit von Gottes Wort Glauben schenken, leben wir danach. Wenn wir daran glauben, dass es Gottes Wille für uns ist, dankbar zu sein (vgl. 1. Thessalonicher 5,18), dann werden wir Gott danken, egal, wie unsere Umstände aussehen. Wenn wir daran glauben, dass wir wahre Größe entwickeln, wenn wir ein demütiger Diener sind (vgl. Matthäus 23,11), werden wir anderen dienen.

Der letzte Teil der Verteidigungsrüstung ist der Helm des Heils. Die römischen Soldaten kämpften normalerweise mit schweren Schwertern. Eine der effektivsten Angriffstaktiken war es, das Schwert hoch in die Luft zu recken und es auf den Kopf des Gegners krachen zu lassen. Um diese Art von Angriff abzuwehren, trugen die Soldaten einen Helm aus Metall, der an beiden Seiten abgerundet war, sodass das Schwert daran abrutschte.

In Bezug auf unseren Glauben schützt das Wissen um unsere Rettung durch Jesus unseren Verstand, sodass wir klar denken und die Wahrheit erkennen können: „Denn die Gesinnung des Fleisches ist Tod, die Gesinnung des Geistes aber Leben und Frieden" (Römer 8,6-7; ELB). Mit anderen Worten: Der Helm des Heils hilft uns, klar zu denken. Menschen, die Jesus nicht kennen, verlieren sich in Gedanken, die gut klingen, aber zu nichts führen. Sie hören zwar die Wahrheit, aber erkennen nicht, dass sie wahr ist. Wenn Jesus unsere Seele umgestaltet, schenkt er unserem Verstand auch Klarheit, damit wir den irreführenden Gedanken dieser Welt nicht auf den Leim gehen.

Nur so lässt sich erklären, wie sich die finanziellen Situationen vieler Länder entwickeln. Die Staatsschulden steigen und doch geben die Politiker immer mehr Geld aus. Jeder, der einmal mit wenig Geld auskommen musste, weiß, dass man weniger Geld ausgeben darf, als man einnimmt. Der gesunde Menschenverstand sagt uns, dass wir nicht unbegrenzt auf Pump leben können. Doch viele Menschen in einflussreichen Positionen sind so darauf erpicht, ihren Lebensstandard beizubehalten, dass sie sich wenig um das kümmern, was für uns am Naheliegendsten ist. Dieses Denken lässt uns zwangsläufig scheitern, aber die zuständigen Leute scheinen diese einfache Wahrheit nicht erkennen zu können.

Doch bevor wir zu hart mit unseren Politikern ins Gericht gehen, lass uns daran denken, dass wir alle zu einem Denken neigen, das nicht der Realität entspricht. Regelmäßig geben Menschen Geld aus, das sie nicht haben, lassen sich von Dingen unterhalten, hinter denen sie eigentlich nicht stehen, verbringen Zeit mit Menschen, die ihnen nicht guttun, und suchen ihr Glück in Geld, Beziehungen und ihren Hobbys. Wir glauben dann wirklich, dass es bei uns mit diesen Dingen klappen wird, obwohl das noch bei niemandem funktioniert hat. Wenn wir mit Jesus leben, haben wir den Sinn Christi, der uns prägt, sodass wir durch die Erneuerung unseres Sinnes verändert werden können (vgl. 1. Korinther 2,16; Römer 12,2).

Unsere einzige Waffe

Wenn wir unsere Rüstung angezogen haben, können wir zur Tat schreiten. Die einzige Waffe zum Angriff bei unserer Glaubensrüstung ist „das Schwert des Geistes, das ist Gottes Wort" (Epheser 6,17; ELB).

Die Bibel ist nicht einfach nur ein Buch. Sie ist eine mächtige Waffe, um Irreführung zu entlarven, in verwirrenden Situationen Weisheit zu schenken und gegen die Mächte anzugehen, die dich besiegen wollen.

Deshalb solltest du sie ganz selbstverständlich in dein Leben integrieren. Entwickle die Gewohnheit, dass du bei jeder anstehenden Entscheidung einen oder zwei Bibelverse heraussuchst, die zu dieser Situation passen. Beginne mit einfachen Entscheidungen und probiere es dann auch mit schwierigeren.

Jedes Mal, wenn du Angst hast, solltest du die Bibel laut lesen. Manchmal wird Furcht von dunklen Geistern hervorgerufen. Wenn du dann laut die Wahrheit verkündest, machen sich diese Feinde aus dem Staub. In anderen Situationen empfindest du Furcht, weil du vor einer großen Herausforderung stehst. Gottes Wort erinnert dich dann daran, dass Jesus schon alles überwunden hat und dein Retter dich niemals verlassen wird.

Deine Bibel ist auf deinem Lebensweg ungeheuer wertvoll für dich. Du musst natürlich nicht in jeder Unterhaltung Bibelverse zitieren, ebenso wenig wie ein Soldat jedes Mal sein Schwert hervorzieht, wenn er jemanden begrüßt. Doch du solltest bereit sein, die Wahrheit der Bibel zu nutzen, wenn du sie brauchst.

Die Autorität eines Soldaten

Jeder, der an einem Wettkampf teilnimmt, übt Autorität aus und ordnet sich einer Autorität unter. Davon lesen wir überraschenderweise auch in Matthäus 8. Jesus war in Galiläa unterwegs gewesen, um dort den Menschen zu dienen. Als er in seinen Wohnort Kapernaum zurückkam, trat ein römischer Offizier auf ihn zu, dessen Diener gelähmt war und mit großen Schmerzen im Bett lag (vgl. V. 6). Jesus hatte sich inzwischen den Ruf erworben, auf barmherzige und wunderbare Weise zu heilen, daher kam dieser Soldat auf den Meister zu und wollte ihn um Hilfe für seinen Diener bitten. Mitfühlend bot Jesus an, ihn zu begleiten und seinem Wunsch nachzukommen.

Die Antwort des Offiziers zeigt uns eindrücklich, was es heißt, als Soldat gegen jemanden anzutreten. Zunächst erkannte er die übergeordnete Autorität Jesu an: „Ach Herr, ich bin es nicht wert, dass du in mein Haus kommst" (V. 8).

Er hatte Vertrauen, dass Jesus das tun konnte, worum er ihn bat, weil er die Vollmacht und Autorität anerkannte, die Jesus bereits demonstriert hatte. Der Offizier war sich bewusst, dass er ein einflussreicher, wichtiger Mann war, aber im Vergleich zu Jesus war er ein einfacher Diener.

Hier liegt eines der Geheimnisse für Erfolg in einer von Konkurrenz geprägten Welt. Jeder von uns hat Talente und Fähigkeiten, aber wir alle haben auch Menschen, unter deren Autorität wir stehen. In erster Linie hat Jesus die Autorität, unser Leben seinem Willen nach zu lenken. Er leitet uns freundlich und sanft, aber er ist dennoch derjenige, der das Sagen hat. Er kann uns auffordern aktiv zu werden, uns anweisen zu warten, uns zum Trainieren schicken oder uns Verantwortung übertragen. Ja zu Jesus zu sagen ist daher die Bedingung, damit wir am Wettkampf teilnehmen können.

Auch in unserem irdischen Leben stehen wir unter der Autorität anderer Menschen. Wir ordnen uns unseren regierenden Politikern, unseren Vorgesetzten und unseren Gemeindeleitern unter. Wenn wir uns weigern, uns der rechtmäßig über uns gesetzten Autorität unterzuordnen, stehen wir unserer persönlichen Entwicklung im Weg und schränken unsere Möglichkeiten ein.

Der Offizier sagte weiter: „Sprich nur einfach ein Wort, und mein Diener wird gesund! Ich weiß das, weil ich selbst vorgesetzte Offiziere habe und auch mir Soldaten unterstellt sind. Ich brauche nur zu sagen: ‚Geht', und sie gehen, oder ‚Kommt', und sie kommen. Und wenn ich zu meinem Sklaven sage: ‚Tu dies oder tu das', dann tut er es" (V. 8-9). Dieser Offizier sagte zu Jesus, dass er durch seine erreichte Position anderen Befehle erteilen könne. Daher war er überzeugt, dass auch Jesus nur ein Wort zu sagen brauchte und sein Diener würde geheilt sein. Er verstand, dass diejenigen, die sich freiwillig einer Autorität unterordnen, auch Autorität über ihr Umfeld übertragen bekommen.

Das Ziel dieses Prozesses ist der Aufbau einer Beziehungshierarchie, die jedem Beteiligten zum Erfolg verhilft. Der Offizier diente seinem Vorgesetzten, damit dieser Erfolg hatte. Er arbeitete hart, gab Ziele vor und hielt seine Verpflichtungen ein, um seinen Vorgesetzten bei der Erreichung ihrer Ziele zu helfen. Ebenso leitete er diejenigen an, die seiner Autorität untergeordnet waren, damit sie ihre Aufgaben erfolgreich erledigen konnten. Ohne seine Anweisung hätten sie nicht gewusst, was von ihnen erwartet wurde oder wie sie ihre Pflichten erfüllen sollten. Indem der Offizier klare Anweisungen gab, konnten seine Untergebenen effektiv arbeiten.

Du bist vielleicht nicht beim Militär, aber dieses Prinzip gilt auch für dein Leben. Gott hat dir Gelegenheiten gegeben, den Menschen zu dienen, die über und unter dir stehen, damit sie durch deine Hilfe erfolgreicher sind, als sie es allein wären.

Pack es an

Nimm dir jetzt einen Moment Zeit, um die folgenden Fragen zu beantworten:

> Was kann ich in dieser Woche tun, um den Menschen, die über mir stehen, zum Erfolg zu verhelfen?

> Was kann ich in dieser Woche tun, um den Menschen, die unter mir stehen, zum Erfolg zu verhelfen?

Trainieren, um zu gewinnen

Das nächste Bild in der Bibel für Menschen, die mit Jesus leben, ist das eines Athleten oder Profisportlers. Unsere drei Söhne sind Sportler und ich habe eine Frau geheiratet, die im College ebenfalls als Sportlerin aktiv war. Ich war auch Sportler, selbst wenn meine Karriere wohl weniger ruhmreich war, als ich sie in Erinnerung habe. Ich hätte Profibasketballer werden können, wenn ich nicht zu klein und zu langsam gewesen wäre und meine Würfe nicht zu ungenau. Sonst wäre ich sicher großartig gewesen.

Vor einigen Jahren sah ich mir mit meinen damals zehn und zwölf Jahre alten Söhnen im Fernsehen an, wie die NBA-Stars im Dunking[32] gegeneinander antraten. Anschließend fuhren wir mit dem Auto zum Einkaufen, als mein 10-jähriger Sohn fragte: „Papa, wie groß war dieser Typ, der die Dunkings gemacht hat?"

„Sein Name ist Spud Webb und er ist 1,70 Meter groß."

„Wie groß bist du, Papa?"

„Ich bin 1,80 Meter."

„Wieso kannst du dann keinen Dunking machen? Bist du zu dick?"

Ich wollte darauf gerade etwas antworten, als mein ältester Sohn mir zuvorkam: „Zachery, Papa ist nicht zu dick. Er wiegt so viel wie Michael Jordan."

Ich war stolz wie Oskar auf meinen Sohn, bis er weitersprach und sagte: „Papa ist nicht zu dick. Er ist nur zu alt."

Autsch! Ich bin froh, dass wir nach Gottes Auffassung alle Profisportler sein können.

Paulus gebraucht das Bild eines Athleten, um den Christen in Korinth zu zeigen, wie ernst er es meint. In 1. Korin-

32 Dunking = ein Korbwurf, bei dem der Werfer so hoch springt, dass es ihm gelingt, den Ball kraftvoll direkt von oben in den Korb zu werfen; Anm. d. Übers.

ther 9 hat er dargelegt, warum seine Berufung zum Apostel glaubwürdig ist. In den vorangegangenen Kapiteln musste er auf einige schwierige Themen eingehen, z. B. Treue in der Ehe, anderen kein Anstoß zur Sünde sein, Gerichtsverfahren und unmoralisches Verhalten. Da kannst du dir sicher vorstellen, dass manche Leute sich fragten: „Wer ist dieser Typ, dass er meint, uns mit all diesen Sachen konfrontieren zu können?"

Paulus nimmt sich nun reichlich Zeit für Erklärungen, und anschließend macht er ihnen seine Motivation deutlich – das, was ihn antreibt: „Denkt daran, dass alle wie in einem Wettrennen laufen, aber nur einer den Siegespreis bekommt. Lauft so, dass ihr ihn gewinnt!" (V. 24). Er sagt diesen guten Freunden: „Ich will im Leben auf der Gewinnerseite sein. Für mich ist das nicht nur ein Spiel. Ich will der Beste sein in dem, was ich am besten kann." Damit sagt er indirekt, dass jeder Mensch so leben sollte. Es ist fast, als würde Paulus sagen: „Wenn du an diesem Wettrennen teilnimmst, willst du natürlich gewinnen."

Dann erinnert er uns daran, wie wir dorthin gelangen können.

Habe Spaß am Spiel

Zuallererst solltest du es genießen, Teil von Gottes Plan zu sein. Paulus schreibt: „All das tue ich, um Gottes gute Botschaft zu verbreiten, damit auch ich Anteil an ihrem Segen erhalte" (1. Korinther 9,23). Paulus hatte nie ein Motivationsproblem, weil er einfach das liebte, was er tat. Für ihn war das Evangelium das Wertvollste auf der Erde, und Teil von Gottes Plan zu sein war das Größte, was er sich vorstellen konnte.

Genauso fühlen sich Athleten. Sie nehmen am Wettkampf teil, weil sie es lieben. Sie haben Blut geleckt und wollen mehr. Wenn sie Teil eines Teams sind und am Spiel teilnehmen, fühlen sie sich lebendig. Dafür ist hartes, stundenlanges Training erforderlich; ihnen tut alles weh, sie sind müde und gefrustet. Doch Jahr für Jahr nehmen die Sportler an Wettkämpfen und Turnieren teil, weil sie das Spiel lieben. Sie werden jeden Preis bezahlen und ihre Augen immer fest darauf gerichtet halten, den nächsten Wettbewerb zu gewinnen.

Ich (Pam) liebe es, Kajak zu fahren. Vor Kurzem war ich in Alaska, wo es die sogenannte „100/50-Regel" gibt – wenn man 100 Meter vom Ufer entfernt ist und dann im Kajak kentert, hat man eine 50-prozentige Chance zu überleben. Ein Sturm zog auf dem See auf und die Wellen wurden immer höher. Wir mussten daher so schnell wie möglich ans sichere Ufer gelangen. Unser Betreuer sagte zu uns: „Mädels, das wird jetzt wehtun, vielleicht sogar sehr wehtun. Wenn ihr euch nicht ins Zeug legt und weitermacht, wird es gefährlich werden. Wenn ihr also lebend zu Hause ankommen wollt, legt euch in die Riemen und rudert."

Und wie wir Frauen ruderten! Wir waren alle über 40, einige sogar 68 Jahre alt. Aber wir ruderten, legten uns in die Riemen und hielten durch, trotz des Winds und des Sturms und der Wellen, und schafften es ans sichere Ufer.

Ich habe gesehen, wie Bill beim Joggen ein Krokodil überholt hat und einem Vogel mit einem langen Schnabel ausgewichen ist, und trotz dieser Hindernisse brachte er seinen morgendlichen Lauf zu Ende. Wir alle machen weiter aus Liebe zum Spiel, weil wir so gern mittendrin sind, und für das erhebende Gefühl nach dem Abpfiff.

Liebst du das Leben? Begeistert dich die Aussicht auf Erfolg? Fühlst du immer noch diese tiefe Befriedigung, wenn du ein Projekt zu Ende bringst, ein Geschäft abschließt, ein Problem beseitigst oder nach einer langen Durststrecke endlich weiterkommst? Spornt es dich an, mehr zu verdienen, mehr Einfluss zu gewinnen oder anderen dabei zu helfen, sich selbst kennenzulernen?

Wir hoffen es sehr, denn so hat Gott dich gemacht. Gott gab dir ein Herz, damit du ihn, das Leben und die wichtigen Menschen in deinem Leben lieben kannst. Wir alle werden mit einer Liebe für das Leben geboren. Beobachte einfach mal ein paar Kinder beim Spielen. Sie wollen einfach nur Spaß haben, sie sind ohne Ende neugierig, sie lachen und weinen, ohne sich zu schämen, und rennen in die Arme der Menschen, die sie kennen. Sie träumen von Abenteuern und weit, weit entfernten Orten. Kurz gesagt, sie lieben das Leben.

So waren wir auch einmal. Dann wurden wir erwachsen, und wenn wir nicht aufpassen, verlieren wir inmitten der Enttäuschungen, Niederlagen und Schwierigkeiten die Lust am Leben.

Konzentriere dich auf den Sieg

Athleten besitzen die Fähigkeit, sich sehr stark auf eine Sache zu konzentrieren, weil sie davon träumen zu gewinnen. Sie stellen sich bereits vorher die Leistung vor, die sie bringen werden, und träumen von einem guten Ergebnis. Entweder sehen sie sich selbst, wie sie ein Rennen gewinnen, am Ende eines Spiels in Führung liegen, einen neuen Rekord aufstellen oder eine neue persönliche Bestzeit erzielen. In jeder Sportart kämpfen die Athleten, weil sie am Wettkampftag gewinnen wollen.

Genauso ist es auch im Leben. Gott hat uns berufen, uns auf das konzentrieren, was Jesus für uns mit seinem Tod am Kreuz erreicht hat, und es beginnt damit, worauf wir unsere Aufmerksamkeit richten. Gewinner denken wie Gewinner.

In Hebräer 12,1-4 wird das Leben als ein Wettkampf dargestellt. Da werden das Publikum (die Heiligen, die vor uns gelebt haben), das uns anfeuert, und ein klarer Blickpunkt für das Rennen genannt. In diesem Fall ist es eine Person: „[Lasst uns] unseren Blick auf Jesus richten, den Wegbereiter des Glaubens, der uns ans Ziel vorausgegangen ist. Weil Jesus wusste, welche Freude auf ihn wartete, nahm er den Tod am Kreuz auf sich, und auch die Schande, die damit verbunden war, konnte ihn nicht abschrecken. Deshalb sitzt er jetzt auf dem Thron im Himmel an Gottes rechter Seite" (V. 2; NGÜ). Und in 1. Korinther 15,57 (NGÜ) heißt es: „Gott aber sei Dank! Durch Jesus Christus, unseren Herrn, schenkt er uns den Sieg!" Im Brief an die Philipper lüftet Paulus das Geheimnis und offenbart, was ihn antreibt: „Mit aller Kraft laufe ich darauf zu, um den Siegespreis zu gewinnen, das Leben in Gottes Herrlichkeit. Denn dazu hat uns Gott durch Jesus Christus berufen" (3,14; HFA).

All diese Verse erinnern uns daran, dass der Sieg im Kopf beginnt. Wenn du dir deinen Traum vorstellen kannst, kannst du ihn auch leben. Wenn du dir ein erfülltes Leben vorstellen kannst, kannst du es auch möglich machen. Wenn du deine Augen fest auf das Ziel gerichtet hältst, fällt es dir viel leichter, eine Strategie zu entwickeln, mit der du gewinnen wirst.

Wettkämpfer verlieren ihren Enthusiasmus, wenn sie vergessen, warum sie mitspielen. Wenn du ein klares Ziel vor Augen hast, gibt dir das die Kraft, den Sieg anzustreben. Und genau das ist eine der größten Herausforderungen des modernen Lebens. Unsere Gesellschaft ist so kompliziert geworden, dass ein durchschnittlicher Mensch in vielen verschiedenen Bereichen kompetent sein muss. Nur für diese Woche habe ich (Bill) einmal festgehalten, welche Fähigkeiten ich brauchte, um gut durch die Woche zu kommen:

- Textverarbeitung, Tabellenkalkulation, Erstellen einer Datenbank, E-Mails schreiben und im Internet surfen,
- Auto reparieren,

- Gartengestaltung,
- Kochen, Putzen und Wäschewaschen,
- elektronische Geräte reparieren,
- E-Mails und SMS mit meinem Handy schreiben und die Mailbox abhören,
- mein Handy mit meinem Computer synchronisieren,
- Beziehungsberatung am Telefon,
- Onlinebanking für vier Konten,
- Verhandeln mit einem Grafikdesigner für die Neugestaltung einer Website, von Rundbriefen und Newslettern,
- Mitarbeitertreffen anberaumen und leiten,
- ein Probeseminar mit zwei Angestellten und drei ehrenamtlichen Mitarbeitern halten.

Jeder von uns setzt in einer gewöhnlichen Woche mehr Fähigkeiten ein, als jede vorangegangene Generation in einem Monat oder sogar einem ganzen Jahr. Bei all dem Trubel kann es schwerfallen zu erkennen, welche Fähigkeiten wir perfektionieren und bei welchen wir uns besser mit dem Durchschnitt begnügen sollten. Daher steht jeder in der Versuchung, ein Universaltalent sein zu wollen, das versucht, in allem gut zu sein. Aber so werden wir nicht zum Experten, der in seinem Fachbereich auf höchstem Niveau arbeitet. Wenn man jedoch versucht, in allem gut zu sein, ist das so, als würde man ein schwarzes Loch stopfen wollen. Man verbringt etwas Zeit mit der einen Sache und dann ein bisschen Zeit mit einer anderen Sache und ist schnell gefrustet. Statt sich über das zu freuen, was man im Leben erreicht, gibt man sich damit zufrieden, immer hinter den Erwartungen zurückzubleiben.

Genau dieser Neigung versucht die Bibel entgegenzusteuern, wenn sie uns Athleten nennt. Jeder von uns hat von Gott eine Aufgabe bekommen. Jedem von uns wurden die dafür nötigen Gaben anvertraut. Aber jeder von uns ist auch eingeschränkt in seiner Sicht und seinen Fähigkeiten. Wir sollen nicht alles tun.

Und das ist eine gute Sache. Möglicherweise hast du am Anfang deines Berufslebens noch versucht herauszufinden, worin du am besten bist. Vielleicht hattest du in dieser Zeit einen Vorgesetzten, der eine Leistungsbeurteilung folgender Art geschrieben hat:

- Dieser Angestellte arbeitet sehr gut, wenn er konstant überwacht wird und wie eine Maus in der Falle sitzt.

- Diese junge Dame bildet sich tatsächlich ein, für den Job geeignet zu sein.

- Er setzt sich selbst niedrige Ziele und scheitert regelmäßig daran, sie zu erreichen.

- Dieser Angestellte sollte es weit bringen und je eher er damit anfängt, umso besser.

- Als Gott die Intelligenz verteilt hat, war dieser Mitarbeiter wohl gerade auf dem Klo.

- Ich hatte schon interessantere Gespräche mit einem Wollpullover.

- Ihr IQ passt sich wohl direkt der Raumtemperatur an.

- Wenn Dummheit wehtäte, würde er nur noch schreien.

- Wenn er eine Fliege verschluckt, hat er mehr Hirn im Magen als im Kopf.

- Seit meinem letzten Bericht hat dieser Angestellte Frieden mit der Intelligenz geschlossen – sie gehen sich nun gegenseitig aus dem Weg.

Wir sollen unsere Sache gut machen – und du tust das wahrscheinlich bereits, also konzentriere dich darauf! Wenn du dich auf die Leistung konzentrierst, die deiner Berufung entspricht, hast du genügend Energie, Motivation und Hingabe, um all das zu tun, damit du dein Ziel erreichen kannst.

Hartnäckiges Üben

Wir haben bereits erwähnt, dass wir in Hebräer 12,1-3 aufgefordert werden, unsere Augen auf Jesus zu richten, der der Urheber unseres Glaubens ist und das Rennen vor uns lief. In den Versen 4 bis 6 (NGÜ) werden wir deutlich daran erinnert, dass der größte Teil unseres Lebens aus Übung besteht: „Bisher habt ihr in dem Kampf gegen die Sünde, den wir alle zu führen haben und in dem auch ihr steht, noch nicht das Leben lassen müssen. (…) Denn wen der Herr liebt, den erzieht er mit der nötigen Strenge (…)." Jeder Mensch, der jemals etwas Bedeutendes erreichte, steckte ungeheuer viel Zeit und Energie in die Vorbereitung.

Jeder unserer drei Söhne spielte während seiner Schulzeit vier Jahre lang Football. Wir könnten ihre sportlerischen Ziele und Trophäen hier auf ein paar Seiten festhalten, aber damit wäre noch längst nicht alles erzählt. Die eigentliche Geschichte dreht sich um Hunderte von Tagen, die sie Jahr für Jahr mit dem Heben von Gewichten verbrachten, um stärker zu werden. Sie investierten unzählige Stunden in Übungen, um ihre Fähigkeiten zu verbessern, und liefen Tausende von Kilometern, um ihre Ausdauer zu trainieren. Außerdem sahen sie sich wahnsinnig viele Stunden Aufnahmen von Spielen an und studierten Spielzüge, damit sie sie in- und auswendig konnten.

Eine Freundin von uns war als Ersatzfrau im olympischen Team. Nur um die Position einer *Ersatzfrau* zu erreichen, musste sie zwei Mal am Tag zu einem 90-minütigen Training gefahren werden. Ihre Hausaufgaben machte sie im Auto. Mehr als zehn Jahre lang trainierte sie jeden Tag sechs Stunden. Während dieser Zeit gewann sie zahlreiche Meisterschaften, doch am glücklichsten war sie, wenn sie die Trainingshalle betrat. Es war ihr zweites Zuhause geworden.

Jeder Wettkämpfer ist sich bewusst, dass er viel mehr Zeit mit dem Training verbringen muss als mit dem eigentlichen Spiel. Er weiß, dass jeder Augenblick, in dem er über sich selbst hinauswächst und Unglaubliches leistet, das Ergebnis von Üben, Üben und nochmals Üben ist. Für ihn ist der Weg dorthin also genauso kostbar wie der eigentliche Sieg, denn er wird nur durch tägliche Disziplin erreicht.

An diesem Punkt erkennen wir, ob wir wirklich konkurrenzfähig sind. Uns wurden die Fähigkeiten, Talente und Gaben geschenkt, damit wir Gottes Plan für unser Leben erfüllen. Doch um ihn zu verwirklichen, müssen wir treu sein: „Und was erwartet man von jemand, dem eine Aufgabe anvertraut ist? Man erwartet, dass er sie zuverlässig ausführt“ (1. Korinther 4,2; NGÜ). Paulus beschreibt Treue in der Praxis folgendermaßen: „Ich führe einen harten Kampf gegen mich selbst, als wäre mein Körper ein Sklave, dem ich meinen Willen aufzwinge“ (1. Korinther 9,27; NGÜ).

Unser Körper neigt zum Verfall und bleibt nur in Form, wenn wir ihn trainieren. Unser Verstand neigt zu selbstsüchtigem Denken und bleibt nur auf die Wahrheit ausgerichtet, wenn wir nicht darin nachlassen, Gottes Wort zu studieren. Unsere Seele neigt zu Stolz und Faulheit und bleibt nur am Ball, wenn sie permanent an die Gnade Gottes erinnert wird. Unsere Wünsche neigen zu Maßlosigkeit und Selbstzerstörung und können nur unter Kontrolle gehalten werden, wenn wir dem Heiligen Geist und anderen Mitchristen gegenüber unser Verhalten verantworten.

Wie also sieht Training in einem ganz normalen Leben aus? Um über Training oder Übungen zu sprechen, müssen wir erst einmal sichergehen, dass du eine Ahnung davon hast, wo du hinwillst. Wenn dir das nicht klar ist, schau dir noch einmal Kapitel 8 an und gehe die dort genannten Schritte durch. Sobald du weißt, worin du dich von ganzem Herzen investieren willst, beginnt das Üben. Dabei werden sowohl dein Körper als auch dein Verstand trainiert und die Bereitschaft, das zu tun, was nötig ist.

Mache dir einen Trainingsplan

Wenn du über einen längeren Zeitraum das Ziel verfolgen willst, das Gott dir gezeigt hat, solltest du einen Plan entwickeln, wie du gesund und fit bleibst. Unabhängig davon, wozu Gott dich berufen hat, solltest du auf deine Ernährung achten, Sport machen, ausreichend schlafen und regelmäßig deine Gesundheit überprüfen lassen, damit du in optimaler Verfassung bist.

Als Nächstes solltest du deinen Verstand trainieren, damit du dich in dem Bereich deiner Wahl so gut wie möglich auskennst. Erfolgreiche Athleten verbringen sehr viel Zeit damit, Spielzüge zu studieren, sich Filmaufnahmen von Spielen anzusehen und an ihrer eigenen Technik zu feilen. Sie leben mit der Überzeugung, dass man sich immer noch verbessern kann. Genau auf diese Weise wird man in einem Gebiet zum Experten. Wenn du etwas mehr Zeit investiert und dir etwas mehr Mühe gibst als andere Menschen in deinem Bereich, werden dich viele Menschen um Rat fragen. Die Bestsellerautorin Florence Littauer sagt: „Wenn du das, was du tust, besser als jeder andere machst, wirst du immer erfolgreich sein."

Diese ersten beiden Bereiche erfordern hartes Training, aber an ihnen zu arbeiten ist nicht das Schwierigste. Am schwersten fällt es, deinen Willen zu trainieren. Jedes Mal, wenn du dich dafür entscheidest, voranzugehen oder deine Begabung auszuüben, übernimmst du mehr Verantwortung. Immer mehr Leute wollen das, was du hast und kannst. Mehr Situationen erfordern deine Aufmerksamkeit. Leiter oder Vorgesetzte fassen Vertrauen zu dir und übertragen dir mehr Verantwortung. Und so wird dir mit der Zeit die Entscheidung immer schwerer fallen, Ja zu einer Aufgabe zu sagen. Zuerst scheint es sehr einfach zu sein, denn die Aufgaben, die an dich herangetragen werden, sind sehr naheliegend und relativ einfach. Jeder Erfolg eröffnet jedoch neue, weiter reichende Möglichkeiten, sodass die Aufgaben komplizierter und anstrengender werden. Bei jeder Gelegenheit wird es schwieriger, ein Ja dazu zu finden. Wenn du dir selbst beibringst, dich nicht auf Dinge einzulassen, die dich ablenken, und dich stattdessen auf die Gelegenheiten konzentrierst, die deinen ursprünglichen Zielen dienen, wird dein Wille mit deinen Zielen übereinstimmen.

Ich (Pam) habe schon Gespräche mit vielen erfolgreichen Menschen geführt, wie zum Beispiel Sheri, einer Produzentin namhafter Fernsehsendungen. Sheri war etliche Jahre Single, sehr erfolgreich – und einsam. Sie arbeitete schon im jungen Alter sehr hart, weil sie wusste, dass sie sich eines Tages anderen Dingen wie Ehe und Familie widmen wollte. Zielstrebig verfolgte sie ihren Plan, sodass sie ganz oben stand und sich aussuchen konnte, welche Aufträge sie annahm, wo sie lebte, welche Gemeinde für ihre persönliche

Entwicklung am förderlichsten war und welche Projekte ihre Werte am meisten widerspiegelten. Es war nicht leicht für sie. Jahrelang machte sie regelmäßig Überstunden. Doch nun ist sie froh, dass sie sich früh entschieden hat, Opfer zu bringen, damit sie in den Genuss der Freiheit kommen konnte, die sie jetzt hat.

Ein anderer Freund kehrte seiner beruflichen Karriere den Rücken, weil er den Eindruck hatte, dass er zu viel Zeit im Büro verbrachte und so wenig übrig war, um sich mit Freunden zu treffen, Jesus zu dienen, zu reisen oder auch nur zu schlafen. Er befürchtete, wenn er es nicht täte, würde er mit 50 aufwachen und feststellen, dass er zwar sehr reich, aber auch sehr einsam war. Also bereitete er seinen Ausstieg gezielt vor, sodass ihm ausreichend Zeit blieb, um zu entscheiden, wohin er umziehen und was er in Zukunft beruflich machen wollte, sobald er selbst das Heft in der Hand hatte.

Je spezifischer du deine Ziele für dein *gesamtes* Leben – und nicht nur deine berufliche Laufbahn – ausformulierst, umso eher kannst du die Schritte planen, die zu einem guten Leben führen.

Bereite dich darauf vor, die Ernte einzuholen

Das dritte Bild der Bibel für Menschen, die mit Jesus leben, ist das eines Bauern. Bauern arbeiten hart – sie beginnen bereits vor Sonnenaufgang und sind noch beschäftigt, wenn die Sonne schon untergegangen ist. Oft arbeiten Bauern allein und müssen sich selbst aus schwierigen Situationen befreien. Der Bauer nimmt anders am Wettbewerb teil als der Soldat und der Sportler, denn er kämpft nicht gegen andere Menschen. Er kämpft gegen die Naturgewalten an, um seine Ernte einzuholen. Damit er darin erfolgreich ist, muss er folgenden Prozess durchlaufen: (1) Er muss das säen, was er ernten will, (2) er muss Unkraut jäten, und (3) er muss seine Pflanzen bewässern und düngen. Wenn er einen dieser Schritte überspringt, gewinnt die Natur auf jeden Fall die Oberhand und die Mühe war vergeblich.

Auch wir gelangen in unserem Leben auf diesem Weg zum Erfolg. Wir müssen das säen, was wir ernten wollen. Wenn Menschen mit uns mitfühlen sollen, müssen wir Mitgefühl in unserem Umfeld säen. Wenn wir andere Menschen prägen wollen, müssen wir Beziehungen pflegen, uns die Sorgen von Menschen anhören und Strategien entwickeln, die im Alltag umsetzbar sind. Wenn wir ein guter Lehrer sein wollen, müssen wir uns sowohl das nötige Wissen aneignen als auch die Fähigkeit, es gut zu vermitteln. Was immer wir auch im Leben erreichen möchten, wir müssen die entsprechenden Samen pflanzen, um die gewünschten Resultate zu sehen.

Danach müssen wir gegen die Hindernisse ankämpfen, die unseren Fortschritt behindern wollen. Diese Hindernisse kommen von innen und außen. Unser alter Mensch sucht nach Wegen, wie er die Realisierung unserer Träume verhindern kann. Er verfolgt dabei verschiedene Strategien: Verzögerung, Maßlosigkeit, Faulheit und zahlreiche weitere destruktive Dinge. Darüber hinaus begegnen uns auf unserem Weg weitere Hindernisse: unvorhergesehene Veränderungen im Ablauf, unerwartete Anforderungen und finanzielle Herausforderungen. Sie tauchen so schnell wie Unkraut in unserem Garten auf, und sie kommen mit Sicherheit jedes Jahr wieder. Wir können entweder frustriert sein oder sie mit Geduld aus dem Weg räumen.

Schließlich erfordert jedes lohnenswerte Ziel eine Investition. Um die Träume in unserem Herzen zu verwirklichen, müssen wir Zeit und Geld einsetzen. Der Schlüssel liegt darin, von beidem die richtige Menge zur richtigen Zeit aufzubringen, damit es zu Wachstum und Entwicklung kommt. Ein Bauer kann nicht erwarten, dass seine Pflanzen wachsen, wenn er all sein Wasser und all seinen Dünger an einem Tag einsetzt. Die Bewässerung muss gezielt erfolgen, sodass die Pflanzen jederzeit genug haben. Genauso brauchen unsere Ziele eine bestimmte Menge an Zeit und Geld, um mit der Zeit zur Reife zu gelangen und zu der Ernte zu führen, von der wir träumen.

Säen, um zu ernten

Halte hier zur Erinnerung mit wenigen Worten die Ziele fest, die Gott dir aufs Herz gelegt hat (siehe Kapitel 8, Seite 271-273):

Welche zwei Dinge können dir helfen, dich besser auf dein Ziel vorzubereiten (Ausbildung, Bücher, Seminare etc.)?

1. ______________________________

2. ______________________________

Welche Hindernisse auf deinem Weg fallen dir ein und was kannst du tun, um sie zu beseitigen?

Wie viel Zeit und Geld musst du während der kommenden drei Monate in dein Hauptziel investieren, damit du seiner Erfüllung näher kommst?

Welche drei Dinge, die Gott dir aufs Herz gelegt hat, sind dir beim Lesen dieses Buches bewusst geworden oder welche drei wichtigsten Entscheidungen musst du treffen?

Nur so zum Spaß

Wenn du dich darin übst, ein Wettkämpfer zu sein, wird dir das Leben leichter vorkommen.

Ein Soldat war gerade aus Afghanistan zurückgekehrt. Wenn er in ein paar Monaten aus dem Dienst entlassen würde, wollte er Golflehrer werden. Er bewarb sich daher zunächst für eine Stelle als Platzwart, doch der Geschäftsführer des Golfclubs war sich nicht sicher, ob ihm der Job zusagen würde.

„Das ist ein stressiger Job", meinte der Geschäftsführer zu ihm. „Sie müssen mit dem Wetter, den Insekten und anstrengenden Clubmitgliedern klarkommen."

„Wird jemand auf mich schießen, während ich den Rasen mähe?", fragte der Soldat.

„Natürlich nicht."

„Ich nehm den Job."

PAM FARREL
DIE 10 BESTEN ENTSCHEIDUNGEN
die eine Frau treffen kann
Weg mit Gott
cap-books

BILL FARREL
DIE 10 BESTEN ENTSCHEIDUNGEN
die ein Mann treffen kann
Das Abenteuer, mit Gott zu leben
cap-books

Jack Hayford

Hoffnung für hoffnungslose Tage

Stärkung und Inspiration für Entmutigte

Wo kann man Hoffnung finden, wenn alles hoffnungslos ist? Wohin kann man gehen? In den Worten Jesu ist Kraft und Trost, um auch durch Zeiten der Not zu gehen. Mitten in der hoffnungslosen Lage entsteht die Hoffnung der Überwinder, denn das Wort vom Kreuz ist eine Gotteskraft.

Mit Geschichten aus dem Leben des Autors, aus Verletzungen, finanzieller Not und Tod.

Ein Buch der Ermutigung und des Trostes. Dem Buch beigelegt ist eine CD mit dem ermutigenden Lied: Euer Herz erschrecke nicht.

Paperback, 114 Seiten
Bestell-Nr.: 52 50443
ISBN 978-3-86773-183-6